广西仫佬族傩舞形态及文化研究

付宜玲 著

广西师范大学出版社
·桂林·

图书在版编目（CIP）数据

广西仫佬族傩舞形态及文化研究 / 付宜玲著. —桂林：广西师范大学出版社，2024.2
ISBN 978-7-5598-6821-3

Ⅰ.①广… Ⅱ.①付… Ⅲ.①仫佬族-傩文化-文化研究-广西 Ⅳ.①K892.24

中国国家版本馆CIP数据核字（2024）第040738号

责任编辑	苏秋燕	苏子新
助理编辑	曾丽容	罗涵兮
整体设计	黄小纯	
责任技编	石玉珏	

广西师范大学出版社出版发行

（广西桂林市五里店路9号　邮政编码：541004）
网址：http：//www.bbtpress.com

出版人：黄轩庄
服务电话：0771-2092860
全国新华书店经销
广西壮族自治区地质印刷厂印刷
（广西南宁市建政东路88号　邮政编码：530023）
开本：880 mm × 1 240 mm　　1/32
印张：8.75　　　　　　字数：160千
2024年2月第1版　　2024年2月第1次印刷
定价：59.00元

如发现印装质量问题，影响阅读，请与出版社发行部门联系调换。

目录

绪　论

第一章　独立与共生：仫佬族傩舞文化背景

第一节　隔离与开放：仫佬族文化生态……027
一、外来与内应：仫佬族历史源流……027
二、稳定与独立：仫佬族族群播布……030

第二节　跨境融合与生存表达：仫佬族傩舞文化缘起……033
一、文化积淀：中原文化的跨域融合……033
二、兼容并蓄：楚越文化的潜下观照……039
三、生存表达：自然与超自然的精神寄寓……047

第二章　神圣与世俗：仫佬族傩舞仪式形态

第一节　稳定的神圣感：程式性仪式……058
一、环境创设：准备阶段……058
二、神圣权威：仪式情境构建……062

第二节　严肃中的娱乐：表演性仪式……066
一、浪漫主义情怀："唱神"中的超脱……067

二、现实主义精神：参与中的获得 ···073

第三章 表现与表意：仫佬族傩舞形态分析

第一节 动作形态：原生与再生 ··· 082
一、原生型动作形态：自然与和顺 ···083
二、再生型动作形态：变化与竞技 ···091

第二节 运动形态：象征的图式 ··· 109
一、万象相合：集聚型图式 ···110
二、对称平衡：扩散型图式 ···119

第三节 表现形态：自律与自由 ··· 128
一、稳定与变化：时空 ···129
二、自律与自由：风格 ···133
三、具象与抽象：表达 ···135

第四节 物质形态：有意味的实体 ······································· 137
一、舞具：物态与舞态 ···138
二、面具：融合与抽离 ···152

第四章 多元文化与价值理念：仫佬族傩舞文化阐释

第一节 动态与生态：自然孕育的价值观 ·····························164
一、自然为大的生态观 ···165
二、开放包容的宗教观 ···174
三、随遇而安的人生观 ···179
四、简单朴素的审美观 ···181

第二节　物质与生态：多重文化表征 ············185
一、三元和合：儒释道文化共塑 ············186
二、万物有灵：原始宗教观念 ············193
三、相依共生：多民族文化和融 ············198

第三节　思想整合与人文观照：仫佬族傩舞文化价值 ······206
一、思想整合：族群赓续与品格淬炼 ············206
二、制度建设：稳定和谐的社会交流 ············210
三、人文价值：人本思维的当代观照 ············212

第五章　流变与转化：仫佬族傩舞的当代抉择

第一节　功能与审美转向：仫佬族傩舞的当代流变 ··········218
一、文化功能：娱神向娱人转换 ············218
二、艺术审美：再现向表现转向 ············221
三、受众群体：由固定走向开放 ············222

第二节　场域与样态转化：仫佬族傩舞的当代开发 ··········224
一、场域与形态：生存心态 ············225
二、人本思维与内涵泛化：以人为本 ············232
三、多元化样态的建构：因势利导 ············239

结　论 ············247
附　录 ············253
参考文献 ············261
后　记 ············273

绪论

"傩"是反映人类生活方式,高度凝练人类思维感觉和信仰方式的一种偏抽象性的文化行为。"傩"起源于中原地区,史前时期便有之,是一种古老的文化事象。"傩:阴气诸鬼疫之总称"[1]。傩之肇因是"驱鬼逐疫"。从"国傩"到"乡人傩","傩"的功能和社会地位不断发生变化,这也使其内容不断泛化。从"驱鬼逐疫"到"祈丰求福",是人类从感性向理性的跨越,是一种纯精神演绎向现实主义获取的转变;而从"娱神"到"娱人"则是人类自身主体性意识强化的表征。

当下的"傩舞"从浩瀚的历史长河中走来,历经时代的大浪淘沙,其文化内蕴与人精神诉求的相契点使它以新的形式留存于当下,持续着人类现代文明与历史观念的对话交流。在中原文化南迁西进过程中,傩舞也随着中原文化的漫布而扩大了其生存空间。原生的傩文化在新的生存空间完成在地化的过程中,其形式和成分都开始变构。这种变构主要表现为中原文化与新的地域文化的融合和适应。因此,如果说起源于中原地区的傩舞是傩舞的原生形态,那么当下广西少数民族仪式中戴面具的娱神舞蹈虽是傩的泛化和演变,但仍是傩系统中的一员。仫佬族傩舞便属其中之一。

仫佬族傩舞是仫佬族依饭节仪式中由师公表演的舞蹈,是仫佬族生活方式、信仰方式、行为方式、思维方式的高度动态化凝练。文化尽管是观念化的产物,但它却不存在于某个人的头脑中;尽管是非物质的,但它却不是一个超自然的实体。[2]仫佬族傩舞文化亦是一种客观

---

[1] 姚东升辑《释神校注》,周明校注,巴蜀书社,2015,第188页。
[2] 〔美〕克利福德·格尔兹:《文化的解释》,纳日碧力戈等译,上海人民出版社,1999,第13页。

和主观相统一的存在。正是这种主客观双重性，使我们对其进行研究时，一方面要对其蕴含的思维观念进行解读和阐释；另一方面，则需基于其所处的客观环境，而这种客观环境体现为人与自然、人与社会、人与人的关系总和。对仫佬族傩舞进行研究探讨，既是对少数民族文化研究的补充，亦是对宏观的傩文化整体的完善，更是对人类文化整体的充实。

一、选题背景

仫佬族主要聚居于广西壮族自治区河池市罗城仫佬族自治县，是古代百越民族之一，语言属汉藏语系壮侗语族侗水语支，没有本民族文字。仫佬族历史悠久，最早可追溯至旧石器和新石器时代。早期的仫佬族并不以"仫佬"自称，亦不是独立的族群且被包含在南方民族共同的先民百越、西瓯、骆越、伶、僚、乌浒等之中，仫佬族族称见诸史籍始于明清时期，明代称为"伶人"，清代称为"姆佬"，民国时期称为"母老"。[①] 仫佬族有其独特的文化历史、生存环境、艺术形态和审美心理，具有包容开放的民族心态和强烈的自然社会和谐观。

仫佬族傩舞是仫佬族特有的节日依饭节仪式活动中由师公表演的载言载舞性的舞蹈。仫佬族依饭节自明代起便有较明确的文字记述，至今已有五百多年历史，节日活动的中心内容是举办依饭道场，这是集念诵、音乐、舞蹈于一体的，以纪念先祖、感恩民族恩人、表达民族精神诉求为目的的综合性祭祀仪式。整个仪式由"安坛""请圣""点牲""劝圣""唱神""团兵""送圣"七个程序组成，是仫佬族精神追求、道德规范、生产情景、宗教期盼以及价值理念的集中体现，历时三天三夜。每个村的举办时间不尽相同，举办周期一般都为三年或四年一

---

① 潘琦主编《仫佬族通史》，民族出版社，2011，第25页。

次，依当地的经济能力和生活状况而定。

仫佬族傩舞是依饭节仪式活动中的重要组成部分，亦是师公请神、唱神、酬神、送神的重要媒介。从舞蹈表现形式来看，有独舞、双人舞、三人舞等形式；从舞蹈内容来看，有表现生产场景、生活画面、宗教信仰等内容，形式内容丰富多元，同时亦有大量道具舞蹈。傩舞贯穿于仫佬族依饭节仪式活动的始终，从开始"安坛"中师公的独舞到后面"点牲"中师公的"筋斗画符"，舞蹈的难度随着仪式的发展而渐升，具有极强的观赏性。与其说仫佬族傩舞存在于仫佬族依饭节仪式中，不如说仫佬族傩舞引领着依饭节仪式，它将神灵形象外化、神灵特点具体化，搭建起神圣空间与世俗空间的桥梁，拉近了仫佬族人与神灵间的关系，通过肢体的特点彰显出神灵的性格面貌，同时再现生活场景，表现生产生活内容，构建了一幅仫佬族物质世界和精神世界的融合式图景。仫佬族傩舞是仫佬族传统文化形式的代表，是仫佬族人对自身生存状态、生产生活方式的一种独特表述。

随着时代的发展，仫佬族傩舞的自然社会生态面临新的变化。仫佬族傩舞表演程式逐渐缩编，结构日益简化，民族语言的逐渐流失使其在新时代语境中的传播步履维艰。这些变化都不同程度地加大了仫佬族傩舞生存与发展的阻力。虽然传统民间艺术不应只是活在"旧时光"中，但也绝不能让传统民间艺术彻底失去"传统"。当然，传统并不意味回到过去，如何在新的语境下进行自我调节和适应，如何在场域转换的背景下进行形态的自我更新，充分利用现代媒介进行因地制宜的传播等，是关系其发展的重要问题。

概言之，仫佬族具有典型文化特征，表现为既独立又交融，既传统又开放，虽地缘闭塞却思想不守旧，对外来文化的吸附力强，在文化扬弃、自我与他我的中和方面较为理性，融汉族文化、周边少数民族文化、宗教文化于一身。从仫佬族的舞蹈文化事象中既可拾遗历史的印迹，亦可看到其对当下的描绘；既可触及独立的民族品格，又可洞察共生的多元文化。对仫佬族傩舞进行研究，是对仫佬族民族文化形态的有效关切，亦是运用个体的舞蹈现象揭示舞蹈文化普世性特征的有效途径，对民族舞蹈文化整体性研究具有重要价值。此外，仫佬族傩舞作为区域性个案，学界对其关注甚微，尤其是针对其舞蹈形态的分析，迄今缺乏科学全面的研究。由此，本书结合形态和生态，综合外部形态分析和文化内涵阐释，探讨仫佬族傩舞的当代转化路径，以期对仫佬族傩舞形态和文化进行深入的整体性挖掘。

二、概念界说及研究范围

（一）概念界说

迄今，学界尚未对仫佬族傩舞范畴和定义有明确的界定。部分学者将仫佬族依饭节中的舞蹈称为依饭傩舞，这是从仪式的宏观视角给予的定义，主要因其存在于仫佬族特有节日依饭节祭祀仪式中。唐代俊、韦海燕、李可燕编著的《仫佬剧》，李德洙担任总主编、梁庭望担任分册主编的《中国民族百科全书·壮族、黎族、仫佬族、毛南族、京族卷》，路义旭、罗树新编著的《中国仫佬族》，均有"依饭舞源于仫佬族依饭节的唱神表演"的相关记述。《中国民族民间舞蹈集成·广西卷》、《中华舞蹈志》编辑委员会的《中华舞蹈志·广西卷》、龙殿玉的《中国少数民族大辞典·仫佬族卷》、罗城仫佬族自治县县志编纂委员会的《罗城仫佬族自治县志（下）1986—2005》中也将依饭节里师公表演的舞蹈称为依饭舞。亦有学者从舞蹈的本体视角出发，将其称为仫佬族傩舞，如由中国人民政治协商会议广西壮族自治区委员会编纂的《仫佬族百年实录》，丁立镇绘、重庆市民族宗教事务委员会编的《中国民族舞蹈国画集》，韦海燕、李朝昕的《仫佬族傩舞的文化解读》，皆有"仫佬族傩舞"这一称谓，但并未对其具体概念予以廓清。二十世纪的一些研究成果中,有学者将仫佬族傩舞划入师公舞的范畴,如于欣、金涛的《广西师公舞的不同形态与源流》,"品牌广西:国家级非物质文化遗产卷"编写组的《品牌广西:国家级非物质文化遗产卷》,将其称为仫佬族师公舞。基于上述研究的缺憾,本书将对仫佬族依饭节仪式中舞蹈的概念和范畴予以廓清,以便强调研究对象的独立性和明确性,突出舞蹈本体研究。仫佬族依饭节仪式中的舞蹈应属于傩的泛化。首先,从功能上来看,仫佬族依饭节仪式中的舞蹈有驱凶纳祥、娱神祈丰的欲求,这是傩"驱鬼逐疫"原始功能的泛化,是人类从原始性向社会性转变的产物,与傩具有一定的相类性;其次,从表演形式来看,仫佬族依饭节仪式中的舞蹈具有以面具扮神、跳神的形式。"傩舞是一种戴面具驱鬼逐疫的舞蹈。"① 詹慕陶认为"傩"可以用四个字来加以概括即"假面跳神"。"傩必有面具"已是学界的共识。而仫佬族依饭节仪式中着面具而舞的形式与之相契合,因此本书将其纳入傩舞范畴,称之为仫佬族傩舞。仫佬族傩舞为师公在依饭节仪式中表演的舞蹈,具有娱神颂神功能,且具有强烈的角色感。这就意味着仫佬族傩舞不仅仅是纯粹的身体语言,其部分舞段还涉及颂唱,可以说是一种载言载舞的综合形式。因此,本书将仫佬族傩舞定义为仫佬族依饭节仪式中由师公表演的舞蹈,具有载言载舞性。

关于仫佬族傩舞仪式,迄今为止,学界尚未出现"仫佬族傩舞仪式"这一概念。笔者认为,仫佬族傩舞存在于依饭节仪式中,虽然从舞蹈段落来看,其并不具备仪式结构,但从内部结构来看,傩舞却贯穿于依饭节仪式的每个环节,每个程序的傩舞都有其特点和程序性,具有明显的秩序感,这使得傩舞本身就有极强的逻辑性。可以说,傩

---

① 《中外舞蹈知识百科辞典》编委会:人民音乐出版社编辑部编《中外舞蹈知识百科辞典》,人民音乐出版社,2018,第529页。

舞是连接仫佬族依饭节仪式结构的重要载体，既是依饭节仪式的内容构成，又引导着仪式的发展、节奏，同时还具有强烈的仪式秩序感。每个舞段都有其呈现的特定时间、环境和形式，在仪式中有承上启下的功能，各舞段间都有紧密的联系。正是这种秩序感、特定时间性和关联性，使得仫佬族傩舞形成了自己的内在结构逻辑，在其内部的空间范围中构建了自身的仪式结构，从而在仫佬族依饭节文化中自洽。因此，仫佬族傩舞本身具备仪式特性，有其阶段性和程序性，故本书将其称为"傩舞仪式"，并在第二章对傩舞仪式形态给予阐述。当然本书并不是将仫佬族依饭节仪式与傩舞仪式划等号，而是旨在强调傩舞本体研究，研究傩舞之形态、傩舞之文化以及傩舞在仫佬族文化体系中的意义和价值。

（二）研究范围

仫佬族并非广西特有，贵州亦有仫佬族。广西仫佬族人很早就生活在桂北一隅，是广西的世居民族之一。本书中的仫佬族特指生活于广西壮族自治区罗城仫佬族自治县的仫佬族；而"仫佬族傩舞"的研究范围，则限定于罗城仫佬族依饭节国家级传承人谢忠厚和民间自由传承人银联相表演的傩舞。二人的傩舞风格既有共通性，又具独立性，前者兼具官方和民间自由的呈现，后者则是更为原生纯粹的呈现。通过对二人傩舞的综合分析，以期实现对广西仫佬族傩舞整体的充分性研究。

三、国内外研究现状与分析

傩文化历史悠久。傩的初始形态早于仰韶文化，产生于黄河流域的炎黄母族先民。"在发展过程中，傩吸收了巫、儒、道、佛及所在地的民俗因素，积累着不同时代、不同层次的历史真迹，为此被称为'活化石'。"①从历史文献记载来看,《周礼》是我国记载傩文化最早的文献,而《论语·乡党》开始有"乡人傩"的记载。中国近代开启傩文化研究者当属王国维先生,其在《古剧脚色考》中对商周的傩进行了研究探讨。当代学者曲六乙、钱茀先生在《东方傩文化》一书中,对"傩"字给予了十种解释,即行有节度、柔顺可爱、和顺、少、表音象声词、地名、报刊名、书名、驱疫之傩和人名。康保成先生曾提出"傩源于原始时代,当无可怀疑"的观点。饶宗颐先生亦指出:"傩肇于殷,本为殷礼,于宫室驱除疫气。"周贻白先生在《中国戏剧史长编》中指出"驱傩,子五百,小儿为之,衣朱褶素襦戴面具"②,并对唐代的傩舞进行了描绘。当代学者亦对傩舞的概念有了新的阐释。钱茀先生在《傩俗史》中提出,傩舞"是指傩中各种舞蹈动作和在傩中表演的舞蹈节目",并将现存傩舞概括为四种类型:傩仪中驱傩人的各种法事动作,如砍杀、燃符、手诀、禹步等,都有舞的成分;驱傩活动中自报家门式的出场傩舞;只舞蹈并无说唱的哑傩舞;有情节、有故事的傩舞剧。③李子和在《傩舞简论》中指出"傩舞是属巫舞的范围,它直接起源于初民的禳除巫术活动,是一种洋溢着浓烈原始宗教色彩的祭祀舞蹈"④。罗斌在其《假面阴阳——安徽贵池傩舞的田野考察与研究》中指出傩舞"是以人体动作为主要手段的傩仪活动","须具备面具和驱疫逐厉的本体功能"⑤。于平则认为:"傩舞,是傩礼的有机构成。作为原始积淀而渐成的祭礼仪轨,傩礼在结构上更多地呈现为某种人体动作

---

① 钱茀:《什么是傩》,《民族艺术》,1992年第2期,第54页。
② 周贻白:《中国戏剧史长编》,人民文学出版社,1960,第37页。
③ 钱茀:《傩俗史》,南宁:广西民族出版社,2000,第123—125页。
④ 李子和:《傩舞简论》,《贵州社会科学》,1989年第8期,第24页。
⑤ 罗斌:《假面阴阳——安徽贵池傩舞的田野考察与研究》,博士学位论文,中国艺术研究院,2007,第9页。

形态——这种被节制、被规范的动态由于鲜明的情绪状态和特定的程式风格而被称为'傩舞'。"① 以上概念虽表达有异，但主体相类，明确了傩舞的功能和属性。

关于广西仫佬族傩舞的研究，学界鲜有涉及，故本书的研究现状主要从广西傩舞、仫佬族整体文化和广西仫佬族傩舞三个方面研究成果展开。

（一）广西傩舞研究成果

广西傩文化历史悠久，自宋代以来就有详细的记载。作为广西傩文化研究的代表人物，顾乐真先生在《广西傩文化撷拾》一书中从形成时期、师道巫的比较、面具的演变方面对广西傩文化进行较为全面的分析。他在《从"古傩"到师公戏》一文中从民族、语言两个角度对广西师公戏进行分类，并提出师公戏始于太平天国后而成形于民国初年的观点，梳理了师公戏的历史源流，对广西傩舞研究具有重要的参鉴价值。1957年夏，中国舞蹈家协会由刘恩伯、孙景琛组成第二个傩舞研究组，赴广西桂林及桂北四县十三个乡开展调查研究，访问了80多位老艺人，采集了80多个傩舞节目，并撰写了广西傩舞调查报告《桂北跳神》（载1957年《舞蹈丛刊》第四辑），从而拉开了新中国广西傩舞研究的序幕。从研究方面看，广西傩舞的研究主要表现为对各少数民族傩舞的个案研究，研究成果多集中于壮族师公舞、毛南族傩舞、壮族"跳岭头"等方面。

1. 壮族师公舞

壮族师公舞研究的代表性学者当属金涛、于欣两位先生。其主要

---

① 于平：《从"受福不傩"到"着戏为傩"——傩舞的历史根源与文化流变》，《南京艺术学院学报（音乐与表演版）》，2016年第4期，第137页。

研究成果有《楚越文化交融的产物——壮族师公舞试析》《师公乐舞与女巫舞之比较》和《广西师公舞的不同形态与源流》,三者皆采用了横向比较的方法,主要从表演形式、舞蹈结构、神鬼不分的习俗、神祇系统四个方面,对壮族师公舞和楚地巫舞进行比较,提出两者确有历史渊源关系和一脉相承之处的观点,给予壮族师公舞的楚越文化内涵以深刻解读,并从降神礼仪、巫术功能、艺术形式等角度廓清师公乐舞与女巫舞的异同。朱碧光、孙亦华的《壮族师公舞中的"三十六神七十二相"考》对师公舞的神灵、面具和伴奏乐器做了较详细的介绍。韦土良的《探索壮族师公宗教舞蹈的风格韵味特征——用〈定位法舞谱剖析〉》从"定位法舞谱"视角切入,对壮族师公舞的舞姿造型、形体动态、运动节奏、呼吸特征、情感表达特征做了较全面的剖析。钟宁的《壮族师公舞及其文化特征研究》从多元文化结构视角对壮族师公舞的区域播布、类型,各地域壮族师公舞的共同特性及文化特点做了相关阐述。欧阳爱辉的《壮族师公舞非物质文化遗产数字化保护机制初探》从非物质文化遗产数字化保护机制的角度对壮族师公舞的传承保护进行了探讨。此外,还有针对师公舞音乐的研究,如韩德明的《壮族师公舞打击乐的叙事功能》、钟泽骐的《壮族师公舞打击乐的艺术机能》等。

2. 毛南族傩舞

毛南族傩舞又称"条套",是毛南族民间祭肥套(还愿)仪式中的舞蹈。韩德明是对毛南族傩舞研究较有代表性的学者,其主要成果有《毛南族肥套》《与神共舞:毛南族傩文化考察札记》《毛南族舞蹈生态考察报告》。《与神共舞:毛南族傩文化考察札记》从建筑、还愿仪式的过程、文化解读几个方面,对毛南族傩文化进行了较为深入的研究。《毛南族舞蹈生态考察报告》则是从舞蹈现状、舞蹈形态、舞蹈生态项三个方面对毛南族傩舞本体进行剖析,对其舞蹈生态状况做了阐释。

吕瑞荣的《神人和融的仪式——毛南族肥套的生态观照》对毛南族肥套历史源流、主要神灵、文化特性、价值功能等方面做了较全面的研究。蒙国荣、何佳辉的《毛南族舞蹈——条套》对毛南族傩舞的各舞段的表现形式、表现内容、舞蹈动律和音乐节奏做了较全面的介绍。常译允的《广西毛南族"肥套"仪式的田野呈现与文化解读》对"肥套"仪式中的舞蹈——"条套"进行本体关注，着重分析其形态与特征并阐释其背后的文化意义。

3. 壮族"跳岭头"

"跳岭头"的研究成果主要由两方面构成。其一，面具神灵研究。张秋萍的《桂南大芦村"跳岭头"面具世界图景探析》以历史人类学的方法，通过对面具神灵人物的分析和追溯，挖掘其表象背后的民间信仰文化图像。覃圣敏、李桐的《"跳岭头"诸神考略》深入解读了神灵的来源及功能。其二，文化及源流研究。黄宇鸿、黄建霖的《北部湾地区"跳岭头"民俗文化的儒学显现》从人类学视角阐释北部湾地区的"跳岭头"民俗文化中儒学的礼、乐、仁特征。张秋萍的《桂南"跳岭头"源流初探》和《民俗重塑与海洋文化传承：广西钦州"跳岭头"的播迁与流变——广西民俗文化研究之二》对"跳岭头"的生发、播布及演变发展做了纵向的梳理。

以上成果主要聚焦于两个视角，一是源流甄别界定，二是文化解读和传承研究。在研究方法上，一方面，以历史学视角，着重历史溯源，梳理发展脉络，关注舞蹈文化变迁；另一方面，从文化人类学角度切入，依托田野调查，对舞蹈给予文化解读，然而对舞蹈本体形态的深入剖析相对不足。

（二）仫佬族文化相关研究成果

前人对仫佬族特别是广西仫佬族的文化事象做了较为广泛和深入

的资料性集纳和基础性研究工作。学界对仫佬族的研究，多集中于历史学、社会学、人类学、民族学、音乐学等领域，主要表现在以下几个方面。

1. 族源历史研究

仫佬族族源及相关历史方面的研究成果相对显著，笔者将其划分为几个阶段，即民国时期、新中国成立后至"文革"前、改革开放以后。民国时期仫佬族研究主要代表人物为刘锡蕃。刘锡蕃的《岭表纪蛮》（1934）对仫佬族的族称、播布及生活习俗等方面做了较详细的记载。新中国成立后，张介文的《关于仫佬族的来源问题》（《广西日报》1963.04.17）对仫佬族的来源问题展开探讨，他提出"仫佬族是由'僚人'一词转来，仫佬族为广西的土著民族"的观点。改革开放后，关于仫佬族的族源历史研究势如破竹，其中较有代表性的有张介文和韩肇明的《仫佬族族源探讨》（1981）、仫佬族简史编写组的《仫佬族简史》（1983）、李干芬和胡希琼的《仫佬族》（1991）、罗城仫佬族自治县志编纂委员会编写的《罗城仫佬族自治县志》（1993）、吴保华和胡希琼的《仫佬族的历史与文化》（1993）、王文光和李晓斌的《百越民族发展演变史——从越、僚到壮侗语族各民族》（2007）、温远涛的《仫佬族族源新探》（2010）、潘琦的《仫佬族通史》（2011）、吴国富的《仫佬族研究文集》（2018）和李大西的《仫佬族文化的生态智慧》（2018）等。此外，还有针对仫佬族地区的社会田野调查类成果，如广西壮族自治区编写组的《广西仫佬族社会历史调查》（1985）、章立明和俸代瑜的《仫佬族——广西罗城县石门村调查》（2004）、周玉蓉的《仫佬山乡——广西罗城县大梧屯调查与研究》（2008）等。

2. 依饭节仪式研究

针对依饭节仪式文化的研究，较有代表性的学者为黎学锐和仫佬族学者吴国富。黎学锐、黎炼的《仫佬族依饭节》对仫佬族依饭节仪式的结构及其文化背景做了全面系统性的介绍，亦是目前以仫佬族依饭节为研究对象的唯一专著。吴国富则着重依饭节源流的考察，其在《仫佬族依饭节来源新探》中提出仫佬族依饭节来源于汉族地区的观点。此外，近些年出现了一些从人类学视角对仫佬族依饭节进行研究的硕士论文，如罗美玲的《从宗族仪式到民族节日——仫佬族依饭节的人类学考察》、卢纯的《仫佬族依饭节仪式中的祖先崇拜研究：以广西罗城上南岸屯为例》和莫乔雅的《仫佬族依饭节的文化内涵与当代传承》。此三篇论文主要从人类学的角度出发，借鉴国内外建构理论的最新研究成果，以仫佬族特定村落的依饭节活动为研究个案，结合田野调查，解读仫佬族依饭节的文化内涵，探讨依饭节在现代背景下的保护和传承策略。

3. 宗法社会研究

宗法社会研究成果集中于社会学、民俗学领域。主要成果有黄兴球的《仫佬族银姓宗族及其婚姻圈》《论仫佬族"冬"的宗法关系及其性质》《宗族与祭祀圈：以中村仫佬族银姓宗族为例》，李甫春的《"冬"与仫佬族源流追溯》，崔昆仑的《浅议仫佬族的传统社会组织与社会稳定》以及李燕宁的《仫佬族的宗教民俗》等。

4. 民间风俗研究

过伟的《仫佬族民俗风情》，吴才珍的《仫佬族风情志》，罗日泽、过竹、过伟的《仫佬族风俗志》，苏沙宁的《仫佬族"走坡"习俗及其历史渊源》《仫佬族"走坡"习俗及其歌谣研究》，李干芬的《仫佬族的传统节日文化》，均为仫佬族民间风俗研究的重要成果，既对仫佬族风俗和传统节日文化做了直观性的介绍，又对其历史渊源、文化内涵做了较深入的阐释。

5. 民族音乐研究

民族音乐方面最具代表性的成果为罗城仫佬族自治县文化局于20

世纪80年代编印的《仫佬族民间音乐》，其中收录了仫佬族民间歌曲、依饭音乐、道场音乐、狮舞音乐、师公音乐打击乐和狮舞《独角秀》打击乐六个方面的曲目。唐代俊的《仫佬族民间音乐研究》围绕仫佬族民间音乐、祭祀音乐及其形态等方面做了较为详尽的介绍。

6. 戏剧研究

李大西的《仫佬族戏剧中的生态智慧》从生态学的视角对仫佬族戏剧的特点、生态智慧进行了探讨。唐代俊、李可燕的《仫佬族民间音乐在地方戏剧中的运用——谈仫佬剧的发展》从民间音乐的视角对仫佬族民间音乐、仫佬山乡民间小戏、仫佬族民间音乐在戏剧中的运用、民间音乐支撑仫佬剧的定位与发展等四个方面做了阐述。张凤辉的《仫佬剧研究——重拾与探索》围绕仫佬剧的生成语境及过程、文本特征、发展进程中的问题与原因、价值与发展方向展开探讨。

以上成果涉及仫佬族的方方面面，从历史、文化、民俗、艺术等各个层面对仫佬族进行了综合性的概述。虽未具体、直接涉及仫佬族傩舞研究，但对仫佬族整体文化的宏观建构产生了重要作用，为本书的开展构建了宏观的文化环境，为本书的撰写提供了富有价值的学术参考。

（三）仫佬族傩舞的研究成果

学界关于仫佬族傩舞的研究成果寥寥。专著方面，主要有《中国民族民间舞集成·广西卷》中的《仫佬族舞蹈》和黄小明、胡晶莹编著的《舞祭——广西民间祭祀舞蹈文化田野考察与研究》，前者对仫佬族依饭舞的造型、服装、道具和动作方面进行了介绍说明，但仅是基础性的动作介绍，并未触及文化层面；后者从分布与种类、地位与作用、风格特色与动作分析、文化表现等方面对仫佬族依饭傩舞进行简要介绍，并为其传承和发展提出了建议，但较注重对田野资料的归纳和分析，对仫佬族傩舞的文化根性和形态分析缺乏深入的探讨。此外，广西壮族自治区地方志编纂委员会的《广西通志·文化志》、罗城仫佬族自治县县志编纂委员会的《罗城仫佬族自治县志（下）1986—2005》，李德洙担任总主编、梁庭望担任分册主编的《中国民族百科全书·壮族、黎族、仫佬族、毛南族、京族卷》，路义旭、罗树新编著的《中国仫佬族》，龙殿玉的《中国少数民族大辞典·仫佬族卷》，《中华舞蹈志》编辑委员会的《中华舞蹈志·广西卷》，也对仫佬族傩舞有简单的介绍。论文方面，黄小明、苏水莲、廖梦华的《仫佬族依饭节舞蹈与道教文化的关系——广西罗城仫佬族民间舞蹈现状考察》从运动路线、审美意识等方面阐述仫佬族傩舞中的道教文化元素；苏水莲、胡晶莹的《仫佬族民间舞蹈发展滞后成因分析》则从仫佬族的宗教文化、生存环境等方面入手，对仫佬族民间舞蹈发展滞后的原因进行分析；唐代俊的《仫佬族依饭仪式歌舞的文化特征》从依饭仪式歌舞的文化特征入手，从宗教性、故事性、教育性和艺术性等几个方面对依饭仪式歌舞的文化特征进行分析阐述；韦海燕、李朝昕的《仫佬族傩舞的文化解读》从仪式崇拜、种族认同和审美想象三个方面对仫佬族傩舞进行了多维度的文化解读，但并未具体从动态切入。

综此，上述相关学术成果为本书提供了丰富的理论参考和学术启发，但同时也清晰地表明：当前学界对仫佬族傩舞文化的关注甚微，从舞蹈本体出发的相关研究成果捉襟见肘，对其舞蹈形态及形态所蕴含的文化意蕴的综合研究尤显不足，这将是本书着重完善和充实的部分。

仫佬族傩舞作为区域性个案研究，鲜有外国学者对其开展研究。澳大利亚的科林·马克林（Colin Mackerras）教授在《融合和中国少数民族的戏剧》（"Integration and the Dramas of China's Minorities"）一文中对中国少数民族戏剧融合问题进行了研究，其中对壮族戏剧和西南少数民族的傩戏进行了阐述,并提出"中国少数民族戏剧的传统风格尤其是中国南方的传统风格,都带有汉族地方戏剧传统的强烈印记"的观点。尽管他的研究并非直接针对广西仫佬族傩舞,但其切入视角和研究成果,对本书具有指导意义。

四、研究目的和意义

(一)理论意义

傩舞是一个广泛的概念,其包含多个向度的内涵,即物质和精神、表现和再现、实体和表意、自然和社会等。傩舞形态亦是具体的结构、空间、造型和精神内涵、表现方式、人本理念、生活哲学的综合。一言一行,一举一动,一器一皿都关乎生命本质的探寻和精神价值趋向。从形态方面对傩舞进行研究,既可直观其审美观念,领会其民族精神本质,又可发掘文化之特点,揭示人类社会发展规律。因此,本书从形态切入,着眼于生态视域,通过对仫佬族傩舞的分析与审辨,结合相关的文献资料,系统、深入地研究仫佬族傩舞的形态特征与价值,关注仫佬族傩舞本体研究,分析仫佬族傩舞的建构手法与建构效果,通过形态看生态对形态的影响层次,以求洞悉民族文化生态全貌、民族精神全景,进而探索少数民族傩舞的文化特性和艺术规律,为少数民族傩舞整体性研究提供理论参鉴。同时综合舞蹈文化人类学进行研究,深入探讨仫佬族傩舞文化根性,把握少数民族审美逻辑,探寻其价值理念,掌握其文化内涵,形成对少数民族傩舞的有效观照,此研究对汉楚文化向西南衍进、佛道教文化在少数民族地区的传播等整体性文化研究具有重要意义,对中国舞蹈的文化发生理论研究具有积极的推动作用。

此外,当前学界对仫佬族傩舞的研究捉襟见肘,本书是对仫佬族傩舞本体研究的有效填充，为完善傩舞理论研究体系和少数民族文化研究提供理论研究参考。

（二）实践意义

本书涉及形态分析与生态解读，关乎历史和当下，虽是仫佬族傩舞个案研究，但具有普遍的社会意义。一方面，以形态为切入点，阐述仫佬族傩舞与自然社会生态相联系的心理，对树立仫佬族人的新型生态观，建构仫佬族新型的整体生态和谐局面有积极的意义。另一方面，仫佬族傩舞在当下文化旅游开发、对外文化交流中扮演着重要角色，对其进行深入研究，将对促进当今文化的发展与繁荣、树立民族文化自信具有重要作用，具有一定的实践意义。此外，深入解读仫佬族傩舞这样的内部文化事象，有利于挖掘和开发当下新型农村文化空间，有效服务当下乡村文化振兴。

五、研究方法

（一）舞蹈生态学方法

舞蹈生态学是一门对舞蹈艺术与环境的关系进行宏观与系统考察的科学。舞蹈生态学要以舞蹈形态的观察分析和描写为先导，同时对舞蹈功能、源流、播布区交织研究，形成对舞蹈形、功、源、域的综合性研究。资华筠先生的舞蹈生态学理论对笔者启发较大。笔者认为，其形、功、源、域四个方面的研究着点，是当今最完备的民间舞蹈本体研究方法。舞蹈生态学理论从形态入手，对舞蹈本体进行实践性剖析，又结合生态分析，对形态背后的生态因子进行理论性阐释，从而形成全面完整的研究。这一理论对于笔者研究仫佬族傩舞形态及生态有重要的指导意义。本书将采用舞蹈生态学的学术方法对仫佬族傩舞本体的形态做全面的分析和研究，重点关注形态特征的提炼及其文化因子、生态对舞蹈形态的影响层次等，从而揭示仫佬族傩舞的文化特质。

（二）文献研究法

对文献做基础性的查找、考证和梳理工作是进行研究的前提。本书主要对舞蹈生态学、人类学理论、人类学仪式研究、仫佬族研究、仫佬族傩舞研究等方面的相关文献以及直接反映仫佬族生活文化的地方性文献等进行整理研究。

（三）田野调查法

结合人类学中的田野调查法，通过人类学的田野调查、一线体验，以整体论、参与观察、访谈、谱系、主位与客位相结合的方式，了解研究对象的自然及社会文化特征，深入解读研究对象的文化内涵。但本书不做田野调查的材料堆砌，而是以田野调查所收所记所录，形成自身的所感所思所悟，将一线的田野材料加以逻辑梳理并进行理论思考。因此，有别于过去的对某个民族舞蹈或文化事象的大量田野资料的呈现，本书主要侧重于观点的提炼和理论的完善，而非对田野调查所收集资料的直观呈现。

（四）图式分析法

从某种意义上讲，图式在一定程度上可以客观展现舞蹈最原始的表述，而对舞蹈图式进行分析则有利于当代研究者在新的时代语境中探寻舞蹈的内在规律和历时性文化结构，从而实现更准确全面的研究。因此，本书将以运动图式为基础，以外部解构、内部阐释为主体方式来分析仫佬族傩舞运动形态并阐释其表意内涵。

六、研究结构

广西仫佬族傩舞主要分布于广西河池市罗城仫佬族自治县、柳州市柳城县古砦仫佬族乡、来宾市象州县寺村镇等地区。本书主要聚焦罗城仫佬族自治县谢忠厚和银联相两位师公表演的傩舞,旨在从舞蹈生态学的角度探析仫佬族傩舞的内外结构,分析傩舞的外部形态,并探求其外部形态背后的内在生态因子,进而实现对仫佬族傩舞的整体、全面性的研究。因此,本书从背景——仫佬族傩舞文化背景,形态——仫佬族傩舞的仪式形态和舞蹈形态,生态——仫佬族傩舞的文化解读,传承——仫佬族傩舞当代转化层面开展研究,全文共由五个章节构成。

第一章,独立与共生:仫佬族傩舞文化背景。本章主要由两个小节组成,即"隔离与开放:仫佬族文化生态"和"跨境融合与生存表达:仫佬族傩舞文化缘起"。第一节主要从族源、族群播布两个方面宏观描绘仫佬族文化生态的综合式图景,为仫佬族傩舞的生态、形态探讨创设文化背景前提。第二节主要围绕仫佬族傩舞的缘起展开论述,阐述仫佬族傩舞缘起因子,即中原傩舞的文化积淀、楚越文化的潜在影响、民族的生存表达,梳理广西仫佬族傩舞的文化脉络,把握其历史性和共识性特点。

第二章,神圣与世俗:仫佬族傩舞仪式形态。本章从神圣与世俗二元空间入手对仫佬族傩舞仪式进行分析,主要探讨仫佬族傩舞仪式形态研究,通过仪式形态分析,阐述仪式形态对仫佬族傩舞整体形态的影响,从而为动作形态分析创造前提。本章从程式性仪式、表演性仪式两方面展开论述。首先,从傩舞的程式性仪式入手,探究其历时性的呈现和共时性的演变。从环境创设和仪式情境构建两个方面着手,分析其步骤细节、内在固定逻辑、傩舞本体的稳定结构、稳定的"二元对立体系"理念，阐述仫佬族傩舞中的程序性和神圣性；其次，将表演性仪式形态概括为浪漫主义和现实主义，即融超然的精神想象、多态化的浪漫演绎和由精神信仰到物质获得、虚拟想象到现实"对话"于一体构成的浪漫主义形态和现实主义形态。

第三章，表现与表意：仫佬族傩舞形态分析。本章是本书的重点部分，主要由四个小节构成。第一节分析傩舞的动作形态。从动作发生学视角出发，将仫佬族傩舞动作形态分为原生型和再生型，并阐释其概念和特征，同时运用舞蹈生态学的方法，注重舞蹈形态的节奏型、呼吸型、步伐、显要部位舞姿，对仫佬族傩舞的动作形态做具体全面的剖析。第二节对傩舞的运动形态进行分析与诠释。这一小节运用图式相关理论，分析傩舞的运动路线、图式结构，将仫佬族傩舞的运动形态概括为集聚型图式和扩散型图式，对其舞蹈的运动形态做具体的路线分析，并诠释其表意内涵。第三节分析傩舞的表现形态。以贡布里希的"视觉显著点"为理论原点，从时空、风格、表达三方面分析仫佬族傩舞的表现形态，得出结论，即仫佬族傩舞具有稳定与变化的时空、自由与自律的风格、具象与抽象的表达的表现形态。第四节对傩舞的物质形态展开研究，将仫佬族傩舞物质分为舞具和面具两类。一方面，将舞具分成舞态化舞具和物态化舞具两种形态；另一方面，从对舞蹈环境、舞蹈动作、舞蹈形象的约束和神灵代言、佩戴方式的意义转换两个维度对面具形态进行全面分析。

第四章，多元文化与价值理念：仫佬族傩舞文化阐释。本章亦是本书的重要内容，主要包括三个方面的内容。其一，动态与生态。探讨仫佬族傩舞动作形态、运动形态与生态之间的联系，主要由四部分组成。一是从舞蹈动态中的自然规律、舞蹈动态中的自然情怀两个方面分析动态中"自然为大"的生态观；二是从朴素的原始宗教、多元的人为宗教两个向度阐述形态所蕴含的宗教观；三是从温和的舞蹈动作、包容的舞蹈动态、自然的舞蹈节奏诠释动态中随遇而安的人生观；四是简单朴素的审美观，即依生之美、竞生之美、和融之美。第二，物质与生态。以仫佬族傩舞的物象为切入点，阐述其背后的文化生态因子，并重点介绍仫佬族傩舞面具的文化内涵。首先，从面具承载的佛道文化、场景里的儒教符号、法器蕴含的道教精神三个方面阐述仫佬族傩舞的儒释道文化因子；其次，研究仫佬族傩舞物质形态中的原始宗教观念，即朴素的自然崇拜、生殖崇拜、神人合一的原始观念；最后，从汉文化的涵化和周边少数民族文化的融合两个方面阐述仫佬族物质形态中的多民族文化融合。第三，仫佬族傩舞的文化价值，从文化功能视角对仫佬族傩舞的社会文化价值进行研究，强调仫佬族傩舞具有赓续族群文化与淬炼民族品格、构建稳定和谐的社会交流制度和观照当代人本思维的价值。

第五章，流变与转化：仫佬族傩舞的当代抉择。本章主要包括三个方面内容：一是结合场域视角，探讨仫佬族傩舞形态的当代开掘；二是立足人本，赋予仫佬族傩舞更广泛的当代性内涵；三是结合时代语境，建构仫佬族傩舞多元化样态，从而实现仫佬族傩舞在当下的理性化传承和建设。

七、拟解决的问题和创新点

（一）仫佬族傩舞概念梳理

本书首次对仫佬族依饭节祭祀仪式中的舞蹈——"傩舞"的性质展开综合论述，一方面对其过去的多元称谓进行概括分析，实现其客观化统一；另一方面从表现形式、功能特点等方面阐述其"傩舞"属性，既扩大傩舞研究的范围，也为仫佬族仪式舞蹈的阐释提供新视点。

（二）仫佬族傩舞形态分析

纵观当前仫佬族傩舞的研究成果，鲜有聚焦于舞蹈本体形态的具体分析。本书将回归到舞蹈本体的研究，系统梳理仫佬族傩舞本体形态，并提炼形态表现规律。以舞蹈生态学方法论进行清晰的舞蹈形态的描述和分析，同时也阐释舞蹈的生态和文化构成。

（三）仫佬族傩舞面具研究

由于历史变迁和社会发展，仫佬族傩舞的面具受到巨大冲击，保存至今的面具寥寥无几且存在面具与神灵对应模糊的问题，而关于面具的文化阐释亦是付之阙如。本书在大量的田野调查、掌握一手材料的基础上，对仫佬族依饭节傩舞的面具进行梳理，不仅深入分析面具和舞蹈之间的关系，亦对其进行较为全面的文化阐释，以填补当前研究空白。

第一章 独立与共生：仫佬族傩舞文化背景

第一节 隔离与开放：仫佬族文化生态

"文化是一个民族内在的规定性，它既体现在物质层面，也体现在精神层面。传统文化大体包含物质结构、制度与社会组织、思想精神三个范畴。"[①]任何文化现象的诞生和发展，都离不开其所处的自然和历史人文环境。自然环境所构成的地理空间和人文历史所形成的文化生态对一个民族的艺术形式具有选择的作用，而舞蹈便涵括其中。仫佬族傩舞是仫佬族文化的表现形式之一，根植于仫佬族所居住的自然地理空间，孕育于仫佬族的社会文化中，其渊源、发展演化都与仫佬族的传统社会历史文化息息相关。要对仫佬族傩舞有深入的了解，必须对仫佬族的族源历史、地理空间、传统文化、宗教信仰等情况有整体性的把握。仫佬族文化历史悠久，从整体特点来看，其既有自身文化独立性的坚守，又有强大的外来文化吸附力，在本民族文化和外来文化的博弈中找到自洽的文化模式，表现出一种独立与共生的独特文化生态。

一、外来与内应：仫佬族历史源流

仫佬族具有悠久的历史和独特的文化，主要聚居于广西、贵州两个省区，其大部分人口主要聚居于广西河池市罗城仫佬族自治县境内。据道光六年（1826年）的《天河县志》载：天河置自初唐，"迄今千百

[①] 覃芳萍:《仫佬山乡的智慧与情致——仫佬文化与审美初探》，硕士学位论文，上海师范大学，2009，第7页。

余年"①。"天河县在府城北百四十里，古百粤地。唐始置天河县，属宜州。宋初因之，徽宗大观元年割附融州。钦宗靖康元年复隶宜州。元属庆远南丹军民安抚司。明属庆远府，设有四镇。"②仫佬族服色尚青，喜酸，其语言属汉藏语系壮侗语族侗水语支，日常生活用语主要有仫佬话、土拐话、桂柳话等。仫佬族没有本民族自己的文字，通用汉字。据第七次全国人口普查统计（2020年），全国仫佬族人口有27.72万人，罗城仫佬族自治县境内仫佬族人口为95852人。

仫佬族是古代百越民族之一，最早可追溯至旧石器时代。早期的仫佬族并不以"仫佬"自称，亦不是独立的族群且被包含在南方民族共同的先民百越、西瓯、骆越、伶、僚、乌浒等之中，仫佬之名，元代史籍已明确记载，称"穆佬""木娄苗""木娄"等。明、清以后，相继以"木老""木佬""姆佬"等名称见于史册。1956年，经过民族识别，国务院正式确认为仫佬族。③

关于仫佬族族源的研究，自20世纪50年代以来，学术界进行了系统、全面的探讨，产出了系列研究成果，提出了很多观点和看法。学术探讨主要围绕"土著和外来"的根源性问题进行。部分学者认为仫佬族是由外地迁徙而来，其依据主要为仫佬族民间的族谱、宗祠碑记、墓碑文字以及民间口传。仫佬族各姓的族谱和碑文显示，他们的先祖在清代前由外地迁至罗城。从当地仫佬族群众口中得知，其祖先从外地迁徙而来，与当地土著居民通婚、生活，所生儿女深受当地风俗习惯的影响，从母不从父，所说方言为倒装句，所以称"姆姥"（即"老母"意）。④另一部分学者则认为仫佬族的族源可追溯至百越族群中的骆越，

---

① 〔清〕林光棣：《天河县志》（卷上），清道光六年刊本，第10页。
② 〔清〕林光棣：《天河县志》（卷上），清道光六年刊本，第28—29页。
③ 摘自国家民族事务委员会官网 https://www.neac.gov.cn/seac/ztzl/mlz/gk.shtml.
④ 《仫佬族简史》编写组：《仫佬族简史》，民族出版社，2008，第6页。

仫佬族很早便居住于广西境内，是当地土著人。这种观点主要体现在两个方面。一方面，仫佬族先民渊源起于柳江人。"从仫佬族现有的遗传结构数据看，可以非常肯定地认为仫佬族属于百越民族系统侗水类群，具有典型的侗水民族类群的结构特征，来源于古代骆越族，是侗水类群中较早形成的一个民族。"[1] 另一方面，仫佬族族谱中有关于汉族外迁来的记录，但这些记录显示当时外地汉族人不是以整个族群的形式，而是以零星式的、单人独马的形式迁徙而来，继而与当地人结婚并繁衍子嗣。"元以前，仫佬族的先民是属于当时泛称少数民族的僚族称谓之中。"[2] 僚族在汉代之前便已出现，其所涉范围从西南到湖广、岭南，范围甚广，而仫佬族先民所居空间则被包含其中，因此，仫佬族的先民应是土著民族。此外，还有一种中和的观点，即仫佬族主体为广西罗城一带的土著居民，唐宋后，外来民族迁徙至此，与当地土著人通婚，形成大杂居、小聚居的格局，最后衍化为现在的仫佬族。广西民族大学仫佬族教授吴国富在《再论仫佬族族称、族源及其与周边民族的关系》一文中对仫佬族族源问题进行过系统性探究，认为仫佬族的主体来源于侗水语支民族共同先民"僚""伶"分布在今广西罗城仫佬族自治县一带的一支，清代初期逐渐分化为"姆佬"，后与其他迁来的汉、壮等民族融合发展成为现有的仫佬族。

任何民族的形成都是一个长期发展积累的过程，综合上述观点，笔者认为，仫佬族的形成是从群体中逐渐剥离，又与其他群体相互融合的过程。先秦时期，仫佬族先民应属于五大民族群体中的南蛮民族；秦汉时期，则属于百越族群中的西瓯、骆越一支，这一时期的西瓯、骆越融入"俚""僚"中；由汉至唐、宋的一千多年间，僚族被当作西

---

[1] 潘琦主编《仫佬族通史》，民族出版社，2011，第27页。
[2] 《仫佬族简史》编写组编《仫佬族简史》，民族出版社，2008，第9页。

南少数民族的泛称，活动区域很广。仫佬族就属于其中的一支。清嘉庆《广西通志》说："天河僚在县东，又名姆佬。"《古今图书集成》载："天河县色分四乡，县东八里咸伶种，名曰姆佬。"都指明了"僚""伶"与"姆佬"（仫佬）的直接关系。仫佬之名，元代史籍已明确记载，称"穆佬""木娄苗""木娄"等。明、清以后，相继以"木老""木佬""姆佬"等名称见于史册。① 此外，仫佬族的相关族谱、口碑、墓志也表明汉族人从外地迁徙而来，与当地居民结婚繁衍后代，经过较长时间的生活和交融，才逐步成为现在的仫佬族群。

当下仫佬族的傩舞仪式、民间习俗以及语言文字等，既有其独特的民族文化标签，又离不开汉文化的浸润和涵化，同时又具备壮族、毛南族等民族某些共同属性特征，这充分说明仫佬族在历史发展中绝不是处于孤立的状态，而是处于在自我成长和外来文化交融中的多元共生状态。

二、稳定与独立：仫佬族族群播布

仫佬族作为我国南方人口较少的少数民族，多数聚居在广西壮族自治区罗城仫佬族自治县的东门、四把、黄金、龙岸、天河、小长安等地，少数散居在忻城、宜山、柳城、都安、环江、河池、融水、融安等地。据罗城仫佬族自治县第七次全国人口普查数据（2020年），全县常住人口为272672人，各少数民族人口为206808人，占全县人口75.84%。其中仫佬族人口为95852人，占全县常住人口的35.15%。② 全县境内仫佬族人口绝大部分分布在东门镇、四把镇、小长安镇等地。

从历史发展来看，仫佬族以聚居为主要特点，历史上并未出现大

---

① 摘自国家民族事务委员会官网 https://www.neac.gov.cn/seac/ztzl/mlz/gk.shtml.
② 参见《罗城仫佬族自治县第七次全国人口普查主要数据公报》。

的迁徙和流动，仫佬族也没有关于本族迁徙的传说和记载，其播布整体呈现出稳定的格局。这种格局的出现主要有两个方面的原因。

一方面，仫佬族有同姓聚居的社会结构。"仫佬族人民多依山傍水建村，有的村后有参天大树，一般有血亲关系的同一宗族人聚居一村寨。"① 罗城仫佬族自治县境内的仫佬族多以罗、银、吴、谢等姓氏为主，他们同姓聚族而居，姓内又分为"冬"，并建有宗祠。仫佬族社会"冬"组织的来源，是国家在广西逐步推行里甲制度，将仫佬族先民纳入编户齐民的赋役系统中，"冬"作为赋役组织被带入仫佬族先民社会中，与原有的社会组织结合，形成融合了赋役、宗族、基层管理等功能的"冬"组织。② 以罗城仫佬族自治县东门镇中石村大银屯为例，该屯人口以银氏为主，建有银氏宗祠，分为"四冬""五冬""八冬"共三个"冬"。这样的社会组织结构，使得仫佬族在历史的发展中形成了自己稳定的社会结构、秩序理念、生活模式和宗族观念，使仫佬族形成了稳定自洽的社会格局，能在自己的生存空间中自给自足。

另一方面，生存环境的局限。自然生存环境是仫佬族具有较稳定播布特点的又一因素。我们从两个维度来分析。其一，农耕生产的稳定性。仫佬族主要聚居地多为喀斯特地貌，依山傍水，大山与平原夹杂，耕地四处分散。他们以农耕生产为主，主要农作物有水稻、红薯、芋头、甘蔗等。农耕生产以耕地为中心，具有一定的稳定性，若非大灾难或战争，农耕民族很少出现大的迁徙。其二，天然屏障的空间局限。仫佬族聚居于罗城仫佬族自治县境内。罗城仫佬族自治县隶属河池市，位于云贵高原苗岭山脉九万大山南沿地带。罗城仫佬族自治县

---

① 罗城仫佬族自治县志编纂委员会:《罗城仫佬族自治县志》，广西人民出版社，1993，第79页。
② 杨园章:《再论广西罗城仫佬族社会"冬"组织的来源》，《中国文化研究》，2018年第4期，第137页。

处于大山之中，交通阻塞，向外开拓或迁徙存在一定的难度，崇山峻岭的生存环境在一定程度上限制了仫佬族人的生存空间，使得仫佬族人形成稳定的生存格局并长期维持，同时也塑造了仫佬族因地制宜、崇尚自然的民族品质。值得一提的是，仫佬族生存环境相对隔离，但并未形成闭塞保守的性格，相反，相较于其他山区的少数民族，仫佬族在文化上保持着相对开放的状态，对外来文化的吸附力很强，具有很强的文化包容性，但是仫佬族又有着自己独立的文化性。仫佬族虽受外来民族文化影响，但因其具备相对稳定的生存生活空间，加上自然地理条件的限制，使得仫佬族的生存环境相对隔离和独立。在中原文化渗入前，仫佬族的文化生态表现出以其原生文化为核心、周边民族文化为辅的特点。随着岭南通道的开通，汉文化自东向西的传入，仫佬族的文化生态开始产生一些变化，但这种变化只是量的形式，并没有质的内容，这与仫佬族稳定的播布结构不无关系。外来文化的传播并未改变仫佬族原生文化生态实质，而是呈现原生文化、汉文化与周边少数民族文化三者交融共生的特点，从而衍生出了新的仫佬族独特的文化生态。

综上，从民族历史形成来看，仫佬族地处百越文化圈，历经了"僚""伶""姆姥"的演变，具有独特的百越民族特点。隔离的生存空间，促使仫佬族具有稳定的族群播布特点，强化了仫佬族的民族认同感，塑造了仫佬族强烈的民族凝聚力，因而保留民族本真并形成了仫佬族独立的文化生态。以姓氏为界限的血缘观念，彰显仫佬族人的理性智慧，这也是仫佬族独立文化生态形成的重要因素。而仫佬族也吸收外迁而来的汉族、壮族等民族的文化，取其优长，并使其在新的文化土壤中发展，使之与本民族文化相融合，形成了一种文化交融的状态。正是这种内在稳定的空间隔离和迁徙民族文化的外部影响，加上仫佬族本民族的理性思维，使其在文化选择中既不排斥他人，又不迷失自我，做到了在维护自我文化前提下的理性取舍，从而形成了仫佬族独立与共生的文化生态，这样的文化生态也为其傩舞的形成构建了独特的文化环境。

第二节 跨境融合与生存表达：仫佬族傩舞文化缘起

仫佬族傩舞是在仫佬族传统节日依饭节还愿祭祀仪式中由师公表演的舞蹈，具有载言载舞的特点。"依饭，仫佬话叫'依凡'[i⁵fa:n⁶]也是借用土拐、百姓话。'依凡'[i⁵fa:n⁶]在土拐、百姓话中即'正在还愿'的意思。就是汉语'还愿'。"① 仫佬族傩舞是仫佬族文化的动态载体，具有丰富且多层次的文化内涵。从狭义文化视角来看，仫佬族傩舞是仫佬族社会文化、历史发展的产物；从宏观文化视角来看，仫佬族傩舞既是古代楚越文化在仫佬族聚居区的历史遗存，又是中原文化与仫佬族文化跨域融合的产物，是仫佬族民族内在的生存表达。

一、文化积淀：中原文化的跨域融合

"'中原'一词最早可见于《诗经·小雅·小宛》：'中原有菽，庶民采之。'此处'中原'即'原野之中'的意思。"② 中原是中华文明的发祥地，是汉文化的源头，其不仅是一个地域空间，更是一个文化概念。

广西仫佬族在历史发展进程中，深受中原文化的影响，这主要有自然和社会环境两个方面的原因。从自然地理环境来看，广西仫佬族居住区在文化接受空间上具有一定的地缘优势。"在古代广西东北部地

---

① 龙殿宝：《仫佬族依饭法事及对神灵梁吴的民族认同》，《河池学院学报》，2013年第6期，第80页。
② 郭胜利：《从家族记忆到文化认同》，知识产权出版社，2020，第3页。

区和岭北湖南地区的交通，主要的有两条路线：一条是在湖南境内沿着湘江，通过湘桂低谷，进入广西的全州、兴安一带；另一条路从湖南道县、江华一带通过萌渚岭（临桂岭）隘口，到达广西的贺县、钟山一带。"①仫佬族聚居区罗城仫佬族自治县处于广西北部，偏向于上述第一条路线地带附近，在与中原文化的接触上具有一定的空间优势。就社会因素而言，这种文化影响则与中原人口南下迁徙浪潮相关。中国历史上，或因战争，或因自然灾害，抑或是历朝统治者的政治治理考量，曾经历过几次大的人口迁徙。中国历史上的人口迁徙和文化传播都是以中原文化圈为核心，由北向南、自东向西传播辐射。人口的迁徙实质是文化的流动和交流，广西仫佬族正是在中原人口向西迁徙过程中吸收了中原文化的元素，并将其与自身原生文化相融合，形成了再生性的仫佬族文化系统，这也使得广西仫佬族傩舞的形成离不开中原文化大环境（母体）的孕育。

（一）汉文化的向西衍进

"仫佬族的源流，与史籍记述的中国岭南古代民族百越—西瓯—骆越—乌浒—俚僚—伶等族称有着一脉相承的族属关系。由此可见，仫佬族应该是岭南土著民族。"②岭南地区在上古时代是百越族群居住之地，南岭山脉的阻隔、局限的自然环境，使得岭南地区历史上受中原文化影响不深。但秦始皇灭六国统一中国，在广西设置桂林、象和南海三郡，打开了沟通中原与岭南的通道，使得岭南与中原的交往和联系日益密切，加快了中原文化西进的步伐，这也为中原文化在仫佬族地区的传播创设了前提。

---

① 黄体荣：《广西历史地理》，广西民族出版社，1985，第25—26页。
② 黎学锐，黎炼：《仫佬族依饭节》，北京科学技术出版社，2013，第7页。

广西仫佬族聚居地罗城仫佬族自治县历史悠久。据《罗城仫佬族自治县志》记载，罗城仫佬族自治县由原罗城、天河两个县合并而成。南北朝时期，梁置黄水县为建县之始；隋开皇十一年（591年）在今东门镇一带增设临牂县；唐武德四年（621年）置安修县，贞观十三年（639年）撤安修县，并入临牂县，龙朔二年（662年）并黄水、临牂为武阳县；宋开宝五年（972年）置罗城县，始得现名。[1] 由此可见，仫佬族现聚居地罗城仫佬族自治县的境域格局始于南北朝时期。众所周知，南北朝时期是中国历史上最动荡、最混乱的时期。西北少数民族的入侵，给中原地区带来了巨大的灾难，这直接掀起了大规模的人口迁徙浪潮，中原汉族人口开始由北向南迁徙，从而加速了中原文化南拓的进程。另一方面，商周时期，分布在长江和汉水以南的古越人就已与中原王朝发生密切的联系，[2] 东瓯、闽越地区对汉文化的吸收，也为汉文化进入仫佬族山乡创造了先决条件。笔者调研地之一——罗城仫佬族自治县东门镇石围屯的祠堂神龛两侧的对联"开封迁居始建家园枝叶茂，琳州创业祖遗德泽子孙繁"（图1-2）亦是有力印证。诸如此类的外迁记录在仫佬族族群中较为常见，仫佬族诸多大姓都认定自己是由中原迁徙而来，因而对中原文化具有一定的认同感。

---

[1] 罗城仫佬族自治县志编纂委员会：《罗城仫佬族自治县志》，广西人民出版社，1993，第1页。
[2] 杨盛让：《西汉前期"和辑百越"政治试析》，《民族论坛》，1990年第1期，第60页。

图1-2 广西罗城仫佬族自治县东门镇石围屯银氏祠堂内景

仫佬族文化中的汉文化元素丰富,其中与傩舞相联系且最为直接的主要有三个元素。其一,语言。"汉族文化的影响既包括仫佬族人民自己学习汉族文化或出外学习汉族文化,也包括历朝历代迁居到仫佬族聚居区的汉族人民所带来的各种文化习俗的影响。"[1]仫佬族傩舞中的唱词由仫佬语、壮语、土拐话颂唱,其中的土拐话被称为"官话",即为汉族人进入仫佬山乡所带来的"引进品"。由于仫佬族有自己的语言却无文字,这使得汉文化在仫佬族地区有强大的渗透能力。汉族移民不仅给土著的仫佬族人带来了新的生产生活技术,更促进了汉文化与仫佬族文化的交融。人口的迁徙实质是文化流动的过程,是移民在新聚居区实现传统社会重建和文化移植的过程,是文化自我调适的过程。汉族移民进入仫佬族地区,在保留自身文化的基础上,又要进行新的文化调适,使自属性文化与他属性文化磨合、转化和融合,从而完成"在地化"的过程,以便使自己在新的居住地发展。与此同时,仫佬族在面对汉文化的跨域时,一方面要"守",即坚守自身的文化,调和中

---

[1] 黎学锐,黎炼:《仫佬族依饭节》,北京科学技术出版社,2013,第9页。

原文化对其原生文化的影响；另一方面要"收"，即吸收中原文化之精华以弥补自身文化之不足。其中，仫佬族使用汉字便是有力例证。正是在这样的文化跨域、博弈和相互接纳的基础上，汉文化和仫佬族文化对本文化形态进行转换和再生，形成了新的地域文化模式。其二，精神信仰。汉族人迁徙至广西仫佬族地区，带来先进的生产方式的同时，又将其所信奉的佛道教文化融入仫佬族地区。仫佬族人将佛道教文化与自身的原始信仰融合，形成了自己独特的精神信仰，这也构成了仫佬族傩舞的重要文化因子。在罗城仫佬族自治县，各类汉文化的祠堂庙宇比比皆是，据《天河县志》载："乡贤祠在学宫内今圮，孝节祠在先农坛左侧。"[1]这些庙宇都是汉文化在仫佬族山乡传播的有力证明。其三，祥云图案。云崇拜属于自然崇拜，是汉民族农耕文化的产物，在汉文化中有着悠久的历史和重要的地位。历史上对"云"的崇拜始于黄帝。黄帝以"云"为图腾。古代历史文献中，对"云"的记载比比皆是。"《左传·昭公》载，'昔者黄帝氏以云纪，故为云师而云名'，所谓'纪'，即是徽记之意。郑玄注《周礼·春官·大司乐》云：'黄帝曰《云门大卷》，黄帝能成名万物，以明民共财，言其德如云之所出，民得以有族类。'"[2]六代乐舞中，即有《云门》在列。仫佬族日常生活中以及傩舞面具中一些神灵头饰上都有类似祥云的图案。笔者认为，这应是汉文化在仫佬族地区传播的符号表征。"云作为通天媒介，自古人们便对云有着无比的重视与崇拜之情，而装饰化的云纹能使人获得与天合一的精神共鸣。"[3]仫佬族是传统的农耕民族，与汉族有着共同的生产诉求，对自然有强烈的崇拜敬畏感。仫佬族文化中的云纹元

---

[1] 〔清〕林光棣：《天河县志》（卷上），清道光六年刊本。
[2] 王胜华，卞佳：《艺术人类学》，云南大学出版社，2010，第152页。
[3] 周泽晗：《论秦汉时期卷云纹的艺术特征》，《广西科技师范学院学报》，2020年第6期，第91页。

素，既是汉文化由北向南、自东向西对少数民族地区的文化影响的产物，又是农耕民族普遍性的精神诉求，表达着天人合一的理念。

（二）中原傩文化的涵化共生

"傩"是一个古老的概念，史前便有之，甲骨文中已出现傩的记载。《周礼·夏官·方相氏》和《后汉书》中关于傩的记载都充分说明傩在古代中原地区中的社会地位。元朝时期，蒙古族人笃信萨满教排斥汉傩；清朝时期，傩文化逐渐与地方民间文化融合，向"社火"逐疫的民俗风尚转化。狭义上来说，"傩"是戴面具、驱鬼逐疫的祭祀活动。广义上来看，"傩"是以祭祀的方式表达出的一种文化和社会现象，是汉民族思维情怀的表达。"中华文明的'文明要素'就在古老的傩文化之中，因此，傩文化可以说是中华文明的文化DNA（基因）。"[1]傩文化作为中原文化的重要构成，其既是一种主观的信仰理念，更是一种社会规章，形成了一种约定俗成的规则范式，表达了中原汉民族的社会秩序理念。

中原文化自北向南、由东向西演进，作为其文化重要构成部分的傩文化也随之传播。中原文化在新的文化环境中进行自我调适，这种调适势必使其在原有的文化主体与新文化事象之间找到折中点。傩文化作为其精神信仰、思维理念的集中象征，与汉族人的社会生活紧密相关，是汉族人生活模式的重要构成，因此，即便居住空间环境发生变化，这种与人内在精神相连、与日常生活相关的仪式活动亦难以停滞。一种旧的传统在新的环境中生存的出路便是与新的文化语境相适应，这就使得中原傩文化在进入仫佬族地区后，融合仫佬族人的原始信仰，转变为一种全新的傩文化形态，即仫佬族傩舞文化形态。

---

[1] 林河：《林河自选集》下卷，湖南文艺出版社，2004，第315页。

《尚书·伊训》有云：恒舞于宫、酣歌于室，时谓巫风。"舞是交通神鬼的方式，祭是傩戏的目的，歌是媚神或诉求。……舞因祭祀而扮演"。① 戴面具舞以降神属于温和的巫傩活动。"舞者的确戴着面具，但其目的不是为了驱疫逐鬼，而是'象'图腾或神鬼，即后世所谓的'请神'，祈求神鬼帮助消灾解难。巫术仪式中，'驱'与'祈'是两种方式不同的活动，决定着巫术的表达方式，从而成为殷商傩戏区别于周代以后傩戏的重要标志。"② 仫佬族傩舞受汉傩的深刻影响，其内含的多元教义和娱神方式都带有上古傩戏的深刻烙印。仫佬族傩舞亦是通过师公戴面具象"神"，以舞蹈的方式请神、唱神，歌颂神灵的功德伟绩，祈求神灵庇护的表演形式。这种表演形式带有媚神的性质，与殷商时期的傩舞具有共同的温和特质。从仫佬族傩舞整个仪式程序与所供奉的神灵来看，其受到由商周"宫廷傩"发展至宋代所形成"市井傩"的影响，同时又将仫佬族本身的传统信仰与中原文化的道教、佛教多方融合，而逐渐形成自己独特的表达形式。

二、兼容并蓄：楚越文化的潜下观照

（一）仫佬族文化中的"楚越元素"

楚文化对广西影响深远。据考古发现，楚文化已于春秋战国时期传播到广西。桂林市恭城瑶族自治县秧家出土了一批青铜器，据考，时代大概为春秋晚期到战国早期，大部分器物为春秋晚期。春秋中晚期楚文化逐渐确立了自己的风格，随着楚国的不断强大，这种具有楚文化风格的铜器自然也会流传到其他地区。恭城出土的宽援上扬的青

---

① 刘怀堂：《仪式抑或戏剧：傩戏形态论》，中山大学出版社，2019，第104页。
② 刘怀堂：《仪式抑或戏剧：傩戏形态论》，中山大学出版社，2019，第105页。

铜戈就是受到楚文化影响下的产物。①秦始皇在岭南地区设置桂林、象和南海三郡，加强了岭南和岭北的交往，广西全州等地在相当长的一段时间里隶属今湖南的长沙郡和零陵郡，这为楚文化继续南移提供了更多的有利条件。②仫佬族聚居区罗城当时属于桂林郡，从地缘上受楚越文化影响较大。仫佬族现存的文化景象中依然充斥着楚越文化符号的烙印。

1. 凤鸟崇拜

凤鸟崇拜是古老的图腾崇拜，在新石器时代便有之。仫佬族的凤凰崇拜是楚越文化对仫佬族影响的表征之一。首先，楚人有崇尚凤鸟的精神信仰。"屈原《离骚》，'凤皇既受诒兮，恐高辛之先我'。九章思美人又云，'高辛之灵盛兮，遭玄鸟而致诒'。闻一多先生离骚解诂因谓'玄鸟即凤皇'（见全集第二册），其说甚确。凤，古文作鹏，甲骨文则通假为风云"。③可见，楚人的凤鸟崇拜与其自然意识不无关系。越人亦将鸟视为图腾。鸟在越文化中占有十分重要的地位则与农耕文化相关。"鸟是越人最古老的图腾，"④越人对鸟的崇拜，表现在很多方面，尤其是关于"鸟田"的认识，因为这与越人的农业经济有着最直接的关系。⑤

笔者认为，关于凤鸟崇拜，综其缘由，主要有四。其一，图腾信

---

① 林聪荣：《广西恭城县秧家出土青铜器研究》，硕士学位论文，山西大学，2017，第29页。
② 于欣，金涛：《楚越文化交融的产物——壮族师公舞试析》，《民族艺术》，1988年第2期，第60页。
③ 丁山：《中国古代宗教与神话考》，上海书店出版社，2011，第51页。
④ 李路阳，吴浩：《广西傩文化探幽》，广西人民出版社，1993，第152页。
⑤ 徐日辉：《古越鸟文化与农业经济初探》，载蒋炳钊主编《百越文化研究》，厦门大学出版社，2005，第263页。

仰。殷人以玄鸟为图腾,《史记·殷本纪》记载:"殷契,母曰简狄,有娀氏之女,为帝喾次妃。三人行浴,见玄鸟堕其卵,简狄取吞之,因孕生契。"①殷人将玄鸟与其身世联系,足以彰显玄鸟在殷人心中之地位。《白虎通·五行篇》载,祝融"其精为鸟,离为鸾",鸾即凤。鸟也可算作凤。其二,农耕文化。舍去人类发生学图腾说,鸟崇拜与农耕文化相关。如"玄鸟,燕也,春分而来,秋分而去",预示着春种和秋收。一些农耕民族将鸟作为图腾,也与农耕生产有紧密联系。一是因鸟吃害虫,在一定程度上有利于农耕;二是鸟可作为农耕的时令参照,如燕子南飞北归的自然生存习性,对农业生产有一定的时间指向,由此,鸟崇拜与农业生产生活有着密不可分的关系。其三,祭祀象征。《鹖冠子·天权》有载:"取法于天,四时求象:春用苍龙,夏用赤鸟,秋用白虎,冬用玄武。"在古代祭祀文化中,赤色的鸟可用为时令,是夏天或者方位如前方、南方的标识或象征。其四,繁衍寓意。"龙凤崇拜在史前文化中亦有记录,其主要存在于大汶口文化和河姆渡文化中,彼时是作为一种巫术活动形式,主要目的是生殖繁衍。"②大汶口文化遗址位于今山东境内,属我国北方文化范畴;而河姆渡文化遗址则位于长江流域,属南方文化范畴。可见,龙凤崇拜是南北文化中共有的精神图腾,或许这为当下诸多民族崇拜凤凰提供了历史参照。

凤凰崇拜是仫佬族传统的精神信仰,凤凰在仫佬族人心中是平安吉祥的象征,能予人民以幸福,予民族以庇护。凤凰图案是仫佬族民居建筑的必备,窗户上的雕刻、家具上的图案,都有凤凰的形象。此外,在罗城仫佬族自治县还有著名的凤凰山,凤凰崇拜渗透在仫佬族人生活的方方面面。与史前巫术活动中的龙凤崇拜以求生殖繁衍有别,

---

① 《二十四史》编委会:《二十四史》,线装书局,2019,第41页。
② 刘怀堂:《仪式抑或戏剧:傩戏形态论》,中山大学出版社,2019,第64页。

仫佬族对凤凰的崇拜应与其农耕文化相关。"相传很久以前，有只金凤凰，利用利喙驱走作践庄稼、人畜的鸟兽，展双翅煽退淹没农田的洪水，抖羽毛洒甘霖滋润遍地枯萎的禾苗，又奋身扑杀作孽多端的恶龙，自己最后化为巍巍凤凰山，永远护卫仫佬山乡。所以，金凤凰也成了仫佬族人的图腾。"①这与上文中论及的楚人自然意识衍生下的凤鸟崇拜、古越人的鸟崇拜与农耕生活相关的观点相契合，因此仫佬族的凤凰崇拜应是受"楚人尚凤鸟"和"越人鸟崇拜"文化观念影响的产物，这也反映出楚越文化对仫佬族的单向影响以及仫佬族对楚越文化的包容接纳。

2. 族谱记载

现存的仫佬族族谱中仍有关于楚国的记录。仫佬族罗姓族谱就宣称："始祖为祝融公，生于太昊时代……吾族为楚中望族……于元朝年间来游西粤，见此地山水清奇，民风朴茂，遂于凤凰山家焉。"②此家谱的真实性尚不可考，为规避其他民族迫害而改家谱以求庇护的现象在少数民族中确实存在，但从此家谱中的记录来看，楚人是祝融的后裔，楚文化的源头从祝融部落集团开始，仫佬族罗姓人将祝融当作自己的始祖，并称自己是楚中望族，是对楚文化有潜在认同感和归属感的表现，这足以见得历史上楚文化曾对该地区的影响之深。

（二）楚越巫术遗存

巫是上古先民的一种祭祀活动，在近代人类学家眼中它被视为一种仪式。③巫觋自古有之，且在中国历史上扮演着重要角色。"我国夏、

---

① 李大西：《仫佬族文化的生态智慧》，民族出版社，2018，第53页。
② 黎学锐，黎炼：《仫佬族依饭节》，北京科学技术出版社，2013，第8页。
③ 刘怀堂：《仪式抑或戏剧：傩戏形态论》，中山大学出版社，2019，第16页。

商、周三代均信奉巫教。"①王国维先生在其《宋元戏曲考》中提出"巫觋之兴在少皞之前"②的观点，可见巫术在史前时期已呈现兴盛之态。对巫的解释，学界普遍参考许慎的《说文解字》，即"巫，祝也。女能事无形，以舞降神者也。象人两袖舞形。与工同意。古者巫咸初作巫。凡巫之属皆从巫"。由此得出，巫具备两个要素，一是"事无形"，即通过外表的装扮，塑造一种非客观存在体；二是"以舞降神"，即通过舞蹈的方式与神灵沟通。"事无形"是形象上的模仿，而舞蹈则是手段和媒介，两者都需要艺术的想象和创造。从后期的傩舞来看，傩舞"是以人体动作为主要手段的傩仪活动。就属性而言，它与其他的傩文化方式一样，须具备面具和驱疫逐厉的本体功能"③。"傩舞，是傩礼的有机构成。作为原始积淀而渐成的祭礼仪轨，傩礼在结构上更多地呈现为某种人体动作形态——这种被节制、被规范的动态由于鲜明的情绪状态和特定的程式风格而被称为'傩舞'。"④于傩舞，外形上，应具备面具之形象，同时具备一定的规范性和程式性风格；功能上，应有驱疫逐厉之功能。这与前面所谈的"巫"有契合。面具之形象是"事无形"的具体化表现，而"规范性、程式性动作"便是舞蹈的具体风格，驱疫逐厉之功能则是降神的具体指向。故此，傩是巫的衍生品，或是巫在不同时期发展下的新形态，因此傩舞的形式必定受巫祀影响，广西仫佬族傩舞亦如此。

---

① 周冰：《巫·舞·八卦》，中央编译出版社，2008，第13页。
② 王国维：《宋元戏曲考》，朝华出版社，2018，第7页。
③ 罗斌：《假面阴阳——安徽贵池傩舞的田野考察与研究》，博士学位论文，中国艺术研究院，2007，第9页。
④ 于平：《从"受福不傩"到"着戏为傩"——傩舞的历史根源与文化流变》，《南京艺术学院学报（音乐与表演）》，2016年第4期，第137页。

1. 楚巫的渗透

楚国灭越国后，原吴、越两国绝大部分的民众便开始融入华夏族，从而导致越民族群体分布区开始变化，并逐渐向东南（今福建一带）退缩。至汉代，东南沿海江浙闽之地的百越各支绝大部分消亡，汉王朝在这些地区设立郡县，百越民族群体的分布区再次向西南退缩。[1]纵观历史的演进发展，秦始皇出兵统一岭南，设三郡。这为楚文化向岭南地区的传播创造了条件。楚文化沿湘江，通过湘桂低谷，或经湖南道县、江华一带进入广西全州、兴安、贺县（今贺州市）、钟山等地，传入岭南。在宋代，广西桂林地区的跳神活动已普遍流行，且分布于岭南北的这条交通古道上，这是楚巫西进的产物。

仫佬族聚居地罗城仫佬族自治县地处桂北地区，天然的地缘特点使其在对外来文化接收上具有一定的前瞻优势。"王逸楚辞章句谓，楚国南部之邑，沅湘之间，其俗信鬼而好祠，其祠必作歌乐鼓舞以乐诸神。"[2]其中所提到的"楚国南部之邑，沅湘之间"指的是沅水和湘水之间，即今日的湖南省境内，战国时期楚国诗人屈原曾长期流浪于沅湘间，以上足见当时楚地祭祀景象之繁盛。而广西与湖南交界，仫佬族又分布于广西北部，对楚文化的吸收在所难免。据史料记载，战国初期，桂林地区荔浦以北划入了楚国的版图。[3]因此，在战国时期盛行的楚巫之风便无可规避地进入广西界域。楚国版图中的广西、江西、湖南、湖北、贵州等地的汉族和少数民族中，都有戴面具表演敬神请神的舞蹈。这足见楚文化对楚国所管辖区域之影响，这也为仫佬族文化对楚文化吸收创造了条件。

---

[1] 蒋炳钊主编《百越文化研究》，厦门大学出版社，2005，第37页。
[2] 王国维：《宋元戏曲考》，朝华出版社，2018，第8页。
[3] 金涛，于欣：《楚越文化交融的产物——壮族师公舞试析》，《民族艺术》，1988年第2期，第59页。

《九歌·东皇太一》写道:"吉日兮辰良,穆将愉兮上皇。抚长剑兮玉珥,璆锵鸣兮琳琅;瑶席兮玉瑱,盍将把兮琼芳……扬枹兮拊鼓;疏缓节兮安歌,陈竽瑟兮浩倡;灵偃蹇兮姣服,芳菲菲兮满堂;五音兮繁会,君欣欣兮乐康。"这对楚巫祭祀表演时的形式和情景做了详细描述,介绍了楚地巫舞的时间、服饰、道具及配饰,同时也看出歌舞表演在楚巫祭祀过程中的重要性。从表演形式上来看,楚地巫舞具有以巫扮神、以舞降神的基本特点,"灵偃蹇兮姣服"即巫着华服起舞扮神请神。仫佬族傩舞仪式由师公戴面具扮神、唱神,以舞降神、娱神、送神,这是楚地巫舞"以巫扮神、以舞降神"特点的沿袭和发展。从所用道具来看,楚巫中的瑶席与仫佬族傩舞中师公跳舞时所使用的席垫异曲同工。从舞蹈的结构程式来看,楚巫具有三段体的结构程式,仫佬族傩舞仪式虽然有多个环节,但就主题而言,整体基本表达请神—唱神—送神三部分内容。因此,楚巫文化应是仫佬族傩舞生发过程中的重要影响因子之一。

2. 越巫的遗存

广西境内的壮族、侗族、水族、仫佬族、毛南族、布依族等,均属古越族的后裔民族。[1]作为广西的土著民族之一,仫佬族带有百越文化基因。岭南越巫早在秦汉以前就出现。《史记·封禅书》载:"其春,既灭南越,上有嬖臣李延年以好音见。上善之,下公卿议,曰:'民间祠尚有鼓舞乐,今郊祀而无乐,岂称乎?'公卿曰:'古者祠天地皆有乐,而神祇可得而礼。'"[2]又载:"是时既灭两越,越人勇之乃言'越人俗鬼,而其祠皆见鬼,数有效。昔东瓯王敬鬼,寿百六十岁。后世怠慢,故衰耗'。乃令越巫立越祝祠,安台无坛,亦祠天神上帝百鬼,而以鸡

---

[1] 李路阳,吴浩:《广西傩文化探幽》,广西人民出版社,1993,第65页。
[2] 司马迁:《史记:卷二十八》,中华书局,2000,第1189页。

卜。"① 这一段文字说明越巫早已在岭南地区流传。②

仫佬族是古代百越民族中的一部分，处于百越文化圈之中，其文化深受越文化的影响，这主要表现在三个方面。第一，共同的图腾崇拜。"至迟在四千年前，闽越人就有图腾分类象征意识和鬼魂崇拜观念，其巫觋之风也相当盛行。"③ "狗图腾是包括闽越民族在内的中国东南土著民族的又一祖先崇拜文化。……狗图腾崇拜曾为百越民族原始宗教文化的重要内容。现今的闽南地区，除了畲族之外，一些非畲民居住区，也不同程度地流传着狗崇拜的习俗。"④在仫佬族族群中，尤其是吴姓氏的仫佬族人亦有自古至今不食狗肉之风俗，这应是相同的越文化圈影响下形成的共同的原始宗教意识。第二，相类的祭祀方式。闽越地区历史上曾是越巫盛行之地，闽越人有以鸡卜预示凶吉的风俗。而在广西，柳宗元的《柳州峒氓》诗中写道："郡城南下接通津，异服殊音不可亲。青箬裹盐归峒客，绿荷包饭趁虚人。鹅毛御腊缝山罽，鸡骨占年拜水神。愁向公庭问重译，欲投章甫作文身。"⑤郡城所指柳州城，而鸡骨占年便是越巫中的鸡卜之术。"《太平寰宇记》云：'（广西）贺州俗重鬼，常以鸡骨卜。《汉书》云：越巫以鸡骨卜。'"⑥综上述文献，在唐宋时期，广西便盛行越巫鸡卜的风俗。这为越巫在仫佬族地

---

① 司马迁：《史记·卷二十八》，中华书局，2000，第1191页。
② 于欣，金涛：《师公乐舞与女巫舞之比较》，《民族艺术》，1993年第2期，第162页。
③ 彭维斌：《从百越巫鬼信仰到汉式佛道宗教——闽南民间信仰历史变迁的分析》，《福建师范大学学报（哲学社会科学版）》，2007年第6期，第252页。
④ 彭维斌：《从百越巫鬼信仰到汉式佛道宗教——闽南民间信仰历史变迁的分析》，《福建师范大学学报（哲学社会科学版）》，2007年第6期，第252页。
⑤ 钱伯城主编《唐诗选（下）》，上海书店出版社，1993，第191页。
⑥ 高国藩：《中国民俗探微——敦煌巫术与巫术流变》，河海大学出版社，1993，第32页。

区的传播创造了有利的地缘条件。第三,相似的舞蹈动作。仫佬族有历史悠久的巫教崇拜,其傩舞动作中有较明显的越巫文化烙印。岭南地区在上古时代是百越族居住之地,秦汉之际成为南越、闽越诸藩国的辖地。①商周时期,福建一带的土著被称为"七闽",东周秦汉时期生活在江浙一带的"越"民族向东、向南散迁,与福建的"七闽"民族融合,生成了"闽越"民族。②仫佬族群体中有自闽中迁徙而来者。"据清代同治年间四把乡新村谢氏立的《谢氏祠碑记》所述:远祖颜政,于明朝自闽中播越北部,始基立郊田之杨(阳):名曰谢村……创业立籍。"③正是这种人口迁徙,使得仫佬族傩舞在动作上与闽越的巫术动作有文化互鉴的前提。从具体舞蹈动作来看,仫佬族傩舞中的典型步伐为"罡步",其来自道教的"踩罡踏斗",源自古代星宿说。无独有偶,"闽西北傩舞中常用的'禹步'也叫'七星步',是巫舞中的常见步伐,即一脚向前迈步另一脚跟上虚点地,重心在一只脚上的步伐类型"④。此类相同的步伐,在一定程度上反映出两者在共同文化圈中的傩文化所显现出的共性特质,具有历史渊源关系和一脉相承之处,同时也是对仫佬族傩舞深受越巫文化影响的有力印证。

三、生存表达:自然与超自然的精神寄寓

"傩"是人类在认识自然与世界之初的思想和精神意志积极作为的

---

① 郭杰,左鹏军:《岭南文化研究》,清华大学出版社,2015,第3—4页。
② 彭维斌:《从百越巫鬼信仰到汉式佛道宗教——闽南民间信仰历史变迁的分析》,《福建师范大学学报(哲学社会科学版)》,2007年第6期,第251页。
③ 《中国民族民间舞蹈集成·广西卷》编辑部:《广西民族舞蹈史料汇编(1)》,内部资料,1987,第149页。
④ 林荣珍:《区域文化视域下闽西北傩仪舞蹈形态分析与内涵阐释》,《三明学院学报》,2020年第3期,第62页。

产物，它反映人类在彼时的思想和智慧，也反映人类与自然彼时深刻的矛盾和对峙。[①]仫佬族傩舞的产生离不开仫佬族人在与自然的迎合和博弈中所形成的集体思想和超自然的精神意志，这也是任何史前仪式共同的根基。"傩"实质是人们希望借自然之力，驱逐疾病苦难。在形色各异的傩面之下，镌刻的往往都是人类对未知力量的敬畏，以及人们企图与疾病和灾难做斗争的信念意识和艰辛历程。

（一）迎合自然并与之博弈

罗城仫佬族自治县位于广西北部，地处九万大山腹地，地势陡峭，山高谷深，平地稀少。民众生活出行常常需要爬山过坳，物资运输都靠肩挑背驮。仫佬族的神话传说中有"侬达搬山"的故事，里面有这样的仫佬族歌谣："山里的仫佬族人呵，像小草一样可怜。石山重重压在身，云雾层层遮住眼。群山何日能搬掉，愁云哪时才驱散？天公救救仫佬族人呵！搬走石山造平川。"[②]历史文献亦有关于仫佬族人生存环境的记载。"广西河池所治，风土浇薄，间岁多疫，民不宁处。"[③]《殿粤要纂》载："罗城在万山中，鸟道羊肠，伶僮居之。"[④]"家门对着山，鼻尖碰着山，出门上下山，山外还有山。"[⑤]"一片荒山，沃壤殊少，仅于

[①] 刘祯：《傩戏的艺术形态与形成新探》，《中国政法大学学报》，2010年第3期，第132页。
[②] 姚宝瑄主编《中国各民族神话（京族 仫佬族 壮族）》，书海出版社，2014，第37页。
[③] 河池市地方志编辑部点校《河池县志》，2000，第187页。
[④] 潘琦主编《仫佬族通史》，民族出版社，2011，第92页。
[⑤] 罗城仫佬族自治县志编纂委员会：《罗城仫佬族自治县志》，广西人民出版社，1993，第1页。

黄金寺门两谷中，得观稍许平地。"①凡此种种，皆反映出仫佬族聚居地自然环境之恶劣，耕作条件之贫瘠。此外，历史上罗城仫佬族聚居区数次受旱灾、水灾、地震、风灾、蝗灾的影响，各地几乎每年都有不同程度的旱灾发生，因其高山环绕，常有强对流天气，历史上冰雹灾害异常频繁。这样的自然生态使得仫佬族一方面敬畏大自然，另一方面又有强烈的改造自然的夙愿。

人是大自然的产物，如同自然界的植物一般，人的外部形态、生活习性、气质品性与自然生态息息相关。人又是大自然的适应者和改造者，这种适应是一种被动状态，正是由于这种被动状态让人具备了主动改造自然的勇气。先秦时期诸子强调与自然天道相融，追求天人合一的境界。这种自然观在偏远的少数民族地区尤为明显。仫佬族傩舞是在仫佬族人自然与超自然的思想博弈中应运而生的。他们一方面崇敬自然、顺应自然、感恩自然，另一方面又改造自然、参与自然，希望与自然平起平坐。自然的状况在一定程度上限制了仫佬族人对知识的获取，但自然地理环境的局限又丰富了他们的主观想象思维。仫佬族人热爱并崇尚自然，对不确定的自然力充满崇敬和好奇，认为大自然是神秘莫测的。基于有限的生存环境，仫佬族人通过丰富的主观精神构想和建设，提升其主观心理适应与客观协调能力，以期实现自身与自然和谐共处的客观诉求。这不仅仅是对百越信仰文化的传承，更是应对现实而不得不为之的手段。仫佬族人拥有敬畏自然、迎合自然又期盼与自然博弈的多重心理结构，这使其具有强烈的原始信仰，构建了本民族的神灵、传说、精神领袖等。这便是仫佬族傩舞的文化前提。

---

① 李捷：《广西罗城黄金寺门附近地质》，《地质论评》，1936年第3期，第311页。

(二)超自然的人神思维演变

泰勒(Edward Burnett Tylor,1832—1917)将人类文化进化概括为三个阶段,而在宗教演化过程中又具体的表现为从万物有灵论(Animism)过渡到多神教(Polytheism)以及最后到一神教(Monotheism)三个阶段。[①]对自然的神秘和猜想,催生了仫佬族人主观世界的联想,"神"应运而生。英国著名的人类学家弗雷泽曾说过"人—神观念,或者说赋有神性或超自然力量的人这种观念,基本上属于早期宗教史上的事"。[②]仫佬族人的人神关系思维实质经历了从"人神平等—人敬仰神—人神合一"的演化过程,而这种思维演变过程恰是其傩舞形成的主观前提。

"人和神尚未被展现在他们之间的不可逾越的鸿沟分开之前,神与人还仍然被看作差不多是同等地位的。那时人们心目中,人—神,或神—人,只不过是较高程度的同一超自然力量而已。他们完全相信自己也具有这样的力量。"[③]仫佬族人从自身群体中派生出富有超自然意识的人,这种人便是我们所知道的巫觋,他们通过超自然的想象使得人竭尽所能实现与神的沟通,以期与神平等对话。然而,当巫师在变幻莫测的自然现象面前开始力不从心时,这种鸿沟便开始出现,人与神便有了地位上的差异,人开始对神产生敬畏心和崇敬感,人们开始在神灵面前献媚讨好,以期获得神灵的庇护和福泽,这时的人—神关系开始出现层次,神灵开始变得高高在上,接受人们的致敬。然而,世

---

① 高宣扬:《布迪厄的社会理论》,同济大学出版社,2004,第20—21页。
② 〔英〕J.G. 弗雷泽:《金枝》,徐育新,汪培基,张泽石译,新世界出版社,2006,第160页。
③ 〔英〕J.G. 弗雷泽:《金枝》,徐育新,汪培基,张泽石译,新世界出版社,2006,第94页。

俗化神灵的出现改变了这种不平衡的关系。现实中仫佬族民族英雄、伟大的祖先人物让仫佬族人再次看到自身的能力，他们坚信凭自己的能力亦能扭转一些现象，而自然神灵或主观世界的神灵们亦是不容小觑的力量，仫佬族人开始在人与神之间找到平衡点，努力建构出人神和谐共处、合作协助的关系体。

人神思维演化的三个阶段，实质是仫佬族认识自然和世界的进阶过程，正是这种思维的变化，使得仫佬族对神性的精神世界和客观的物质世界有着自身的判定和认知。一方面，仫佬族人崇尚神灵，但并不畏惧神灵，而是让神灵参与他们的世俗生活。另一方面，仫佬族人民肯定自身的存在价值。民族英雄形象的精神树立便是典型表征。在漫长的生存发展过程中，仫佬族形成了祈盼"人神合力""人神合一"的思维观念，这也为仫佬族傩舞的产生和形成奠定了明确的思维导向。

（三）稻作民族的生存表达

罗城仫佬族自治县属中亚热带季风气候，雨量丰沛，日照充足，气候温润，比较适合农作物生长，因此，农耕生产是仫佬族的主要生产方式。仫佬族是历史悠久的农耕民族，在《宋史》中就有关于龙江沿岸包括仫佬族人在内的百姓种植水稻的记载："川原稍平，合五百余家，夹龙江居，种稻似湖湘"[①]。

仫佬族有鲜明且典型的农耕文化符号，这可以从四个方面得到体现。其一，农耕神灵。仫佬族民间有六月初二祭三界公以祈丰收、六月初六祭雷王庙以保丰收的民间生产习俗。此外，求雨也是仫佬族民间生产习俗的重要内容，即若遇大旱，仫佬族人便请鬼师到社王前去祭祷。其二，依饭节。仫佬族最重要的节日依饭节是农耕文化的典型

---

① 黎学锐，黎炼：《仫佬族依饭节》，北京科学技术出版社，2013，第14页。

符号。关于依饭节的起源传说,仫佬族民间有多个版本,其中最重要的两个传说文本都与农人耕作、农业生产紧密相连。其三,民间传说。仫佬族民间流传着罗义射狮和罗英驯牛的故事。这些故事都与农耕生产紧密相关。罗义射狮制服毒蛇猛兽,为的是保庄稼;罗英驯牛用牛耕种,为的是开垦田地,庄稼丰收。虽然形式不一样,但故事的宗旨一致。而这些传说,都是人们从客观现实出发的主观想象,虽是主观臆想,但又具备一定的客观性和现实依据,这就是他们所生存的环境。其四,宗族观念。仫佬族有强烈的宗族观念,并且有约定俗成的规训要求,在一些宗族自制的族规中便有如"禁止牲畜践踏庄稼;禁止偷盗粮食作物、蔬菜、柴、草、竹木;禁止不遵向例乱挖田坎、乱放田水等"[1]条款。凡此种种,处处彰显出仫佬族对"农业生产第一位"的民族价值理念。

农业生产离不开天地眷顾。对天地的神秘和猜想,催生了仫佬族人主观世界的联想,"神"和"赋有神性或超自然力量的人"便是联想的产物。事实上,对神灵的崇拜是人类崇拜自身的社会和彼此关系的象征性手段。[2]人类的主观联想实质是以客观的物质现实为基础的。比如,现实中的生产劳动和耕作方式都具有严谨的秩序、规则和规范,也存在一定的禁忌,这也使得人们主观创造出的抽象精神仪式总是投射出现实的形象和影子。

仫佬族傩舞是仫佬族农耕文化大背景下的生存表达,其动机是"农业生产第一位",即祈求风调雨顺、五谷丰登;形式是"劳动生产方式",即具备一定的秩序、规范和程式;内容是物质和精神的双重

---

[1] 李大西:《仫佬族文化的生态智慧》,民族出版社,2018,第19页。
[2] 〔美〕大卫·科泽:《仪式、政治与权力》,王海洲译,江苏人民出版社,2015,第11页。

结构，即既有物质层面的生产写照，又有精神层面的主观构建。精神世界的想象需要物质世界的现实去构建。仫佬族傩舞中，傩面神灵多元，与农业相关的神灵不在少数；内容大量涉及劳动生产的动作和场景；精神主旨则有祈福纳祥、感恩回报、期盼丰收的诉求。仫佬族傩舞中每一帧都带有客观现实的影子，这种客观现实便是作为农耕民族的最原本、最直接的关乎民族赓续发展的生存表达。

仫佬族傩舞是中原文化、楚越文化以及仫佬族原生文化的综合产物，是各种文化的融合，是傩文化向西衍进的扩容涵化，是仫佬族悠久农耕文明的酝酿。仫佬族傩舞文化从古百越的神灵崇拜到中原儒释道教的一体化过程，是百越民族与中原汉族宗教祭祀文化交融的产物，是百越民族的原始信仰与中原汉族传统文化的有机结合，它既是百越原生文化因素在仫佬族文化系统中的积淀与遗存，也是中原文化因素在仫佬族的原生文化层上堆叠的结果，因此，对仫佬族傩舞文化的研究是多维度的综合性的文化探讨。

第二章 神圣与世俗：仫佬族傩舞仪式形态

仪式是一种特定的行为方式，亦是具有文化规范、以象征为本质属性的重复性活动，具有形式化、不断重复、象征性和表演性的特点。作为一种分析类型，仪式帮助我们处理混乱的人类经验，将之整理成井井有条的框架。[1]

仫佬族傩舞依存于仫佬族传统节日依饭节仪式中，贯穿仫佬族依饭节仪式的各个环节。仫佬族传统依饭节仪式主要包括安坛、请圣、劝圣、点牲、唱神、合兵、送圣七个环节，过去须持续三天三夜甚至七天，现在一般持续一天半的时间，在一些偏僻的村落民宅，也有三天三夜之久。仫佬族傩舞是仪式中重要的内容。笔者认为，与其说仫佬族傩舞是仫佬族依饭节仪式的参与者，不如说傩舞维系着依饭节仪式的整个过程，其外部遵循着依饭节仪式"安坛—请圣—劝圣—点牲—唱神—合兵—送圣"的程序结构，内部又形成了自身的仪式形态。本章将结合仫佬族依饭节仪式大背景，对仫佬族傩舞仪式形态进行剖析和阐释。狭义而言，形态是一种外部的表征；广义而言，形态应具外化之形与内在之质的双重涵义。仪式的形态则包括仪式发展行进秩序、气质面貌、内在意蕴等。仫佬族傩舞仪式具有自身内在逻辑，沟通着神圣和世俗两个空间，既有程式性、稳定性特征，又有强烈的浪漫主义色彩和丰富的现实主义表达。

---

[1] 〔美〕大卫·科泽：《仪式、政治与权力》，王海洲译，江苏人民出版社，2015，第11页。

第一节 稳定的神圣感：程式性仪式

仪式将世界划分成两个阶层：神圣阶层和世俗阶层。"仪式的神圣性在原始文化和传统文化中尤为明显，这种神圣性往往超越了日常性，导向了与超自然的神灵的彼岸世界。因此，仪式的神圣性既包括自身的神圣性，也包括它能赋予事件的神圣性。"① 在仫佬族傩舞仪式中，这种稳定的神圣感主要表现在其程式性仪式中，而其程式性仪式形态的构成主要有客观和主观两个层面的因素。从客观层面来说，外在的环境创设构成了仫佬族傩舞仪式的神圣空间，步骤的严谨、细节的考究、行动的秩序都是这种神圣感构成的重要元素；从主观层面来看，就是傩舞仪式本身的逻辑性和稳定性，包括傩舞仪式的恒定程序、传统理念和稳定的动态等。

一、环境创设：准备阶段

舞蹈作为人类的行为都是在一定的环境中产生、发展和传衍，② 仫佬族傩舞是仫佬族自身发展留下的特殊印记，也必然存在着环境所产生的烙印。环境是赋予仪式神圣感的客观因素。依饭节仪式便是仫佬族傩舞仪式的外部大环境，因此，仫佬族傩舞仪式的环境创设主要以仫佬族依饭仪式的环境创设为准。仫佬族依饭节仪式包括安坛、请圣、劝圣、点牲、唱神、合兵、送圣七个环节，这亦是仫佬族傩舞仪

---

① 张良丛：《从行为到意义：仪式的审美人类学阐释》，社会科学文献出版社，2015，第20—21页。

② 资华筠，王宁：《舞蹈生态学》，文化艺术出版社，2012，第8—9页。

式所遵循的秩序。仫佬族傩舞仪式的环境创设主要在安坛环节前，通俗来讲，就是仪式活动开始前的摆坛。这种创设的主导者是仪式主持者——师公。

仫佬族傩舞仪式的环境创设具有强烈的秩序性和稳定性，这种秩序性和稳定性主要表现在以下几个方面。

（一）步骤的严谨

师公在准备阶段时有着严谨的程序步骤，不可随性为之。从笔者的田野调查来看，师公在布置祭坛时遵循着"制—写—展—摆"的顺序。"制"主要是指手工制作的道具。此类道具制作需耗费较长的时间，因此，师公在到达祭祀场所时就已经提前准备好，如五雷摇动七星旗、红白花等。"写"则是在祭祀场所现场完成。师公用毛笔分别在十二张彩纸上写"恭迎""圣驾""奉神""保安""集福""欢度""依饭""佳节""五谷""丰登""六畜""兴旺"字样，彩纸由红蓝黄紫绿五种颜色构成。"展"便是将师公书写的物品进行展示，如被写上吉祥文字的彩旗被展示在祠堂门口上梁的两侧，并以对称方式陈列，左右各六面；而写有供奉神灵名字的红纸则被放置在主祭台的正中央。"摆"则是将供奉神灵的物品摆放在祭台上，这主要包括一头猪（当下仪式均以一个猪头、四个猪脚、一个猪尾代表）、五碗米饭、五杯酒、一只鸡、一只鸭以及一些水果。这四道程序都有严谨的步骤，是仫佬族傩舞仪式中的默认程序，也是仫佬族傩舞仪式多年的传统沿革。看似简单的动作背后，蕴含着强烈的秩序感；看似轻描淡写的布局，实质是深厚的文化钩沉。

图 2-1 祭坛

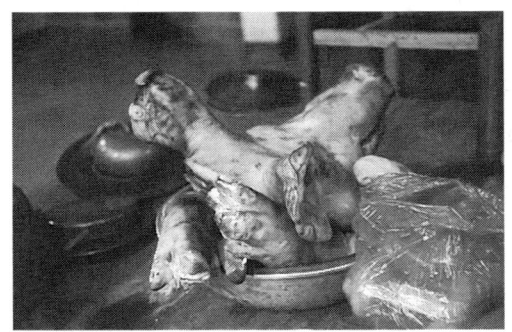

图 2-2 祭品

(二) 细节的量化

环境创设过程有着严格的量化标准。师公在布置会场时所用的彩色旗的形状、数量都有严格的要求，同时还讲究左右对称以及彩旗的颜色排列，这种要求是自古至今沿袭下来的。师公所用的彩旗均为三角形，且颜色由紫、蓝、黄、红、绿这五色组成。祠堂门口上方左右对称共悬挂着十二张彩纸，彩纸颜色亦由红、黄、蓝、绿、紫五种颜色构成。

图2-3　罗城仫佬族自治县东门镇石围屯银氏祠堂正门

此外，主持仪式的师公的人数一般为五人，祭台前摆设五个酒杯、五碗米饭，师公手握"五雷摇动七星旗"，都有精确的数量且均与数字"五"相关。"五"在中国传统文化中有着特别的意义。日常生活中有五谷、五味，宗教观念有五行，左传中亦有"天生五材，民并用之"之说。《说文》释曰："五，五行也。从二。阴阳在天地间交午也。""最初的'五'只是作为计数单位而存在。如郭沫若先生强调'数生于手'。"① 笔者认为，仫佬族傩舞中"五"的观念，有三个方面的意指：其一，儒家思想中的"天、地、君、亲、师"；其二，中国传统文化中的"东、西、南、北、中"方位观念；其三，道家五行，即金、木、水、火、土。这种严格的数量要求背后传递出的是一种集体性的约定俗成的传统、一种民族的传统思维、一种抽象的禁忌。这些都是比较稳定

---

① 曾华美：《广东湛江傩仪的身体语言及文化研究》，博士学位论文，中国艺术研究院，2015，第45—46页。

的存在，不因时间或空间而急剧或随意变动，表现出严肃性和神圣感。

图 2-4　主持仪式的五位师公

二、神圣权威：仪式情境构建

从某种程度上来说，情境是由具体的行为和物质性方式构建出的精神性空间。仪式行为者往往通过姿势、舞蹈、吟唱、演奏等表演性活动和对象、场景等实物性安排营造一个有意义的仪式情境，并从这种情境中重温和体验这些意义带给他们的心灵慰藉和精神需求。[①]仫佬族傩舞仪式的情境构建主要包括两个维度：一是仪式的物理性情景构建，即场景布局、环境铺设等；二是仪式本身的内在情境结构，包括仪式的内在固定逻辑和表现形式。仫佬族傩舞仪式在物理性情境构建中有严谨的规定，且仪式有固定的内在逻辑和程序，在表现形式方面

---

① 　陈鸿：《论中国早期先民仪式生活与舞蹈艺术》，《船山学刊》，2008年第3期，第189页。

有稳定的结构，并传导出一种稳定的"二元对立体系"理念。

（一）仪式的内在固定逻辑

仫佬族傩舞仪式有严谨规范的程序环节和固定程式。因依饭节仪式具有严谨的程序，这也使得仫佬族傩舞仪式带有天然的程序化特征，即固定的时间程序和动作程序。傩舞仪式虽隶属于仫佬族依饭节仪式，但其有着自己独立的仪式规范，既是仫佬族依饭节仪式中的重要组成内容，又贯穿仫佬族依饭节仪式的始终，与其说傩舞仪式依存于仪式之中，不如说傩舞仪式连接仫佬族依饭节仪式，成为仪式的中心线索。仫佬族傩舞仪式有自身的逻辑，通过固定的动作程式，给予仪式具体的指向性，强化仪式的时间感和秩序感。

1. 时间程序方面

首先，仫佬族傩舞仪式的举办时间有严格的规定，一般为每年立冬后，具体的时间因地而定，一般三年或四年举行一次。仫佬族傩舞仪式遵循着依饭仪式的安坛、请圣、劝圣、点牲、唱神、合兵和送圣七项程序，且安坛环节一般都选择下午至晚上的时间段。其次，仫佬族傩舞仪式自身有内在且自洽的时间程序。如在仪式开始前，师公必须朝祠堂北面完成三次作揖礼。又如在安坛环节时，师公面对祭台，右手执五雷摇动七星旗，脚下行罡步，再次完成作揖行礼动作。从动作外态来看，这种作揖礼动作与日常生活中的行礼、人们初次见面先行礼的方式类同。这种类同一方面反映出仫佬族傩舞动作的生活性，更重要的是其有"开始""结束"之表意，预示着仪式的"启动"和"完成"，这对整个仪式有强烈的时间暗示性和指向性。此外，仫佬族傩舞仪式中的请神、唱神有严谨的顺序，不可随意调换顺序。引光是傩舞仪式请的第一位神灵，接着按照唱本规定的"三元、师公、社王、三界、花林（太子）、婆王、九官（梁九）、白马娘娘、梁王、吴王……"

顺序逐一展开。

2. 动作程序方面

仫佬族傩舞中的部分舞蹈动作遵循着由慢到快、由徐渐急、自弱至强的规律，这既是一种情绪的变化，又具有动作发展的概念，同时还表现出一种稳定的秩序性。仫佬族傩舞仪式中有规定的动作，这类动作有稳定的程序和强烈的时间秩序，在仪式中起到承上启下的作用。以"行坛舞"为例，"行坛舞"是仫佬族傩舞仪式一个程序与另一个程序的衔接动作，在程序与程序间起到承上启下的作用，主要通过两位或三位师公按逆时针路线，以相互穿插的方式，手执乐器绕祭坛舞动，整套动作丰富且富于变化，强调人与人之间的配合，且具有渐强渐快的特点。"行坛舞"是每个程序结束前的规定动作，其既将所处的程序环节氛围推向高潮，又起到导出下一程序的作用。正是这种动作的特定时间性、环境性和程序性，使得仫佬族傩舞形成自身的仪式内在逻辑，建构出自己独立的仪式结构，并建立一种神圣权威感。

（二）傩舞本体的稳定结构

程式化的仪式程序直接影响着傩舞本体的权威性。傩舞表演中的唱词、舞蹈动作、路线都具有强烈的秩序性、规范性和稳定性。从唱词方面来看，仫佬族傩舞仪式中，师公所诵唱词并非即兴，而是固定的内容，唱词为历代承袭下来，师公在任何情况下都不得擅自改变或即兴添减。所唱之词都是对所敬之神业绩、功德的歌颂，或是对其职业经历的介绍，因此有严格的规范，不可随意为之。从动作方面来看，部分动作有着严格的程式规范，表演时不得擅自增减或编排。如师公的"罡步"走位要清晰准确，不能出现偏差。仫佬族人认为如果步伐出现误差，则会"请不来神灵"。此外，仪式中有经典的传承性舞段，如"白马娘娘舞段""筋斗画符"等，师公不能对舞段的内容做更改。

从表演路线方面来看，无论是双人舞、三人舞或五人舞，皆有严格的路线轨迹要求，如果师公表演时主观改变路线，或其中一人路线有误，便会出现混乱的场面，从而影响整体祭祀效果。这些动作的禁忌和路线的严格规范，实质都是舞者与神灵间的主观意念建构，舞的程序规范和准确度直接影响到与神的交流层级。这就使得仫佬族傩舞中的表演程序和部分动作在历史的传承中功能和形态都具有稳定性的特点。

（三）稳定的"二元对立体系"理念

维克多·特纳（Victor Witter Turner，1920—1983）曾提出"二元对立体系"，并强调这种体系存在于仪式空间的不同层次之中，主要包括纵向体系，即生命和死亡；横向体系，男性和女性；垂直体系，土地的表面和与之相连的坑道[1]。仫佬族傩舞仪式情境创设中，遵循着这种二元对立体系理念，其中最为典型的便是两性横向对立观念。女性曾经是仫佬族傩舞仪式的局外人，不能参与其中，个中原因，既有传统的封建思维，又有一定的经济因素，更是两性对立的观念产物。此外，仫佬族傩舞仪式中，师公在仪式开始前，需进行环境创设，其中一项重要的内容便是准备小纸人，仫佬族称之为"花"。这主要是受"花婆"文化影响而成，是仫佬族人期望民族繁衍壮大思想的产物。值得一提的是，这种纸花分别由红、白两种具有对立感的颜色来指代性别，红色花代表女性，白色花则代表男性，参加仪式的人在仪式结束后都会按照自己现实所需取之，以期达成心中所愿。仫佬族人两性横向对立观念的形成，实质是原始繁衍观念、性别认知发展的过程，这种强化两性差异，明确两者间界限的方式，既是极力保证祭祀活动的

---

[1] 维克多·特纳：《仪式过程：结构与反结构》，黄剑波、柳博赟译，中国人民大学出版社，2006，第38页。

有效性主观诉求,也是遵循两性共融社会结构原则的客观表达。

图2-5 红白花

第二节 严肃中的娱乐:表演性仪式

"仪式,通常被界定为象征性的、表演性的、由文化传统所规定的一整套行为方式。它可以是神圣的也可以是凡俗的活动,这类活动经常被功能性地解释为在特定群体或文化中沟通(人与神之间,人与人之间)、过渡(社会类别的、地域的、生命周期的)、强化秩序及整合社会的方式。"① 仫佬族傩舞仪式亦具备以上社会功能,在彰显沟通、过渡、强化秩序等功能价值,再现社会习俗的过程中,表演呈现是其不可或缺的重要手段。可以说,表演性仪式是仫佬族傩舞仪式的重要构成。

仫佬族傩舞具有严谨的程序和稳定的结构,表达出一种社会规范理念。人体动作的符号具有象征性表意功能,正是通过这种载体,仪式使无形有形化、抽象具体化、观念形态化和神灵人格化。傩舞仪式

---

① 郭于华:《仪式与社会变迁》,社会科学文献出版社,2000,第1页。

带有天然的祭祀肃穆的基因，但同时又是仫佬族人生活的写照，严肃的背后透着仫佬族人的智慧和幽默，舞蹈动作表达时而严谨，时而超脱，既有精神上的敬仰，又有现实中的获得，是仫佬族人集体性的欢腾方式和集体性意识的外化。仫佬族傩舞仪式呈现出多样化的表演形态，"唱神"环节中超脱的想象和表达，"劝圣""点牲"环节中世俗的现实诉求和参与，"合兵"环节中富有象征感的集体性狂欢，构成了仫佬族傩舞仪式表演的多态化结构。

一、浪漫主义情怀："唱神"中的超脱

（一）超然的精神想象

浪漫主义的基本途径是想象。随着工业的发展，人与自然、人与人之间的关系开始从融合趋向分裂，使得感性与理性开始二元对立，因此，理论家们强烈希望从民间和远古文化中重新恢复人类感受经验的完整性，以期达到人类与自然、个体与个体、感性与理性的和谐统一，从而达到自由的境界。想象是浪漫主义启蒙的基点。仫佬族傩舞仪式中，最能彰显浪漫主义情怀的内容便是其中的"唱神"环节。这种浪漫主义情怀集中表现在两个方面。一方面是对神灵的描绘。仫佬族傩舞中所唱诵的三十六位神灵是仫佬族傩舞仪式中的重要内容，是整个仪式服务的对象，贯穿于整个仪式之中。与其他民族或族群的傩舞相类，仫佬族傩舞中所涉及的三十六位神灵，一部分为仫佬族民间传说中的民族英雄、民族先祖或民族恩人，另一部分则为生产生活中主观构建的神灵。神灵本就是精神想象的产物，可以说浪漫主义是仫佬族傩舞的天然属性。此外，仫佬族傩舞仪式中的神灵外表并非面目狰狞的，而是各具强烈的人格化色彩。仫佬族人为每位神灵都撰写了丰富的生平和事迹，这些事迹大部分是仫佬族人的主观想象，其中所

体现出的伦理道德、真善美品格，都彰显出仫佬族人浪漫美好的心理特质和思想追求。

另一方面则是师公的超然表演。人类用动作行为与神巫沟通，或用象征的行动与诗歌、歌舞祀神禳鬼时，主要表现为两种行为：一种是膜拜；另一种是显形行为或称模仿行为。[①]在仫佬族傩舞仪式过程中，师公将膜拜和显形行为两者融合，这也使得傩舞仪式具有一定的超然感，然而这种超然感是建立在师公主观意念的想象和精神表现基础上的，而显形的表演是师公通过一些生活动作、性格动作对神灵进行模拟，虽为偏写实性的模拟，但因神灵的虚构性本质或非客观存在属性，这种模拟难免带有师公的主观想象和情感投入，融汇了师公的个人思维重建。师公将神灵的生平和事迹用舞蹈的形式呈现，歌颂神灵的功德伟绩，模仿神灵的工作生活状态，强化神灵的身份辨识。鉴于神灵生平事迹的差异化，又因神灵具有超凡的功力和超能的特质，师公须将其特征通过动态、语态、主观想象三者融合的形式进行展现；为与其特质相吻合，师公必定采取非常态化的表演形式，这就使得仫佬族傩舞仪式在唱神环节中呈现出一种超然的表演状态，有天马行空之感。

（二）多态化的浪漫演绎

格尔茨（Clifford Geertz，1926—2006）把仪式称为"文化表演"。仫佬族傩舞仪式亦是一场"文化表演"，在其表演性形态背后隐藏着一个潜在的结构，彰显出仫佬族的生命意识和浪漫主义情怀，这种浪漫主义可以从仫佬族傩舞的舞体即傩舞仪式行为者的姿态、情态、形态三方面得以彰显。维克多·特纳曾将人类社会分成并列和交替两种模

---

① 余大喜：《中国乡村仪式舞蹈的总体特征》，《北京舞蹈学院学报》，1997年第3期，第28—29页。

式，前者有组织结构，有彼此差别；后者则没有组织机构，相对缺乏彼此差别。而在后者这样的社会关系中，人们全都服从于仪式长老的普遍权威。仪式的长老便是权威的代表，其在特定的时空里，具备掌握性的行为及语言霸权，由此可见仪式行为者（舞体）的重要地位，也正是由于这样的掌控性，舞体的姿态、情态、心态都直接或间接、直观或潜在地决定着仪式的形态。

1. 舞体之姿态

在仫佬族傩舞仪式中，舞体的姿态具体指的是主持仪式的师公们的动作行为表现方式。师公的姿态既有还原性极高的生活姿态，又有极富神秘性的抽象姿态。师公在"安坛"环节中表演《朝圣礼》时对着祭坛"作揖"的姿态，与生活中的"作揖"动作别无二致；而在表演《三步罡》时，不同师公的姿态却不尽相同。谢忠厚师傅身形相对小巧，在行为姿态上比较灵巧活泼，因此在做双人罡步动作时，喜欢在开始或转换处加上动力腿的后踢，使表演显得更为灵动，而其他师公则不具备这样的姿态。

2. 舞体之情态

笔者认为，舞体的情态主要包括舞体的情绪、情感、语态的表现方式。涂尔干认为："仪式是我们用于表达社会依赖性的方式之一，仪式中最重要的是我们的共同参与和投入的情感，而不是我们对仪式特殊的合理化解释。"[1] 仫佬族傩舞中的舞体情态不仅针对主持仪式的师公，还包括所有在场参与者。从师公层面来看，师公是傩舞仪式的核心人物，把握着仪式的整体走向。仫佬族傩舞仪式具有相对开放的特点，参与者坐于祠堂等仪式活动场所两侧，与师公的表演相互映衬，

---

[1] 〔美〕大卫·科泽：《仪式、政治与权力》，王海洲译，江苏人民出版社，2015，第78页。

形成直观性交流，时而是笑声，时而是吆喝，时而是对话，构成一种后现代表演风格。这种多样化的参与方式，使得参与者具有多样化的情态，也使得仫佬族傩舞仪式过程有多样化的气质。

3. 舞体之心态

资华筠先生曾强调环境与舞体的相互作用主要有两种途径来实现，一种是对舞体的躯体产生影响，从而影响到舞蹈的源流、功能与形态；一种是作用于舞体与观众的心理结构而影响舞蹈。[1]因为舞蹈不是纯本能行为，而是一种审美活动，所以环境对舞体的影响是难以脱离心理机制作用的，随着人类不断进化，这种躯体机制受到心理因素的影响亦会不断加剧。舞体的心理活动是仪式形态呈现的重要因素。仫佬族傩舞仪式"唱神"环节中，师公起着主导性的作用。虽是相类的文本，但因师公个人表演心态的不同而呈现出差异。笔者曾调研过仫佬族两位师公谢忠厚师傅和银联相师傅所主持的傩舞仪式。谢忠厚师傅是罗城仫佬族自治县四把镇双寨村中寨屯村民，1967年出生，是仫佬族依饭节仪式国家级传承人。谢师傅能用普通话交流，能识字写字，娴熟使用手机交流软件。因其传承人身份，现已成为罗城仫佬族自治县仫佬族傩舞的官方代言人，这也使其相较于当地村民，见闻更为广博，心态更为开朗自信。谢忠厚师傅主持的仪式，偏重于以肢体来表现情节，且动作上下半身协调感良好，动作幅度较大，舞蹈动作的空间开拓度很广。

---

[1] 资华筠，王宁，资民筠，高春林：《舞蹈生态学导论》，文化艺术出版社，第37—38页。

图 2-6　谢忠厚师傅

　　银联相师傅是罗城仫佬族自治县东门镇中石村呼略屯村民，1963年出生，鲜少参加官方举办的仪式活动，不懂得使用手机交流软件，对传统手艺相对保守，平日里只接受老百姓的邀请，流连于不同村落的普通百姓家为其做仪式，是仫佬族傩舞仪式的民间代表。银师傅动作相对单一且平面化，且动作幅度相对较小，动作空间感略微局促。相较于谢忠厚师傅，银联相师傅在表演中更擅长用语言表达和戏剧表演的方式来完成情节的描绘。

图 2-7　银联相师傅

　　两位师傅的手法和风格相异，所擅长的动作不一，这在一定程度上反映出行为者的心态差异。谢忠厚师傅作为当下傩舞仪式官方代言人，所面对的受众除当地仫佬族人外，还有媒体人、旅游者、市民等群体。这使得谢师傅不仅是仪式的主持者，还类似一位公众人物，从而使其具备了仫佬族人和公众人物的双重心态。由于傩舞仪式中的地方性语言表达必定给外来人员带来情感交流障碍。因此，在仪式中，谢师傅对"跳"和"舞"的部分略有侧重，这既是为消弭行为者和旁观者间的交流隔阂，以达到视听的愉悦，又是行为者自身心态的外化。反之，银联相师傅作为傩舞仪式民间代表，个人心态上更具单一性和纯粹性，因其所面对的仅仅是仫佬族本族的村民，在语言交流上便利自如，不受语言传导的限制。因此，在仪式过程中，银师傅则多用语言和表演的方式，仪式显得更为生动且接地气，更富有戏剧性。可见，行为者的心态差异，会使得原本相类的仫佬族傩舞仪式活动，呈现出多态化的演绎效果，使得仪式充满多元性和层次感，增添了仪式的浪漫主义色彩。

二、现实主义精神：参与中的获得

仪式的"神圣"特质具有一定时效性，是一种进行时和即时性的状态。"在部落社会里，某些固定的职位有着许多神圣的特质……这种'神圣'的成分是任职者在通过仪式上获得的，在仪式上，他们的地位得到了改变。此后，存在于暂时的举止谦恭和无模式状态之中的'神圣成分'失效。"[①] 而失去"神圣"性的仪式，必定在与其相对应的世俗观念中找到契合点，这样仪式方可延续下来。仫佬族傩舞仪式之所以能传承并经久不息，不仅因其浪漫主义的表现形态所带来的神圣性、虚拟化的精神信仰，还有从神圣向世俗转向的现实主义表现形态。

（一）精神敬仰到物质获得

仫佬族傩舞仪式的一大特点，就是族人的共同参与，这种参与不是虚拟性的，而是客观的身体在场；正是这种客观、直接的身体在场，参与者不仅可以窥见整个仪式的全貌，更可以表达情感，赋予仪式更深层的价值，从而使其变成一种社会性活动。仫佬族傩舞仪式过程中乡民们端坐于仪式活动场所的两侧，虽没有直接的动作或表演，但这种直接的身体在场是客观的，为其情感表达提供了前提，而且情感交流是真实且直接的。一方面，师公进行表演时，端坐祭坛两侧的族人会参与其中，给予一定的有效的呼应；另一方面，则是乡民们在场所带来的情感投入。仫佬族傩舞仪式对旁观或围观者没有严格或特殊的禁忌约束，因此他们是自在且轻松的，并且通过这种参与获得一定的愉悦感和心灵的慰藉。

---

① 维克多·特纳：《仪式过程：结构与反结构》，黄剑波、柳博赟译，中国人民大学出版社，2006，第97页。

图 2-8　参与仪式者自备的稻穗、"水牛"和"猪"

然而仫佬族傩舞仪式中这种参与又具有明确的目的性，并不是单纯的视听享受或情感表达。人们带着由芋头和红薯制成的"水牛""猪"等物品来，是为了获得师公用稻穗所沾的鸡血的淋滴，希冀未来五谷丰登、平安和顺，这个过程体现了强烈的现实主义精神。这种现实主义精神主要通过仫佬族傩舞仪式中的"杀牲蘸血"动作来实现。从历史角度来看，早在中国远古时期就有杀牲、洒血、焚牲等祭祀活动。但仫佬族傩舞仪式中的"杀牲蘸血"有更直接的目的，有具体、可靠且真实的淋滴对象，表现出强烈的现实诉求。如在仫佬族傩舞仪式"点牲"环节中，师公需咬破公鸡鸡冠，并将鸡冠血分别滴在祭坛前盛满酒的五个杯子中，随即师公手抓公鸡，在祭坛前地面所铺的凉席上翻跟斗，每次翻完跟斗，需抓住公鸡的头部向地面画符，以达辟邪驱邪之效。又如在"合兵"程序中，参与仪式过程的仫佬族人，需每人手提一篮"水牛"和"猪"，这看似一种客观的物质存在，但实质是一种虚构品，是一种借现实素材以达虚拟精神构建的方式。仫佬族人有序排列于举办仪式的祠堂两侧，待师公杀鸡取血，并用稻穗蘸血淋向他们所携带的"水牛"和"猪"，他们便安心地将受过淋滴的物品带回家中供奉。通过这样的傩舞仪式的洗礼，仫佬族人便有了五谷丰登、平安顺遂的心灵慰藉,进而获得真实的情感满足。这是通过一种虚拟的方式,达成对现实的关怀。

图2-9　师公用稻穗蘸血淋滴

(二)虚拟想象到现实"对话"

"虚拟"是仪式情境的主要特征,主要指的是仪式行为方式的虚拟性、仪式表演手法的虚拟性、仪式场景布置的虚拟性以及仪式行为者心理时空的虚拟性,即由这四个方面共同构拟出一个仪式的虚拟世界。[1]仫佬族傩舞仪式尽管是个虚拟想象的世界,但仪式中的请神—唱神—跳神,以故事化、人物化的演绎方式,使原来传说中的偶像被赋予人性,能够和信仰者直接对话。这种活生生的"对话"使仪式具有"现身说法"的效应,[2]从而使人从虚构的真实中感受真正的真实。

---

[1] 薛艺兵:《神圣的娱乐——中国民间祭祀仪式及其音乐的人类学研究》,宗教文化出版社,2003,第30—31页。

[2] 余大喜:《中国乡村仪式舞蹈的总体特征》,《北京舞蹈学院学报》,1997年第3期,第31页。

在过去的仫佬族傩舞表演过程中，尤其是在"唱神"部分，师公唱一句，村民便用"嘀哟嘀哟"来回应；师公在模拟神的动作讲述故事时，周围的人都聚精会神地观看着，在表演"猜花宗"时，师公与村民进行一问一答，互相沟通、交流、互动。在仫佬族傩舞仪式最后的"送梁九"环节中，师公肩扛一个猪尿泡，边走边与路人互动，不时向路人提问，如果路人答不上来，师公便用猪尿泡敲打对方的脑袋。由此，在这种对话和交流中，神圣空间与世俗空间界限消弭，形成人神共欢愉的场景，本是虚拟性的情景变成了现实中的对话。人们通过参与到这样的虚拟情境之中，获取了生产生活的基本知识，表达了内心的情感诉求，直接真切地收获了快乐。同时，这种虚拟的表演更是有一种后现代艺术的风格，虽是神圣空间的精神传导，但有着世俗空间的直接参与；既是虚拟的情节情景展现，也是现实的参与和呼应，使人有一种从虚拟到现实的空间转换，更有一种从虚拟性的超然精神表达进入实际性的参与获得。

图 2-10　端坐于仪式现场两侧的仫佬族民众

仫佬族傩舞仪式形态是仫佬族傩舞仪式的内部结构、行进秩序、气质面貌的呈现。神圣空间和世俗空间是任何仪式的共通特质，又是生成仪式形态的空间环境。本章主要以笔者的田野调研为依据，以神圣和世俗两个空间理论为大视角，将仫佬族傩舞仪式概括为程式性和表演性两种形态。程式性的仪式形态有着严谨的发展秩序、细致的细节考量，使仫佬族傩舞仪式表现出一种严肃感和强烈的神圣感；表演性的仪式形态从表现上是一种多态化的呈现方式，其具有浪漫主义的超脱和现实主义的获取双重气质风貌，营造出一种世俗的生活感。神圣世俗二元空间在仪式中屡见不鲜，但在仫佬族傩舞仪式中表现得尤为突出，二者界线相对模糊，并非非此即彼的二元对立关系，而是你中有我、我中有你的交融关系。正是这样的仪式形态，使得仫佬族傩舞在严肃中有娱乐，在娱乐中有现实，在现实中有寄寓，在寄寓中有想象，从而形成了仫佬族傩舞的整体内容和风貌。

对仫佬族傩舞仪式形态的分析和探讨，是对研究仫佬族傩舞舞蹈形态的前景大观照，只有准确把握仪式的程序、规范和整体风貌，才能准确把握仫佬族傩舞本体的形态及其特征。对仫佬族傩舞仪式形态的剖析，既是对傩舞表演的外部大环境整体的宏观性掌握，又是在仪式整体形态中窥见仫佬族傩舞动作的内在逻辑和气质品相的必要前提。

第三章 表现与表意：仫佬族傩舞形态分析

关于形态的探讨，主要是舞蹈生态学的理论主张，旨在从形态看生态的影响层次，亦从生态解析形态之内质，构建舞蹈与环境的和谐关系。[1]舞蹈形态应具备三大特征，即关于动作时间性的规定，关于运动过程如何做出准确判断的规定，关于动作力度、速度、幅度等方面的规定。[2]罗斌认为："对舞蹈进行形态分析旨在研究舞蹈中的人体运动的规律，而形态分析的任务主要在于对舞蹈外部形态进行特征提取。"[3]于平提出"舞蹈形态学"的学科内容构成主要包括两个方面：一方面是分析"风格化原则"的历史研究，即"舞蹈历史文化形态学"；另一方面是分析"生命化原则"的预测研究，即"舞蹈艺术创造形态学"。[4]这是从舞蹈的自然与再造、文化与艺术视角进行的形态分析。

笔者认为，狭义的形态应是事物的外部造型，偏物质性，富于具象感；而广义上的形态则是包括事物的结构造型、类别、方式方法，在客观环境下的状态的综合概念，其既有物质性，又有精神性，融具象与抽象为一体。本书所要探讨的形态即为后者。"形"为静态性，"态"具动势感，"形态"则是舞蹈以动静结合的方式，表现出造型的层次、类别的差异、方式的多元以及情感的平仄，彰显出人的普遍社会性和独立的个性。舞蹈形态是人本质特性和社会属性的共融产物。

---

[1] 资华筠，王宁：《舞蹈生态学》，文化艺术出版社，2012，第7页。
[2] 冯双白：《青海藏传佛教寺院羌姆舞蹈和民间祭礼舞蹈研究》，博士学位论文，中国艺术研究院，2003，第14页。
[3] 罗斌：《假面阴阳——安徽贵池傩舞的田野考察与研究》，博士学位论文，中国艺术研究院，2007，第72页。
[4] 于平：《舞蹈形态学》，北京舞蹈学院内部教材，1999，第7页。

舞蹈形态分析应是集身体外部形态、舞蹈运动形态、表现形态和与其产生联系的物质形态于一体。对舞蹈形态的分析，既有效服务于舞蹈与环境关系的解读，又具有回溯历史文化和展望舞蹈未来创作的双重价值。本章将运用舞蹈生态学的理论方法，结合笔者的田野调查所得，从动作、运动、表现、物质等四个方面对仫佬族傩舞形态及其特征进行分析。

第一节 动作形态：原生与再生

资华筠在《舞蹈生态学》中对舞蹈形态分析给予了方法论的指导，即通过对动作所涉及的身体显要部位、次显要部位、节奏、呼吸特征等多方面的分析和解构，促成一个完整的外部整体形态。舞蹈形态分析包括舞蹈艺术材料的分析和舞蹈艺术营造的分析两方面，前者包括舞蹈的物质特性和风格图式等，后者则指舞蹈的时空观念和织体构成等。[①] 对广西仫佬族傩舞可视的、直观的、显性的动作形态进行分析和总结，概括出其舞蹈的节奏、呼吸型、显要部位和动作流程的规律，是研究仫佬族傩舞整体形态，把握其整体气质风貌的关键要素。

如果从主客体角度来看，仫佬族傩舞的动作形态主要包括两个方面：一是身体机能和自然环境孕育下的动作形态；二是社会环境影响下的动作形态。前者主要包括身体生理性、本能性、纯粹性的动作，如膝盖的惯性动律、脚下的自然步伐、手臂的自然摆动和身体的条件性腾跃（反射）等；后者主要是因社会等外部环境而形成的动作，如技巧性动作和模拟性动作等。在这里，笔者将其分别概括成原生型形态与再生型形态，以此分析仫佬族傩舞形态的具体样貌。需要强调的是，

---

① 于平：《舞蹈写作教程》，中国戏剧出版社，1995，第266页。

本小节的"动作形态"分析以广西仫佬族傩舞的典型舞目或舞动为对象，重点关注文化剥离后的舞蹈本体，如呼吸型、显要部位、动作流程、节奏等方面，对与其形态相关的文化因子的阐释将在下一章节中进行重点阐述。

一、原生型动作形态：自然与和顺

（一）仫佬族傩舞原生型动作形态概念及表征

分析舞蹈动作形态，首先要厘清舞蹈动作的概念。舞蹈是以人的肢体动作为媒介，以表现人类浓缩而升华了的感情为追求目标的社会艺术活动。舞蹈动作来源于生活，又经过加工、提炼、选择和组织而具有超常性——节奏性、韵律感。[1] 戴斯蒙德·莫里斯将人的动作分为五种类型，即不经过学习而是由遗传而来的先天性动作，不经学习但由后天自行发现的动作，经发现并再创造而形成的后天习得的动作，经他人教授或经自我观察和反复训练而形成的动作，经由多种方式获得的混合性动作。[2] 舞蹈动作因其是后天发现、习得和训练而成的，其根植于生活，又有异于日常生活动作，且具有一定的节奏性和韵律感。

广西仫佬族傩舞中的原生型动作形态，主要是指符合人的生理本能和身体自然运动规律的动作形态。首先我们要廓清一个概念，这里所说的"原生型舞蹈形态"并不等于"原生态"。笔者认为，"原生态"是一个时间的概念，表现为一种历时性的特征；而原生型则更贴近自然性，是具有一定普遍性规律的存在。从形的层面来看，具体言之，原生型动作形态是自然状态下的身体无意识，这种无意识又可理解为

---

[1] 资华筠：《〈舞蹈生态学〉学科阐释》，《北京舞蹈学院学报》，2003年第3期，第30页。

[2] 林君桓：《当代舞蹈美学》，海峡文艺出版社，2003，第371—372页。

身体的惯性，其主要源于两方面，即人的天然生理结构和人所处的自然环境，即生理型原生形态和自然环境型原生形态。前者主要是从人的生理结构出发或因人的生理反应而形成的动作形态，主要包括人类身体的自然结构特征动作、身体的自然运动规律动作以及人类自然日常的情绪表现动作等；后者则是人们为适应自然环境而形成的自然运动形态，其具体表现为身体对地心引力的自然调试、身体关节部位因自然环境而引起的条件反射，这种反射性动作常常呈现出重复性和规律性的特点。如仫佬族傩舞动作形态中表现出的重心向下、匀速行走、规律性颤膝，便是有鉴于仫佬族居于山地环境，为适应环境而形成的自然运动形态。需要注意的是，原生型动作形态属于舞蹈动作形态范畴，因此，其并不完全等同于日常生活动作，而是具有一定的节律性，动作略有收放、起伏的特点。

概言之，原生型动作形态，外在动态顺应自然重力、重心向下的规则，符合人体自然运动规律；内在情绪表达平和自然，节奏呼吸均匀规律；动作空间较平面化，动作具有一定的节律性，略有收放和起伏，呈现出自然性和规律性，具有和顺感的总体特征。

（二）仫佬族傩舞原生型舞蹈动作形态分析

如前文所述，仫佬族傩舞原生型形态具有自然、和顺的特点，从形态分析的角度可以概括为身体的惯性、自然的情绪、稳定的节奏等方面。库尔特·萨克斯（Curt Sachs，1881—1959）指出，"有两种基本形式（的舞蹈）受到外来影响很少，只是人类内在的和好动的本质的产物，是来自人体特有的紧张和松弛的轮换，它们都是每一种艺术形态的基本内容。我们将为它们起名为'连贯式舞蹈'和'还原式舞蹈'"[①]。

---

① 〔德〕库尔特·萨克斯：《世界舞蹈史》，郭明达译，上海音乐出版社，1992，第155页。

而身体的惯性正是人类这种内在和好动的本质的产物，是来自人体特有的紧张和松弛的轮换，是人的生理机能和所处自然环境所致。

1.《三步罡》

《三步罡》是仫佬族傩舞中典型的舞段之一。根据《仫佬族舞蹈》一书的记载，依饭祭祀仪式的《三步罡》共分四拍完成。第一拍：右腿从旁抬起画一弧线至左前踩落，左腿自然屈膝向后抬起；右臂手握简笏随右腿亦从右旁抬起画一弧线落下停于体前，左臂自然下垂；上身随之稍向左转并稍右倾。第二拍：左脚在后踩落立直，右腿在前自然抬起；右臂于胸前屈肘，左臂自然下垂。第三拍：右脚在前踩落，右臂向前斜下方推出伸直，左臂自然下垂，眼看右手。第四拍：姿态静止。[1]但据笔者的田野调查，其动作程序略有不同。启动前，需弱起，弱起时左脚向右前方迈出，右脚画一弧线向左前迈出，呈前蹲状，蹲时为重拍，左腿自然屈膝向后微抬。《三步罡》是脚下走三步所形成的舞蹈形态，主要遵循左脚—右脚—左脚—双脚并拢的动作规律。目前学界对《三步罡》步伐的研究，多聚焦于文化视角，多从文化源头及内涵入手，聚焦于与其联系密切的道教文化。道教有"履罡步斗"的程式，其是"记录舞蹈最古老的模式。它是以北斗七星为蓝本的记录方式。古人想像天随斗转，以北斗为天之枢纽，为天之纲维所系，同时又是指示方向、认识星座的重要标志"[2]。

但剥离文化的外壳，就其动作形态本身而言，《三步罡》是典型的遵循身体自然规律的舞蹈动作。首先，从生理层面来看，《三步罡》遵循"左脚—右脚—左脚—双脚并拢"的动作顺序，与人类正常行走时

---

[1]《中国民族民间舞蹈集成·广西卷》编辑部，罗城仫佬族自治县人民政府编《仫佬族舞蹈》，1988，第15—16页。

[2] 周冰:《巫·舞·八卦》，中央编译出版社，2008，第77页。

左右交替的身体惯性相吻合。动作过程中，腿部关节松弛自然的状态亦与日常行走状态相类，只是略有起伏。因此，笔者认为，该动作属于人体自然运动范畴。其次，从节奏上来看，《三步罡》中的步伐节奏均匀、匀速屈伸，没有明显的强弱变化，不疾不徐，与人的自然呼吸节奏相契。再次，就空间上而言，《三步罡》动作过程没有明显的空间变化层次，动作本身亦没有明显的深浅对比，只有一个右腿前蹲的形态，但亦是遵循重力向下的规律，整个动作都处于二度空间范围内。此外，师公在完成《三步罡》动作时，并没有夸张的表情和情感外宣的表现，都是人自然的常态化情绪表现。《三步罡》的步伐过程中，舞者双膝呈现自然松弛的状态，这亦是人体自然运动规律使然。人向前行进过程中，膝部须松弛略屈，以达向前行进的目的。因此，《三步罡》动作中膝部的规律且呈现出的松弛，主要属于人的生理结构范畴。从上肢动作来看，上肢动作相对较稳定，双手执旗划圆，保持自然状态，步伐和着节奏而起，故笔者将其纳入原生型舞蹈动作形态之中。

表 3.1　舞目《三步罡》形态分析表

舞目		《三步罡》
典型舞畴	呼吸型	自然型（呼吸均匀，符合人体自然呼吸规律）
	节奏型	2/4 鼓点：××× ×××× |× 0×|××× ×××× |× 0||
	舞动特征	随音乐起舞，重拍突出
	步伐	步伐类型：抬摆步、蹲步、全脚掌着地 跨步幅度：20~30 厘米 重心状态：腿部重心，重心向下 流程走向：交叉路线、上下起伏
	显要部位及其流程	腿部的屈伸抬落。弱起：左脚从旁起划弧线踩落至右前，右腿自然屈膝向后抬起；第一拍：右脚划弧线向左前踏落，左脚自然屈膝向后抬起；第二拍：左脚踏回初始位置，放松屈膝；第三拍：右脚撤回原位，双腿回归至启动时状态
	次显要部位	右小臂（挥旗划横"8"字）

续表

舞具	五雷摇动七星旗、三尺剑
空间	二度空间，无明显层次

2.《朝圣礼》

《朝圣礼》在仫佬族傩舞仪式中主要有两种存在形式。第一种是独立性的舞蹈形态，一般出现在仪式的"安坛"环节中，是整个仪式开始前的规定性动作，需反复数次，并且伴随着方向的变化。第二种是融合性的舞蹈形态，一般作为《五步罡》舞段的结束动作，是对《五步罡》舞段的充实，其方向和节奏都遵照《五步罡》舞段的要求。《朝圣礼》动作主要通过双手自下往上、由后向前划圆，配合上身的弯曲，形成弯腰作揖的形态，以表达对天、地、神灵的敬意，其与日常生活中的礼俗动作——作揖类似。但从动作形态来看，《朝圣礼》动作节奏上平稳匀速，呼吸与人体自然的呼吸节奏一致；动作情绪平和自然，略有严肃性，没有情感表现的跌宕起伏，动作均在单一空间中完成。

表3.2 舞目《朝圣礼》形态分析表

舞目		《朝圣礼》
典型舞畴	呼吸型	自然型（呼吸均匀，符合人体自然呼吸规律）
	节奏型	鼓点、镲、锣：散拍（×× ×× ×× ×× ×× ×× ×× 0）
	步伐	步伐类型：前进步、并步 步幅：20~30厘米 重心状态：重心向下 流程走向：半圆路线
	显要部位	躯干腰椎（90度折动）
	动作流程	自然站立，双手拿旗，双臂自后向前、由下而上划至额前相合，身体向前形成90度鞠躬状，双手随动成作揖状。先朝祠堂北面重复三次，继而身体90度转向祠堂的西面重复一次，再90度转向南面（面对祭坛）重复一次

续表

舞目	《朝圣礼》
典型舞畴 次显要部位	双臂（划圆）、转身
舞具	五雷摇动七星旗、单面鼓、小锣、小镲
空间	二度空间，无明显层次

图3-1　师公表演《朝圣礼》

3.《绕剑画符》①

《绕剑画符》是仫佬族傩舞仪式"劝圣"环节中的舞蹈。该舞段主要是描绘师公手握七星剑（握笔式），用剑尖蘸酒抖落，再将剑与镇坛木两者相交左右拧身，用尖剑在空中画符的场景。整个舞段既富形象性又具神秘感，但从舞蹈形态来看，其动作自然平和、节奏均匀，且没有大的动作起伏。

---

① 该舞段在过去的文献中并未出现，学界亦尚未给予其具体名称。笔者于2019年11月在罗城仫佬族自治县采风时与仫佬族依饭节国家级传承人谢忠厚师傅交流后，结合舞蹈动作的表现形式和内容以及自身的舞蹈实践经验将其命名为"绕剑画符"。

表 3.3 舞目《绕剑画符》形态分析表

舞目		《绕剑画符》
典型舞畴	呼吸型	自然型（呼吸均匀，符合人体自然呼吸规律）
	节奏型	2/4 鼓点：×× ×××× ×× 0× ×× ×××× ×× 0‖ 大镲、小镲、大锣：× ×× 0× × ×× 0‖
	步伐	步伐类型：后踢步 跨步幅度：20~30 厘米 重心状态：腿部重心，重心向下 流程走向：圆形路线
	显要部位	右手（画符）、小腿（纵折动约 125 度）
	动作流程	第一步：师公面朝祭坛，右手握七星剑，左脚为轴，右脚划弧线原地转 360 度（南北方各一遍）；第二步：师公左手捧一碗酒，右手用七星剑蘸酒抖落的同时，身体原地转一圈；第三步：师公面向东面、北面（祠堂门口）各做一次蘸酒抖落的动作，继而原地转 540 度面向祭坛，右踢腿落地盖左脚转一周，同时右手腕绕动七星剑做上挑动作；第四步：师公左手握七星剑举于额前，右手拿法印背手，原地转一圈，双手交于额前，身体向左、右 45 度方向各拧动 2 次
	次显要部位	身体 45 度拧身
舞具		七星剑、法印、一碗酒
空间		二度空间，无明显层次

4. "手臂划圆"动作

仫佬族傩舞中，有大量的手臂划圆动作，如"单臂横8字圆"和"双臂立圆"。"手臂划圆"并非独立的舞段，而是仫佬族舞段中的上肢配合动作，因其为仫佬族傩舞中主体的上身动作，出现频率较高且存在不同的形式，故在此对其进行分析。"单臂横8字圆"动作形态主要是配合《三步罡》动作完成。师公右手执一面三角形彩旗，配合着脚下步伐，做规律性的左右往返，形成横8字的路线。"双臂立圆"动作在行坛舞、《五步罡》和《朝圣礼》中出现。师公双手自后向前或由里向外形成立圆的路线。

仫佬族傩舞中的手臂划圆，虽与人手臂的自然运动路线有出入，但其具有自然平衡感，且并未出现偏向一侧的失衡状态，是人体自然平衡意识的表征。人类自直立行走以来，平衡感的重要性不言而喻，因此人的身体在自然状态下总是对平衡感具有一种强烈的内在诉求。人类自内向外显现出这种"对称平衡"，从内部器官到外部的眼睛、耳朵、左右臂、左右腿等，人的身体结构都存在这种自然的平衡对称。以简单的日常行走动作为例，迈左腿就会强调右手的呼应，反之亦然。这是以左右结构的方式保证身体的平衡感和协调性。因此，仫佬族傩舞中的"单臂横8字圆"动作属于人体规律性的运动范畴，是自然型的舞蹈动作形态。"双臂立圆"动作形态，亦是师公在行作揖礼或罡步时出现的上肢形态。笔者发现，仫佬族依饭傩舞中的双臂划立圆动作，大都遵循从身后向体前的路线，看似略显特殊的划圆方式，实质与人体行走的自然规律密切相连。人类在向前行走时，双臂由后向前划圈，会形成一种向前的动势，对身体的前行起到推动辅助作用；若反向而为之，则会有一种向后动势，所以只有当人身体过于前倾或重心过于偏前时，双臂才会自前向后划，从而达到身体平衡。因此，"双臂立圆"动作与人原生的身体诉求相贴合，节奏频次恒定，空间平面单一，情绪表达惯常。

表3.4　手臂划圆动作分析表

舞蹈动作	手臂划圆
类型	单臂横"8"字圆、双臂划圆

续表

节奏型	单臂横"8"字圆：2/4 鼓点：×× ××××｜× 0×｜×× ××××｜× 0‖ 双臂划圆：散拍，鼓点、镲、锣 ×× ×× ×× ×× ×× ×× ×× 0
呼吸型	自然型
显要部位	单臂横"8"字圆：手腕；双臂划圆：小臂
动作流程	单臂横"8"字圆：右手执三角旗，自右向左下方，再经左上方向右下方，再经右上方向左回落，形成横向"8"字圆 双臂划圆：双手自后向前、由下而上，形成立面圆
空间	二度空间，无明显层次

由表3.1、表3.2、表3.3和表3.4可知，仫佬族傩舞原生动作形态均较为简单，没有复杂的路线和动作变化，道具偏小巧，一手可执，多以脚、腰、手腕、膝部等关节为舞蹈显要部位，呼吸自然均匀，空间单一，没有明显的动作层次变化。这一方面与人体自然的情绪表达、平衡的内在身体诉求不无关系；另一方面是仫佬族人"适者生存——人与环境和谐相处"民族心理的动态写照。

二、再生型动作形态：变化与竞技

（一）仫佬族傩舞再生型动作形态概念及表征

广西仫佬族傩舞是仫佬族依饭节中师公在仪式各个环节的舞蹈表演形式，具有鲜明的祭祀性和深厚的文化性，其祭祀功用和文化衍变势必对舞蹈本身动作形态构成影响。

有异于自然型形态的自然孕育和人类特有的紧张和松弛轮换的特点，再生型形态则是受社会影响（如"空间概念、物质基础和其他来源"的影响）所衍生的动作形态。再生型舞蹈动作形态结构是非自然状态的有意识性动作形态，其多为逆身体自然规律而行并受社会审美和社会生活影响的动作形态，整体呈现出超常态化的特点，动作上富有张弛力和平仄感，风格上重表现和个性彰显。从动作节奏来看，再生型舞蹈动作表现出非稳定性结构、急徐变化明显的特点；从动作表现来看，动作具有多重队列、技术技巧动作修饰的特点。在广西仫佬族傩舞中，再生型舞蹈动作较多，在仪式的各个环节中均有存在。笔者将其概括为以下三类：第一，技巧性动作。主要指动作因审美原则的影响而出现的技术化处理，如空间层次错落、节奏由徐渐急、幅度由小到大等，同时动作具有反重力特点，技巧性动作主要包括弹跳动作、翻转动作等。广西仫佬族傩舞中的技巧性动作主要是通过空间的层次感和创设性来体现。层次感是指纵向空间的变化，而创设性则是横向空间的开拓。有别于原生型舞蹈动作形态，技巧性动作并非在同一空间完成，而往往都涉及两个或两个以上的纵向空间变化，或是在横向空间上具有创设性和开拓性。第二，编织性动作。主要指在不同空间的连续性重复的同一性动作，因空间变化及连续性而使动作产生编织效果。仫佬族傩舞中的编织性动作主要表现在双人、三人的配合和流程路线中，且大部分都遵循由徐渐急的节奏规律。第三，模拟性动作。此类动作主要包括两方面内容。一是对社会生活的描绘和模拟。社会生活是物质基础。这里的描绘并不是再现，而是通过对现实社会生活的描绘达到艺术范畴的真实，从而使动作变成"最熟悉的陌生人"。熟悉是因为动作源于对现实生活的模仿，陌生是因为舞者寄寓动作以神灵想象的内涵。二是对生产的模拟和创新。傩舞动作应该是仫佬族人生产劳作经验的总结，模拟性动作相对单一朴素，具有一定的写实感。

（二）仫佬族傩舞再生型动作分析

1. 技巧性动作

《筋斗画符》。《筋斗画符》是师公在仫佬族傩舞仪式之"点牲"环节中表演的舞蹈，是仫佬族傩舞中技术技巧性最高的舞蹈动作。师公一手抓鸡头，另一手抓住公鸡的双脚，每退两步需腾空着地翻筋斗，且须在罡单上完成三十六个筋斗，属于空间创设性动作。其横向空间拓展性强，动作方向和路线涉及罡单的四面八方；纵向的空间层次变化丰富，遵循着平面—空中—地面的三度空间变化规律，是极具观赏性的舞段。

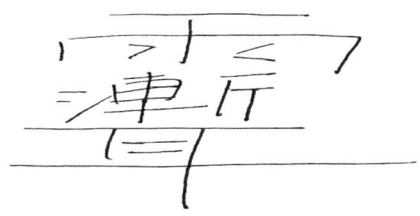

图 3-2　师公所画符之形

图 3-3　师公表演《筋斗画符》

表 3.5　舞目《筋斗画符》形态分析表

舞目		《筋斗画符》
典型舞畴	呼吸型	自然型与非自然型
	节奏型	2/4 鼓点：×·×× ××××·|× 0×|×·×× ××××·|× 0‖ 大锣、大镲、小锣：× ×|× ×|× × ×|× ×‖
	舞动特征	随音乐起舞，重拍突出
	步伐	步伐类型：抬踏步 跨步幅度：25~30 厘米 重心状态：重心向上、向下交替 流程走向：上下纵向路线、米字形路线
	显要部位	膝关节、肘关节、髋关节驱动
	动作流程	第一步：师公双手拿公鸡，自东北方向对角线后退两步至西南角，每退一步手抓鸡头在罡单上画符。第二步：身体左摆（左脚向左，右脚向左点于左脚旁）—右摆（左脚交叉于右脚前）—左摆（类同第一次左摆）。第三步：以右脚蹬地，腾空跃至东北角，臀部左侧着地，身体顺势侧躺向左翻滚至西南角。接着在西北、东南、南、北、东、西各方向重复此组动作
	次显要部位	身体（滚动）、双手（拿鸡）
舞具		公鸡
空间		二度空间与一度空间转换，有明显层次

《筋斗画符》是仫佬族傩舞中典型的技巧性舞目。从表可以看出，其步伐以抬踏步为主，以膝部、肘部和髋关节为舞蹈显要部位，通过身体的摆动、滚动和腾跃形成上下纵向和米字形动势路线。《筋斗画符》舞目一方面有神灵镇邪之意，向上请神，向下镇邪，这种内在意涵使得舞者上下纵向交替舞动，以达精神之诉求；另一方面亦具有仫佬族人通过空间的拓展彰显个体力量的内在意蕴。

2. 编织性动作

(1)《五步罡》。《五步罡》是仫佬族傩舞中出现频率最高的舞段，是仫佬族傩舞的核心舞段之一，贯穿于整个傩舞仪式过程。其既有独立完成的形式，又可融合其他舞蹈动作组成新的舞目。与《三步罡》相类，其为道教文化的产物。但从动作形态上来看，《五步罡》主要为双人表演，两人相向而行，动作过程中膝部保持自然的颤动，交叉编织队形、交换位置，最后经过270度旋转还原至启动位置行朝圣礼，整体呈圆形路线。《五步罡》以均匀的节奏为主，但在仪式的后阶段，也会出现由徐渐急的节奏变化，呼吸由自然变急促。步伐衔接处出现的反重力后踢步，引起身体重心的变化，提升了动作的空间拓展感；270度转身的动作，使舞蹈具有一定的技术性。师公双手击打乐器动作和脚下步伐的完美配合，形成了《五步罡》舞段集艺术性、技术性于一体的特点。

图3-4 《五步罡》表演

表 3.6　舞目《五步罡》形态分析表

舞目		《五步罡》
典型舞畴	呼吸型	自然型与非自然型
	节奏型	2/4 鼓、小锣：×××　××|××××　××|×××　××|××××　×|| 镲：××|××|××|××||
	舞动特征	随音乐起舞，重拍突出
	步伐	步伐类型：颤抬步 跨步幅度：20~30 厘米 重心状态：重心向下 流程走向：交叉形、圆形
	显要部位	腿部的颤抬、前进和后退
	动作流程	第一步：两位师公相向站立，分别向右前45度连续迈两步，形成背对背形态，接着后两步采用后退步形式同时转身，完成位置的交换再次回到面对面状态。第二步：右脚单抬步，右脚轴心左脚顺时针盖蹲转至正步朝祭台作揖。第三步：左脚单抬步，左脚轴心右脚逆时针盖蹲转270度至正步行朝圣礼。
	次显要部位	上身（右前45度—左后135度转动）
舞具		单面鼓、小锣、小镲
空间		二度空间

（2）《双人行坛舞》[①]。《双人行坛舞》几乎贯穿整个仫佬族傩舞仪式，一般在仪式某个环节的结束前表演。《双人行坛舞》由两位师公表演，每位师公各手执一对大镲，边舞动边击打，动作幅度由小至大，节奏由慢变快，舞段后阶段出现反重力的跳跃动作，空间层次感强。

[①] 该舞段在过去的文献中并未出现，学界亦尚未给予其具体名称。仫佬族依饭节国家级传承人谢忠厚师傅称其为行坛，笔者结合其舞蹈的表现形式将其命名为"双人行坛舞"。

在《双人行坛舞》中，还出现了类似"踏步蹲"的衔接动作，一般是配合师公的鞠躬造型，其形态为两腿交叉下蹲，双腿膝盖交叉，前腿全脚掌着地，后腿后脚跟离地支撑身体，与中国古典舞中的踏步蹲造型类似。

表 3.7　舞目《双人行坛舞》形态分析表

舞目		《双人行坛舞》
典型舞畴	呼吸型	非自然型，较急促，由慢渐快
	节奏型	2/4 鼓点：××× ×× |××× ×| ××× ×× |××× ×|| 镲：××××| ××××| ××× ××| ××× ×|| 大锣：××|× ×|× ×|× ×||
	舞动特征	随音乐起舞，重拍突出
	步伐	步伐类型：前进步、后退步、后踢步 跨步幅度：20~30 厘米 重心状态：腰部重心向下、向上交替 流程走向：圆形路线、交叉路线
	显要部位	膝关节屈伸、身体转动
	动作流程	第一步：两位师公面对面先做《五步罡》（前文有描述），接着横向交换位置后原地转圈。第二步：两位师公分别沿祭坛两侧快步走至祠堂神龛处，同时双手上下交替击打镲（上开下合，往返四次），相互交换位置后原地转圈朝神龛鞠躬。第三步：面对面鞠躬再交换位置转圈，再分别沿祭坛两侧返回至祭坛前（双手上开下合击镲）。第四步：行《五步罡》（绕两圈），继而交换位置呈踏步向祭坛鞠躬。如此反复 2 次，速度由慢至快
	次显要部位	双手击镲
舞具		大镲两个
空间		二度空间，有明显层次

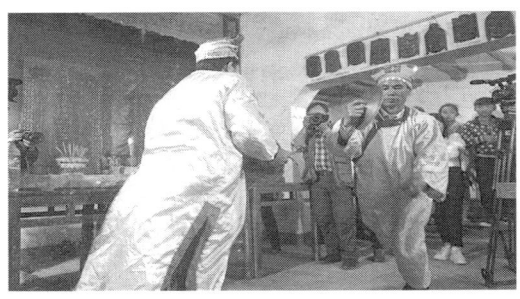

图 3-5 《双人行坛舞》

（3）《顺摆五步罡》[①]。《顺摆五步罡》是以《五步罡》为基础发展而来的舞段，主要由两位师公在仫佬族傩舞仪式"唱神"环节中表演。《顺摆五步罡》是以《五步罡》为核心，加上手臂的摆动和重心转换所形成的顺摆动作构成。主要是在膝盖的屈伸过程中转换主力腿的重心，同时动力腿离地抬起，双手从身体一侧经下弧线摆至动力腿抬起的一侧，形成手脚同边的形态，左右交替，从而形成一种顺边的摆动。这种顺边摆动的律动有悖于日常生活中人体的自然运动方式，与人们日常生活中左手右脚或右手左脚的左右对称平衡意识相左，属于仫佬族傩舞中出现的再生型动作形态。

[①] 该舞段在过去的文献中并未出现，学界亦尚未给予其具体名称。笔者于2019年11月在罗城仫佬族自治县采风时与仫佬族依饭节国家级传承人谢忠厚师傅交流后，结合舞蹈动作的动势特征以及自身的舞蹈实践经验将其命名为"顺摆五步罡"。

第三章　表现与表意：仫佬族傩舞形态分析　099

图 3-6 《顺摆五步罡》

表 3.8　舞目《顺摆五步罡》形态分析表

舞目		《顺摆五步罡》
典型舞畴	呼吸型	自然型
	节奏型	2/4 鼓点：××× ××| ×××× ×| ××× ××| ×××× ×|| 大锣、小锣：× × |× ×| × × |× ×||
	舞动特征	随音乐起舞，重拍突出
	步伐	步伐类型：颤抬步 跨步幅度：20~30 厘米 重心状态：腰部重心向下、向上交替 流程走向：横向路线、圆形路线
	显要部位	膝关节屈伸、双手左右、上下摆动
	动作流程	第一步：两位师公相向站立，开始行《五步罡》（前文已介绍）一圈回到面对面的位置。第二步：两位师公同时左腿横向向右迈，膝盖经屈到伸，屈伸过程中腿的重心从一侧换至另一侧，右腿同时抬起，双手自左下至右上方拎起至动力腿一侧，反向重复一次。第三步：后踢左腿后迈步，以左腿为轴心，右腿划弧线旋转 270 度呈朝圣礼

续表

舞目		《顺摆五步罡》
典型舞畴	次显要部位	主力腿半蹲
舞具		单面鼓、小锣、小镲
空间		二度空间，有明显层次

(4)《三人行坛舞》[①]。行坛舞一般为仫佬族傩舞仪式中每个环节结束前的规定舞段，而《三人行坛舞》则是在仫佬族傩舞仪式最后的"合兵"环节中表演，属于仫佬族傩舞中节奏最快、路线变化最复杂、情绪最激烈的舞段。该舞段由三位师公逆时针绕祭坛穿梭完成，动作主要以脚下步伐为主，以前进步、后退步居多，后阶段有单腿起跳的跳跃动作。三位师公相互穿插，且在每两位师公交换位置时，都是采用背对背的形式，令人眼花缭乱。动作路线以逆时针为主要特点，若将三位师公按A、B、C编号，那他们的舞动基本遵循这样的程序：首先，A穿B和C中间，其次C穿A和B中间，最后是B穿A和C之间，且三人一直处于运动状态，采用前进和后退的方式来调整位置，迂回穿梭，行云流水，体现着一种无限循环往复之感，且整体呈现出一种"圆"的理念。大圆因三位师公绕祭坛形成，小圆则为每位师公自身的原地转身，还有中间的圆则是三位师公在穿插过程中所形成。

---

① 该舞段在过去的文献中并未出现，学界亦尚未给予其具体名称。仫佬族依饭节国家级传承人谢忠厚师傅称其为行坛，笔者结合其舞蹈的表现形式将其命名为"三人行坛舞"。

第三章　表现与表意：仫佬族傩舞形态分析 | 101

图 3-7 《三人行坛舞》

表 3.9　舞目《三人行坛舞》形态分析表

舞目		《三人行坛舞》
典型舞畴	呼吸型	非自然型、由徐渐急
	节奏型	2/4 小镲：（其中一位师公所拿） ××××　××｜×× ×｜××××　××｜×× ×‖ 小镲：（另外两位师公所拿）××｜××｜××｜×× ‖
	舞动特征	随音乐起舞，重拍突出
	步伐	步伐类型：前进步、后退步、单腿跳 跨步幅度：20~30 厘米 重心状态：前部分向下，后部分向上 流程走向：交叉路线、圆形路线
	显要部位	脚下进退步、单腿跳

续表

舞目		《三人行坛舞》
典型舞畴	动作流程	第一步：三位师公向祭坛的北面鞠躬三次，开始以前进步围祭坛逆时针方向转一圈。第二步：三位师公走至祭坛的西北角和东南角时，分别依次换后退步并转身（右肩向内），该动作重复三圈。第三步：三位师公在祭坛的西北角开始进行交叉环绕，基本遵循一人从另两人中间穿过的规律。第四步：三位师公开始单腿跳跃（一腿吸于另一腿旁），双手在空中击镲
	次显要部位	身体转身180度、双手击镲
舞具		小镲三副（每位师公各拿一副）
空间		二度—三度空间，有明显层次

（5）《白马娘娘》。《白马娘娘》是在仫佬族傩舞仪式的"唱神"环节中表演的舞段。白马娘娘是仫佬族传说中的民族英雄，相传曾救仫佬族人于水火之中，在仫佬族人心目中有着崇高的地位。该舞段主要表现白马娘娘与哥哥日常的练武场景。从舞段的主题来看，白马娘娘

图3-8 《白马娘娘》舞段

是仫佬族民间的神话人物，是社会文化衍生下的产物。从舞段的表现形式来看，舞段为双人表演形式，虽是手持大刀，但更多的像是现实生活中的比武过招，遵循着你左我右、你上我下的原则。动作以对称性为特点，既是富有生活化的描绘，又有高于生活的形式表现。动作张弛有度、双人动作的互动和呼应、相互环绕的路线，使其具有较强的艺术审美价值，配以叙事性的舞蹈内容，使其更具观赏性。

表 3.10 舞目《白马娘娘》形态分析表

舞目		《白马娘娘》
典型舞畴	呼吸型	自然型，均匀
	节奏型	2/4 鼓点：$\underline{\times\times\times}$ $\underline{\times\times}$| × 0$\underline{\times\times}$ | $\underline{\times\times\times}$ $\underline{\times\times\times\times}$ | × 0 ‖
	舞动特征	随音乐起舞，重拍突出
	步伐	步伐类型：前移步、后退步 跨步幅度：20~30 厘米 重心状态：腰部重心向下 流程走向：交叉路线、圆形路线
	显要部位	脚下前进后退、双手上下舞动
	动作流程	两位师公面对面站立，一人手持大刀，一人手持神斧，同时从左向右举起大刀至彼此的斜前上方，双方的大刀交叉形成 45 度，再从右侧落下后划立圆再次交叉。脚下主要行《五步罡》步伐
	次显要部位	身体绕圆
舞具		大刀、神斧
空间		二度空间，没有明显层次

从表 3.6、表 3.7、表 3.8、表 3.9 和表 3.10 可得出，仫佬族傩舞的编织性动作主要具有以下特点：（1）上肢动作相对单一，步伐动作丰富多变。舞蹈强调下肢动作，其步伐有前进步、后退步、后踢步、颤抬步、抬摆步等。这一方面是因表演者在舞动过程中双手手持伴奏乐器

或道具，限制了其上肢动作的发挥所致；另一方面或与农耕民族深厚的大地观念存在一定的联系。(2)动作多为上下肢的顺势配合。舞蹈中上肢动作多为步伐变化所形成的配合，且这种配合呈顺势特点，即下肢做跳跃动作时上肢多做上举、上提动作；下肢做下沉动作时上肢动作则多为向下路线，鲜有上下肢逆向对立的动作形态。这是仫佬族人长期稳定生存空间下所形成的"传统守矩、和顺自然"思想的动态彰显。

3. 模拟性动作

(1)《鲁班伐木架桥》。《鲁班伐木架桥》是仫佬族傩舞仪式"唱神"环节中颂唱世俗神灵鲁班时出现的舞段。该舞段主要通过写实的动作，把神灵鲁班的技艺直观地再现，表现神灵的勤劳和智慧。伐木是社会生产生活中的重要内容，此舞段是以现实生活中的劳作行为为依据进行的再现。动作简单朴实，除去道具的指代性或虚拟感，其他都具有

图3-9 《鲁班伐木架桥》中的鲁班量木

极强的写实性特点。该动作为典型的再生型舞蹈动作形态，舞蹈动作源自日常劳作，是社会环境影响下的舞蹈化表达。

表 3.11　舞目《鲁班伐木架桥》形态分析表

舞目		《鲁班伐木架桥》
典型舞畴	呼吸型	自然型，呼吸均匀
	节奏型	2/4 鼓点：×× ××× | ××× ×× || 锣：× × |× ×||
	舞动特征	随音乐起舞，重拍突出
	步伐	步伐类型：蹲步 跨步幅度：20~30 厘米 重心状态：腰部重心向下 流程走向：上下路线
	显要部位	单膝跪地，双手量木、伐木动作
	动作流程	师公单膝跪地，用凳子固定住木（以法棍橡木），接着以手量木（量六次，六寸），同时模拟鸟叫，唱词，伐木（重复六次）伴随上身的直立与弯曲
	次显要部位	上身曲直
舞具		法棍、法刀
空间		一度空间，没有明显层次

（2）《牛哥赶牛》。《牛哥赶牛》是仫佬族傩舞仪式"唱神"环节中的舞段，主要是模仿生活中斗牛的场景。牛哥是仫佬族傩舞所唱颂的三十六位神灵之一。该舞段为双人表演的形式，通过以身体模拟牛的形态的方式，歌颂牛哥的功绩。舞蹈遵循三进三退的运动路线规律，通过两位师公在罡单上不同方向的进退，再现日常生活中斗牛的场景，动作朴实有趣，节奏较为恒定。

表 3.12　舞目《牛哥赶牛》形态分析表

舞目		《牛哥赶牛》
典型舞畴	呼吸型	自然型，呼吸均匀
	节奏型	2/4 鼓点：0×× ××× | ×××× × | 0×× ××× | ×××× ×‖
	步伐	步伐类型：双腿跪步 跨步幅度：15~20 厘米 重心状态：腰部重心向下 流程走向：交叉路线、横向路线
	显要部位	头部（相对）、膝部（弯曲进退）
	动作流程	两位师公头顶头相向跪于罡单上，双手撑地，呈斗牛状。先从罡单中部，由东向西，一师公向前三步，另一师公向后三步，接着再自西向东返回；以同样的方式，自北向南移动，随之往返；继而移动至罡单的上端，重复之前东西两向动作，再完成西南角和东北角、罡单右侧的南北两向以及东南和西北角的移动
	次显要部位	双手（撑地移动）
舞具		无
空间		一度空间，没有明显层次

由图 3-9、图 3-10 可知，仫佬族傩舞的模拟性舞目均为自然型的呼吸节律，舞蹈动作具有以腰部为轴、重心向下的特点。舞者以跪步或蹲步为主要步伐，以头部、手部、膝部为舞蹈动作显要部位，动作路线均为直线型，或做交叉和横向路线的移动，或以身体交替屈伸呈上下起伏。动作均为低空间，没有明显的层次。这一方面是具体形象的客观要求所致。《牛哥赶牛》要有牛的形象，"鲁班"又有其特定职业属性。另一方面是仫佬族农耕文化思维的具体化和形象化。仫佬族傩舞的模拟性舞目均是对现实生活的模拟和描绘，与仫佬族的生产生活息息相关，具有浓郁的农耕文化色彩，对大地的深情厚谊使其舞蹈形态重心偏低且多处于一度空间。

图 3-10 《牛哥赶牛》舞段

综上，仫佬族傩舞动作形态有原生型和再生型两种形态，原生型形态在呼吸上偏向自然型，重心均为向下状态，空间和节奏有单一化特点；再生型形态呼吸型以非自然型为主、自然型为辅，重心既有向上状态，亦有向下的状态，空间和节奏更富多元性。综合以上分析，我们可以得出以下结论：仫佬族傩舞的舞蹈动作形态均有其独立的特性和规律，但又有类同之处。（1）从节奏型来看，仫佬族傩舞既有均速的"脉动"式节奏，又有变速的"弹性"式节奏，主要以2/4拍为主。在音乐的理论概念中，二拍节奏音乐具有"强—弱"变化规律，但仫佬族傩舞动作的强弱变化不遵循这一规律，只是在节奏的时间性上表现出二拍特点，且往往在最后一拍处给予强势处理。仫佬族傩舞的这种稳定的二拍结构，在一定程度上反映出仫佬族傩舞稳定的秩序感。从节奏变化来看，仫佬族傩舞的节奏变化比较单一，多表现在频速方面，即以由慢渐快、由徐渐急的变化为主，且多用 A—B 型结构。从节奏类型来看，仫佬族傩舞的节奏中并没有切分、附点等节奏型。节奏是情绪的表征，切分、附点的节奏多表现内心的跳跃性，富有活泼灵动感，而仫佬族傩舞的节奏是一种均匀的时值分配，这也反映出仫佬族傩舞在道教文化影响下所形成的自然性的舞蹈形态，彰显出仫佬族傩舞本身的平和感。（2）从呼吸型来看，仫佬族傩舞多以自然型呼吸为主。舞蹈过程中，其主要遵循人类本能的自然的一呼一吸的规律，动作转换和连接时都比较自然，没有急停，因此呼吸比较均匀，鲜有闭气或爆发式吐气，或者较急促和极缓的呼吸。于舞蹈而言，向内是呼吸，即内在心理节奏；向外是肢体，即显性动作表达。呼吸的规律决定了舞蹈的情绪、力度和控制度。自然型的呼吸在仫佬族傩舞中的主角地位，充分说明仫佬族傩舞中鲜有控制性或爆发性的动作，这也在一定程度上反映出仫佬族傩舞动作的稳定性和自然感。（3）从显要部位来看，仫佬族傩舞多以腿部和双臂作为主要显要部位，鲜有胯部或腰部作为显要部位的舞蹈形态。从舞蹈的表现角度来看，腰部和胯部是最具舞蹈表现性的人体部位，且对舞蹈的造型塑造起着重要的作用。腰部和胯部部位容易形成错落有致、形态婀娜的舞蹈形态。仫佬族傩舞强调腿部和双臂部位，可窥见其舞蹈形态的中规中矩、不偏不倚，整体呈现出一种朴素踏实的舞蹈气质。这一方面反映出仫佬族傩舞的祭祀本质属性，另一方面也体现出仫佬族人务实本分的精神品质，彰显出仫佬族传统的民族性格。（4）从步伐来看，仫佬族傩舞以日常的前进步和后退步居多，配以非日常化的后踢步、踏步蹲、腾跃等步伐动作。从步幅来看，舞蹈中的步伐没有过分夸大的步幅，多与日常生活迈步幅度相同，具有自然性和常规性的特点。从步伐的规律来看，舞步大多遵循双脚交替的自然规律，鲜有单腿重心的步伐动作，整体具有生活化、自然性的特点，这也与上述所提及的舞蹈的节奏、呼吸型、显要部位的分析相映衬，共同构成了仫佬族傩舞整体自然朴素、稳定平实的动作形态特征。

第二节 运动形态：象征的图式

运动形态与动作形态的共同点在于它们都以人的身体为载体，但其亦有别于动作形态。运动形态与空间环境有紧密联系，这种联系实质是一种主被动关系，即身体为主动，空间为被动；同时两者又是相依关系，即空间给予身体依托，而身体又赋予空间价值。舞蹈运动形态的广义内涵，指的是舞蹈运动过程中的一切形态；若从狭义的范畴来理解，笔者认为舞蹈运动形态是舞者舞动时因空间位移、路线变化所呈现出来的整体效果。

罗斌曾结合文化空间理论阐述傩舞的时空表象形态和深层次文化内涵，并从图象构成、图象释意、图象属性和特征三个方面对傩舞的运动流程进行分析，形成了由表及里、由浅入深、由视觉到认知的思维转换。[1]笔者认为这是较科学且全面的。故笔者亦将借鉴其逻辑方法对仫佬族傩舞的运动形态展开分析，但所不同的是，笔者结合舞蹈学研究中舞蹈构图的具体视角，借引图式理论、采用概括分类到具体分析的总—分结构对仫佬族傩舞运动形态展开研究。

图式（schema）原本属于哲学中的一个概念，是由德国哲学家康德（Kant）首先提出来。[2]1932年，心理学家巴特利特（Frederic Charles Bartlett，1886—1969）在其《记忆》一书中首次提出了图式理论。他

---

[1] 罗斌:《假面阴阳——安徽贵池傩舞田野调查与研究》，博士学位论文，中国艺术研究院，2007年。

[2] 雷晓东:《概念流利与图式理论》，《山西师大学报（社会科学版）》，2010年第S3期，第150页。

认为图式是对先前反应或经验的一种积极组织，是储存在学习者大脑中的一种信息对新信息起作用的过程及学习者知识库吸收新信息的过程。[①] 世界艺术史家贡布里希（E.H.Gombrich，1909—2001）指出：图式是艺术家语汇的起点。[②] 图式分为三种类型：语言图式（lingustic schema）、内容图式（content schema）和形式图式（formal schema）。[③] 笔者认为，将图示理论运用到舞蹈运动形态研究中，语言即舞蹈动作，内容为意义所指，形式则是构成方式。舞蹈动作形态在上一节中已有介绍，在此不加以赘述。本节将从具体的图式构成和图式释义两个方面，对仫佬族傩舞的运动形态进行由视觉到内涵的双重分析。一方面先从宏观的角度，对仫佬族傩舞的运动形态所形成的图式进行整体概括分类；另一方面将视角落到具体的舞蹈运动形态中，深入表象背后的深层文化结构，以期全面、清晰、深入地剖析仫佬族傩舞的运动形态。

一、万象相合：集聚型图式

对于舞蹈运动形态，舞蹈学研究通常以"构图"来概括。"构图"是对舞蹈运动形态的直观性概括，"指的是舞者在舞蹈呈现空间中的运动线（不断变更的舞蹈路线或队形）和画面造型。……一般意义上，舞蹈空间运动线分为斜线（对角线）、竖线（纵线）、横线（平行线）、圆线（弧线）、曲折线（迂回线）五种，而画面造型则可分为方形、三角形、

---

① 康立新：《国内图式理论研究综述》，《河南社会科学》，2011年第4期，第180页。
② 陆娜宁：《论云南舞蹈图式的创造》，《民族艺术研究》，2001年第4期，第48页。
③ 雷晓东：《概念流利与图式理论》，《山西师大学报（社会科学版）》，2010年第S3期，第151页。

圆弧形、梯形、菱形等基本图形。这些构图因素都具备一定的表意功能和审美形式感"[1]。构图是从空间的视角对舞蹈的运动线路进行的概括,具体到仫佬族傩舞的运动形态研究,我们可以认为,其外部形式及内在涵义的揭示均可沿用图式理论的思路来得出结论。

仫佬族傩舞的运动形态整体呈现出一种和谐感,都具有对称、平衡、有稳定支点、由里及外的规律性特征,整体是一种"平衡图式"。"所谓'平衡图式',是指舞蹈构图对于视觉而言具有一种和谐的形式。舞蹈构图的视觉平衡图式既可以在'扩散性构图'中完成,也可以在'集聚型构图'中实现。"[2]

于集聚型图式而言,其集聚方式有三种:一是辅心式,即参与构图的各舞者围绕着处于圆心点的主要舞者(焦点)进行组合,其中的"力"是向心的;二是中心式,即参与构图的各舞者属同一等级,从一个重力中心向四方发射;三是两极式,即由两个或两组对立的舞者构成,两者间的对立关系是一种"力"的相互作用关系。[3] 仫佬族傩舞的集聚型图式主要以辅心式方式构成,因其有固定的祭坛限制,无论形式所需还是精神所指,都需要是一种向心的表达方式。但仫佬族傩舞中的"向心"不是完全的、规矩的,而是在各种迂回中得以实现。迂回型是相对直线型而言,主要是指动作为曲线运动方式,且出现原点的重合,整体表现为一种循环感,主要包括有圆形、横向"8"字形、纵向"8"字形、重叠形等构图,重叠形主要表现为内外的双圈形,或者运动中因小的圆形路线的不断变化而形成大的圆形路线,从而呈现出重叠式的圆形路线。

---

[1] 罗斌:《假面阴阳——安徽贵池傩舞田野调查与研究》,博士学位论文,中国艺术研究院,2007,第85页。
[2] 于平:《论舞蹈构图的视觉效应》,《舞蹈》,1994年第1期,第17页。
[3] 于平:《论舞蹈构图的视觉效应》,《舞蹈》,1994年第1期,第17页。

（一）圆融迂回：图式结构

1.《五步罡》

《五步罡》是仫佬族傩舞主要的舞段，基本贯穿于仫佬族傩舞仪式始终，是"劝圣""唱神""合兵"等环节的主要舞段。其形式构图主要有六种。

其一，两位师公并排，面向7点方向，从表演区3点方向走至表演区中央，走在前面的师公原地180度转身使两者呈并排、相向站立状。（图3-11）

其二，分别向右前方（一位师公向10点和11点之间、另一位师公朝5点和6点之间）连续迈两步，形成背对背形态。（图3-12）

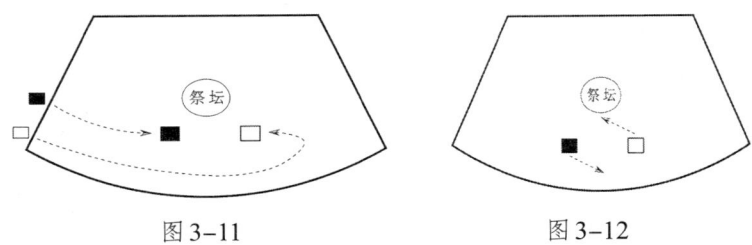

图3-11　　　　　　　图3-12

其三，分别向内转身后退两步（一位师公向7点，一位师公向3点），完成位置的交换再次回到面对面状态。（图3-13）

其四，分别向右前方（一位师公向8点和1点之间、另一位师公朝3点和4点之间）连续迈两步，形成背对背形态。（图3-14）

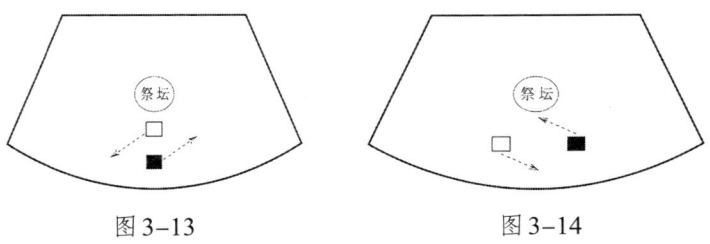

图3-13　　　　　　　图3-14

其五，分别向内转身后退两步（一位师公向7点，一位师公向3点），完成位置的交换，再次回到面对面状态。（图3-15）

其六，左脚单抬步后向前迈（一位师公朝7点，一位师公朝3点），左脚轴心右脚逆时针盖蹲转（一位师公转270度、一位师公转90度）至5点，正步行朝圣礼。（图3-16）

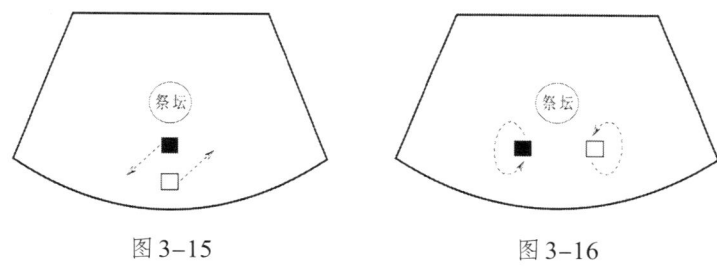

图3-15　　　　　　　图3-16

《五步罡》的图式构成以"圆"形态为主，包括一个"大圆"，两个"小圆"。"大圆"是两位师公相互流动交换位置时所构成的整体性的"圆"；两个"小圆"则是两位师公经前进、转身、后退，迈步回原点所形成的各自的"圆"。从运动方向来看，《五步罡》中所有的圆均为逆时针方向。

2.《双人行坛舞》

《双人行坛舞》是仫佬族傩舞"唱神"环节中的双人舞段。其运动图式主要有八种。

其一，采用与《五步罡》一致的方式进入表演区，最后两位师公立于表演区前场呈相向站立状。（图3-17）

其二，分别向右前方（一位师公向8点和1点之间、另一位师公朝3点和4点之间）连续迈两步，形成背对背形态。（图3-18）

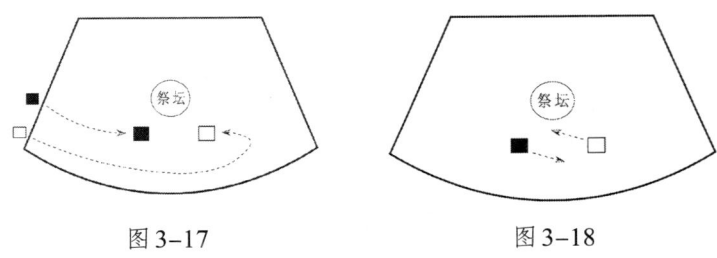

图 3-17　　　　　　　图 3-18

其三，分别向内转身后退两步（一位师公向7点，另一位师公向3点），完成位置的交换，再次回到面对面状态。（图3-19）

其四，两位师公相向，一人向1点和8点之间向前，经7点、6点、5点、4点回到原起点，一人则以相反路线至起点。（图3-20）

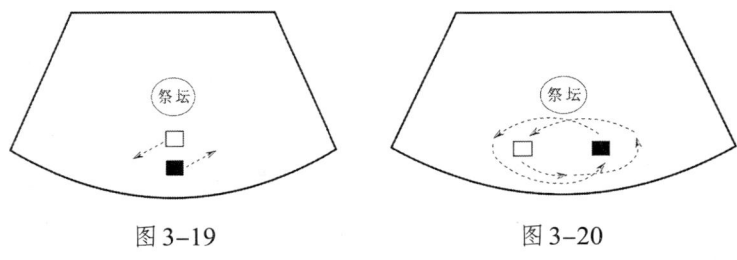

图 3-19　　　　　　　图 3-20

其五，两位师公同时向5点方向做前进步，至表演区后场时相互交叉后成并排。（图3-21）

其六，两位师公分别向3点、7点方向迈步相互交换位置，并完成原地转圈。（图3-22）

其七，两位师公面朝1点方向快速做前进步，至表演区前区时相互交叉成并排。（图3-23）

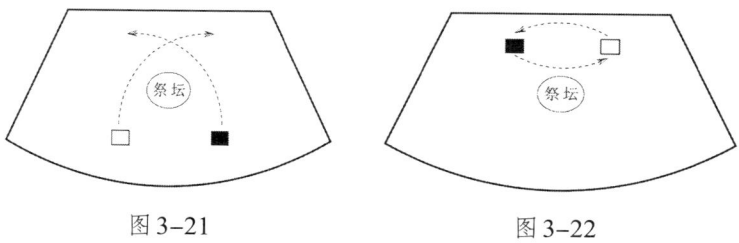

图 3-21   图 3-22

其八，分别向3点、7点方向迈步相互交换位置，并完成原地转圈。（图3-24）

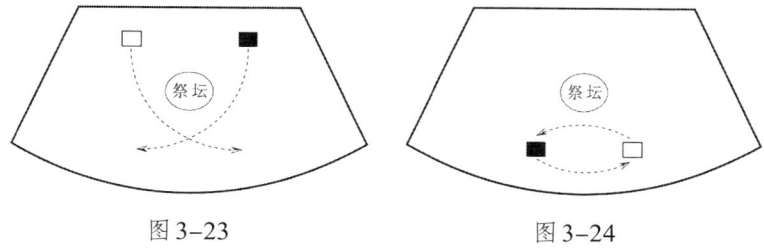

图 3-23   图 3-24

从图式构成来看，《双人行坛舞》以"圆"和"8"字构图为主。"圆"是在两位师公相向走弧线相互交换位置的运动中形成，方向为逆时针旋转。"8"字形态则是由两位师公经走弧线相互交叉，从表演区前区到表演区后场的空间位移所形成。

3.《三人行坛舞》

《三人行坛舞》是仫佬族傩舞仪式"合兵"环节中的三人舞，其构图变化丰富，动作富有层次，节奏渐快，情绪渐涨，是极具观赏性的舞段，其运动图式主要有八种。

其一，三位师公从表演区4点朝1点走至表演区前区中央，面向1点并排站立。（图3-25）

其二，三位师公按并排站立顺序开始以逆时针路线绕祭坛一圈。（图3-26）

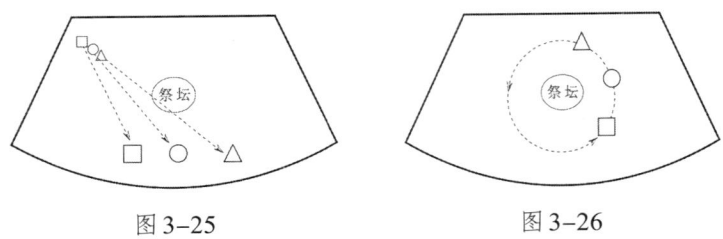

图 3-25　　　　　　　　图 3-26

其三，行至 8 点位置，三位师公依次上步（先左后右）呈后退状继而左脚上步完成转身（向圈内顺时针转身）。（图 3-27）

其四，行至 6 点位置，三位师公依次上步（先左后右）呈后退状继而左脚上步完成转身（向圈内顺时针转身）。（图 3-28）

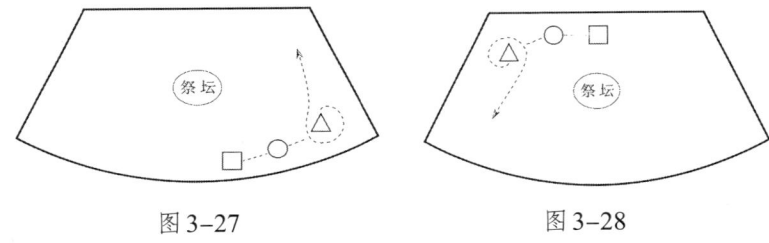

图 3-27　　　　　　　　图 3-28

其五，行至 8 点位置，三位师公开始相互穿梭环绕，遵循一人从另两人中间穿过的规律，保持脚下前进两步后转身的运行模式，带头的师公走弧线迂回先穿过另外两位师公的中间。（图 3-29）

其六，排在最后的师公走弧线穿过另外两位师公的中间，动作同上。（图 3-30）

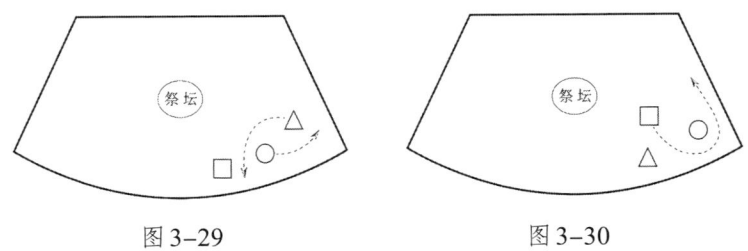

图 3-29　　　　　　　　图 3-30

其七，中间的师公走弧线穿过另外两位师公的中间，动作同上。（图 3-31）

其八，三位师公归至表演区前场中央，并排站立。（图 3-32）

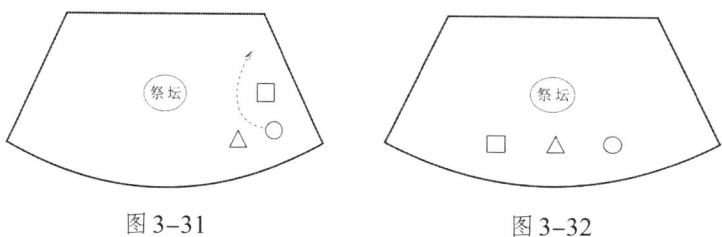

图 3-31　　　　　　图 3-32

《三人行坛舞》整体呈现出两种运动形态。第一种是"圆"的形态，这种"圆"具有双重结构。一是三位师公在行进时所呈现的位于表演区最外圈的"外圆"；二是三位师公在表演区6点和8点方位自转所形成的"内圆"。第二种是横向"8"字路线，这是由三位师公在前进—迂回—前进的步伐节奏中，加上相互之间穿梭的运动方式而形成。

从以上分析可以得出这样的结论：仫佬族傩舞的聚集性图式构成主要以"圆"形、"8"字形构图为主。"圆"的构图有大圆和小圆、外圆与内圆之分，且方向多为逆时针。《五步罡》中双人配合构成了大圆，师公自身转圈形成小圆；《三人行坛舞》中，外圆为三位师公在表演区外围的整体空间位移形成，而内圆则因师公舞蹈时的自转而成。这两种类别的圆形构图，使得仫佬族傩舞运动形态呈现出"圆中有圆"的重叠性和层次感。"8"字构图则有纵向和横向两种，《双人行坛舞》通过交叉动作和空间位移，形成纵向"8"字构图，而《三人行坛舞》则以三位师公的相互穿梭形成横向"8"字。

（二）万物和合：图式表意

从文化旨向上来看，此处"圆形"图式有三层解读。其一，"以和为美"的观念。这种观念在仫佬族族群生根主要有两个因素。一是仫佬族的民族本质。如前文所述，仫佬族是一个开放包容的民族，有强烈的文化吸纳能力，其原生文化与外来文化能理性和融；二是仫佬族深受中原文化影响。"和"文化是中华传统文化的重要范畴，因此，汉文化的涵化进一步强化了仫佬族人"和"的观念，这也形成了他们"以和为美"的思想观念，即向外是天人和合、神人之和，向内是人人相和。这种哲学理念形成了其傩舞以"圆"为核心的运动形态。"圆"形无棱无角，有着循环往复、生生不息之寓意，既有和谐之美，又有万象包容之感，是对这种观念的直接呼应，象征"万象相和"的境界。其二，"万物归一"的境界。"万物归一"是道家的核心理念。仫佬族傩舞深受道教文化影响，其构图无不传递出这样的表达。《三人行坛舞》中的外圆和内圆、《五步罡》中的小圆和大圆，都是一种"圆中有圆"的构图。这种"圆中圆"的构图是一种循环意念的叠加，有万物循环、和融，最后汇聚一体的内涵，以"圆中有圆"寓意循环往复，以"多圆一体"表达"万物归一"的境界。其三，"世态圆满"的愿景。钱钟书先生曾说："形之浑简完备者，无过于圆。"[①] 圆有圆满、圆整、团圆之意，是中华民族自古至今的心理欲求。这种"圆"的运动形态是中华民族传统审美观念"圆"的思维的表达，承载着仫佬族人民世间情态之圆满、生命经验之圆整、人情关系之团圆的美好愿景。

"圆"形图式的逆时针转向，与道教"反向而动"的思想相联系。"'逆时针旋转'的图式含义是中国传统哲学、经学、宇宙观的基本运行理念的具体体现，……'反者，道之动'，'从反面做起'的原理，直接对应了老庄哲学的基本立场，而这种运行的走向和轨迹分明贯穿

---

① 钱钟书：《谈艺录》，中华书局，1983，第111页。

了《易》学传统的'变易'精神。"①

"8"字构图的文化内涵主要表现在两个向度。一是天地循环的象征。回旋感是"8"字构图的主要特征,"回"为起始合一,有生命永恒之性质;"旋"为周而复始,乃"天地循环"之寓意。"8"字寻求的审美规范,象征着生命不息、天地亘古永恒。这种"'周转旋回'既是一种状态,又是一种特征,更是一种境界。它是审美的境界,人生的境界,宇宙的境界"②。二是无限和融的追求。"8"字运动形态是仫佬族傩舞与道家思想相融合的表征,其具有"始则复始"和"极则得反"的运动规律,回旋圆融的运动痕迹。这与道教的太极图有相类的内指。"太极图用一个圆圈,一S线和二小圆圈,辅黑白色彩相交错。它外圆内转的特征,体现着回旋、均衡的运动模式以及与自然宇宙的圆融合一。"③仫佬族有强烈的天地自然意识,这种永恒的自然意识既是其作为农耕民族的生存诉求,又是仫佬族人对民族不息、生命循环渴望的表达,而"8"字构图便是他们这种民族精神追求的具体彰显。

二、对称平衡:扩散型图式

扩散型构图中"整体的平衡是由大量微小的平衡中心构成的;这些微小的平衡中心,都具有同样大小的重力,体现为一种关系网络的平衡"④。仫佬族傩舞的运动形态中,扩散型图式主要有直线型和交叉线

---

① 罗斌:《假面阴阳——安徽贵池傩舞田野调查与研究》,博士学位论文,中国艺术研究院,2007,第87页。
② 陈迪:《随圆就势 风流水转——圈舞中"圆"的艺术形态与文化流变》,硕士学位论文,山东艺术学院,2020,第20页。
③ 龙庆凤,王一波:《中国舞蹈的"圆"文化》,《中国民族》,2006年第8期,第57页。
④ 于平:《论舞蹈构图的视觉效应》,《舞蹈》,1994年第1期,第17页。

型。直线型多为前进、后退和进退合一形，交叉型则有纵向"X"形、横向"X"形和"米"字形等。

(一) 多向对称：图式构成

1.《筋斗画符》

《筋斗画符》是仫佬族傩舞"点牲"环节中极富技术性的舞段，其动作空间错落有致，运动路线丰富多变，具有鲜明的重复性和强烈的秩序性。其图式构成方式主要有六种。

其一，一师公双手拿公鸡，自表演区6点方向后退至2点方向，每退一步手抓鸡头在罡单上画符。（图3-33）

其二，自表演区2点方向，右脚蹬地，腾空跃至6点方向。（图3-34）

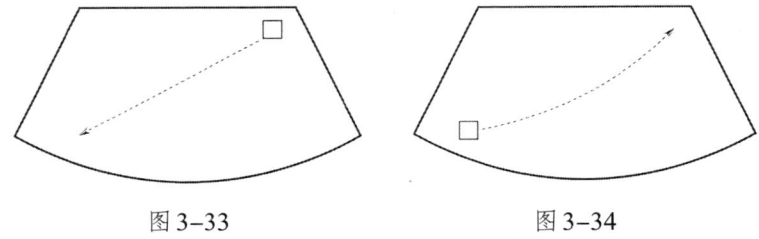

图 3-33　　　　　　　图 3-34

其三，师公臀部左侧着地于表演区6点位置，身体顺势侧躺向左翻滚至表演区2点位置。（图3-35）

其四，师公自表演区5点退至1点位置，继而蹬腿腾空跃至5点，经臀部着地向左翻滚至1点位置。（图3-36）

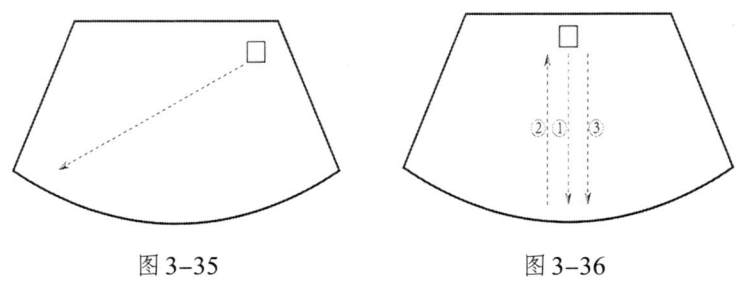

图 3-35　　　　　　　图 3-36

其五，师公自表演区4点退至8点位置，继而蹬腿腾空跃至4点，经臀部着地向左翻滚至8点位置。（图3-37）

其六，师公自表演区7点退至3点位置，继而蹬腿腾空跃至7点，经臀部着地向左翻滚至3点位置。（图3-38）

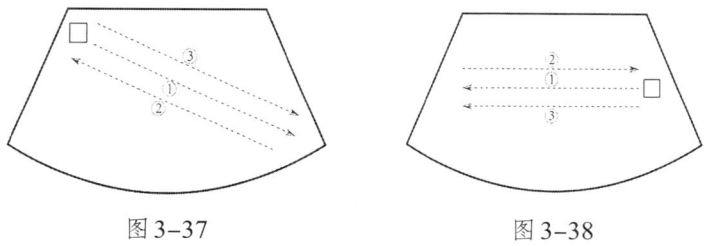

图3-37　　　　　　　图3-38

从外部形态来看，《筋斗画符》主要以直线的形式，以中心对称的方式，通过表演区的对立方向不断折返的方式，形成以对角线为主体的运动形态，因其涉及表演区的8个主要方位，在师公来回地对角线折返和变换方向的运动中，形成了整体性的"米"字形构图。（图3-39）

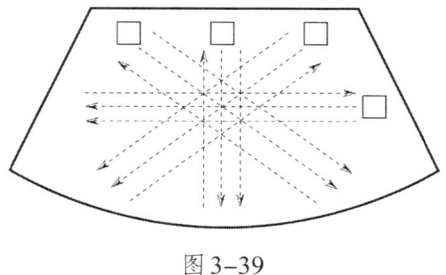

图3-39

2.《牛哥赶牛》

《牛哥赶牛》是仫佬族傩舞仪式"唱神"环节中的经典舞段，也是仫佬族傩舞中运动形态最为复杂的舞段，其图式构成形式有十七种。

其一，两位师公头顶头相向跪于表演区中央（一人面朝3点，一人面朝7点），双手撑地呈斗牛状，整体先向3点方向三步，再向7点方

向三步，形成横向移动。（图3-40）

其二，两位师公同时顺时针变向，一位师公从7点（背对）移至1点（背对），另一位师公则从3点（背对）移至5点（背对），并同时移至表演区中央，两者始终保持相向碰头的形态。（图3-41）

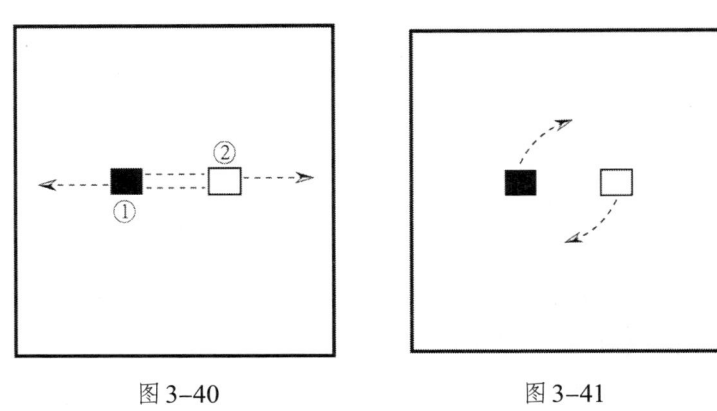

图3-40　　　　　　　　图3-41

其三，按照一位师公前进三步、另一位师公后退三步的动作规律，整体先移至5点方向，再折回向1点方向移动，形成纵向移动。（图3-42）

其四，两位师公同时逆时针弧线移动，一位师公从1点（背对）经8点移至7点（背对），另一位师公则从5点（背对）经4点移至3点（背对），并同时到达表演区后场中央，身体形态保持相向碰头状态。（图3-43）

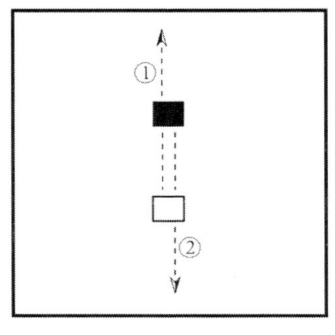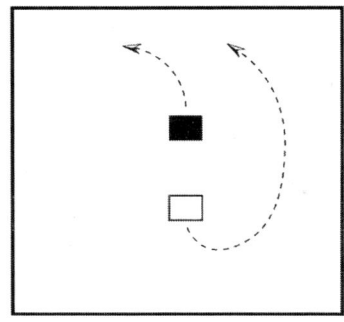

图3-42　　　　　　　　图3-43

其五，以一位师公前进三步、一位师公后退三步的模式，整体先向3点方向，再折回7点方向做横向移动。（图3-44）

其六，两位师公同时逆时针弧线移动至表演区右侧方（上场门），一位师公从7点（背对）经6点移至5点（背对），另一位师公则从3点（背对）经2点移至1点（背对）。（图3-45）

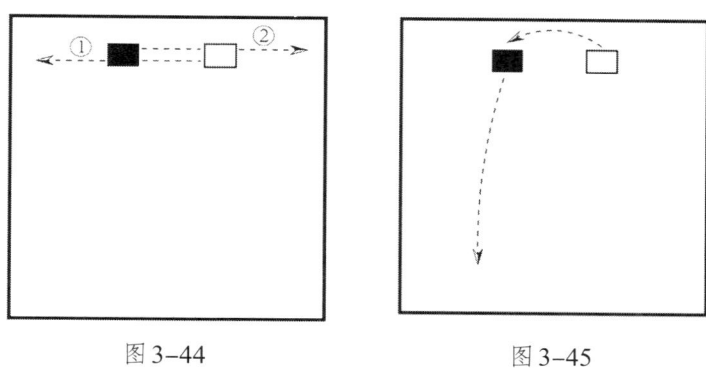

图3-44　　　　　　　　　图3-45

其七，两位师公整体先向1点方向，再折回5点方向做纵向移动。（图3-46）

其八，两位师公同时逆时针弧线移动至表演区中央。（图3-47）

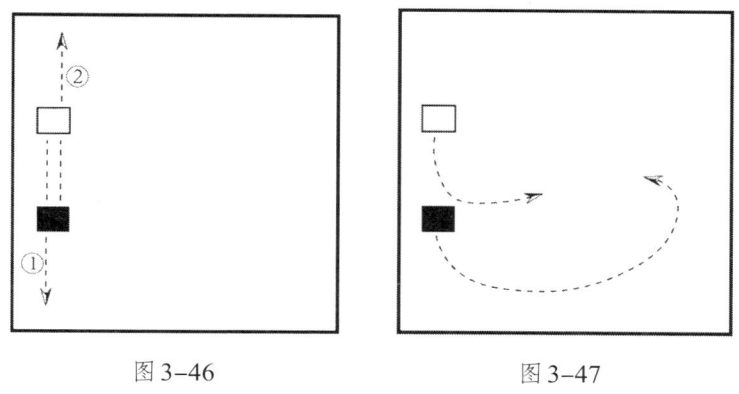

图3-46　　　　　　　　　图3-47

其九，两位师公整体先向7点方向，再折回3点方向做横向移动。

（图3-48）

其十，两位师公同时逆时针弧线移动，一位师公从7点移至4点位置，另一位师公则从3点移至8点位置，整体呈对角线形态。（图3-49）

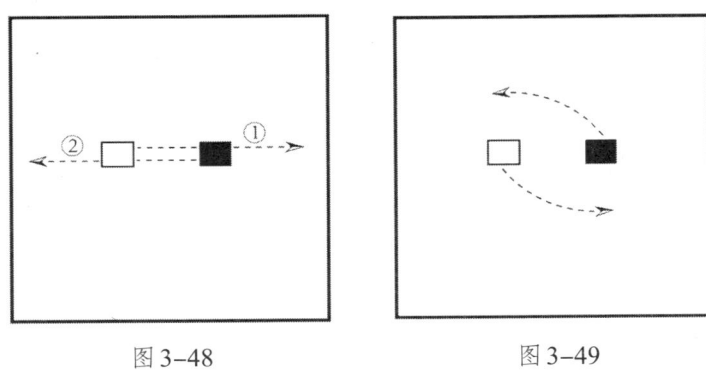

图3-48　　　　　　　　　图3-49

其十一，两位师公先向4点后向8点做斜线移动。（图3-50）

其十二，两位师公逆时针移动至表演区后场中央，一位师公向3点，一位师公朝7点。（图3-51）

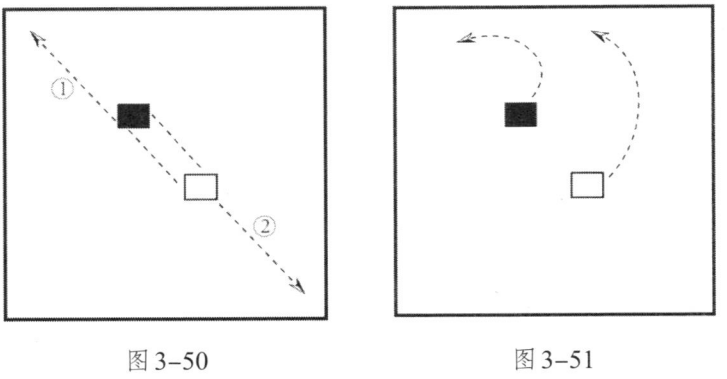

图3-50　　　　　　　　　图3-51

其十三，两位师公以一进一退方式，先向3点方向三步，再向7点方向三步做横向移动。（图3-52）

其十四，两位师公同时逆时针弧线移动至表演区中央，分别面向

1点、5点方向。(图3-53)

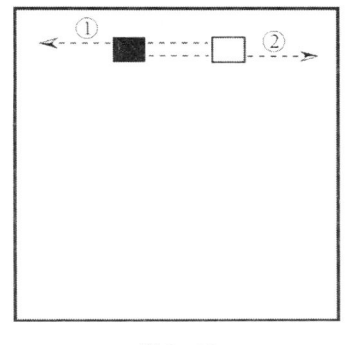
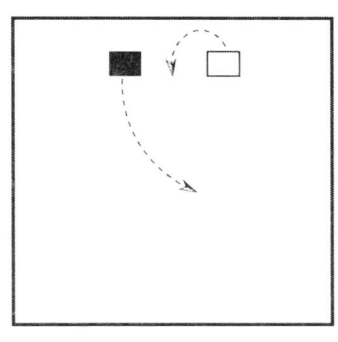

图3-52　　　　　　　　　图3-53

其十五，两位师公先向1点后向5点做纵向移动。(图3-54)

其十六，两位师公同时逆时针弧线移动至表演区中央。(图3-55)

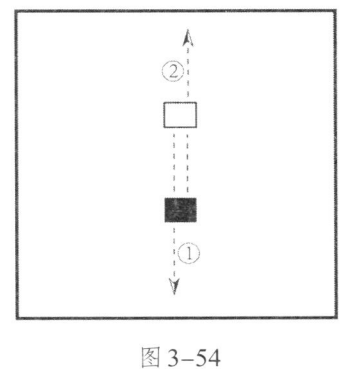
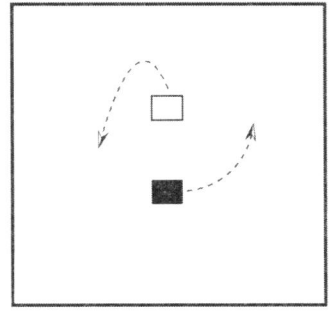

图3-54　　　　　　　　　图3-55

其十七，两位师公同时自表演区3点逆时针绕场至4点处下场。(图3-56)

《牛哥赶牛》的运动形态丰富多变，既有横向、纵向、斜向的直线移动，又有迂回弧线形移动，两位师公的逆向性，又使其在弧线迂回中有圆的形态。构图遵循对称、平衡的原则。构图中心点有两个，一是两位师公的头顶接触点，这是两人移动时的支撑点；二是表演区的中心点，这是师公舞蹈的空间观照，维系着整体图式的秩序与和谐。

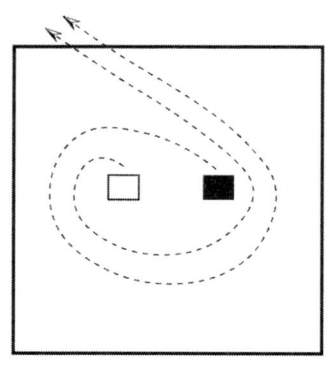

图 3-56

从以上分析可以得出这样的结论：仫佬族傩舞的扩散型图式构成主要以横线、竖线、斜线以及弧线为主，也有"圆"的形态出现。《筋斗画符》中以对角斜线为主要运动形态，没有弧线或圆形的形态；《牛哥赶牛》中以横向和纵向的运动路线居多，斜线主要是对角线的方式呈现，弧线迂回是转换方位的衔接，且多为逆时针方向。

（二）平衡和融：图式释义

1. "五方空间"理念的外化

《筋斗画符》和《牛哥赶牛》两个舞段的运动形态具有共同的特点，就是以表演区中央为中心点，向外拓展，并涉及表演区的各个方向。这种运动形态是对"五方空间"理念的具体落实。"五方"和"五行""五帝""五神"与中国传统文化数字的理解、道教思想等是紧密相关的。[①]仫佬族傩舞中的"五方空间"调度，一方面是仫佬族人表达对各方神

---

① 曾华美：《广东湛江傩仪的身体语言及文化研究》，博士学位论文，中国艺术研究院，2015，第72页。

灵的崇敬，以期获得全方位保佑的心态表征；另一方面是仫佬族人以空间的调度强调人与自然天地的密切关系，是仫佬族"自然为大"民族心态的表现。

2. 平衡和谐的理念

两个舞段图式均以"中点为核，两向对称"为构图方式，即以祭坛为中心点，形成东与西、南与北、东北与西南、西北与东南对称关系，移动方式为进则退、退则进，或前进与原路线折返的方式，形成不偏不倚、端正规整的构图。这一方面是道家思想所追求的"天人和融、阴阳平衡"思想的彰显，又与儒家"人居于中正之道"思想有本质联系，是"不偏不斜"中庸思想的具体表现形式。

仫佬族傩舞的运动形态多以圆形路线、交叉形路线、直线为主，但交叉型均以左右对称、聚拢交叉，继而对称分开为特点，而直线型多追求前进后退平衡，给人一种稳定和谐的感觉。宏阔而观之，仫佬族傩舞的运动形态主要具备如下属性：从外部形态来看，仫佬族傩舞的运动图式中，集聚型图式以圆形、"8"字形为主，以及在此基础上出现的"圆中圆"、纵横向"8"字构图。这些圆形和"8"字形都表现为一种向心的运动模式，且运动轨迹基本不涉足表演区的中心点，其运动路线迂回周旋，运动痕迹自然和顺，没有棱角感和停滞感。扩散型图式以平行线、纵线、对角线为主，配少数弧线以衔接，在表演区（罡单）内有丰富的构图线路，运动轨迹涉及表演区各个方位，但整体遵循着"中心为核、两向对称"的构图理念。吴晓邦先生曾指出："中国传统艺术里的构图，主要由对称的平衡方法和轴心论的运动思想所构成；而新艺术的构图，则采用自然平衡方法和矛盾运动思想。"[①]这种平衡式构图在一定程度上也表现出仫佬族傩舞的传统性。两类图式均

---

① 于平：《舞蹈文化与审美》，中国人民大学出版社，2005，第356页。

呈现出协调、平衡、和顺的气质,这也表明仫佬族自然和包容的民族文化本质。就内在本质而言,仫佬族傩舞有自身的内在逻辑,这种逻辑遵循着中国传统的哲学观念。"圆形"图式恰切表达出"万物相和"的宇宙观、"万物归一"的哲学观、"圆满和融"的生活观;"8"字图式的迂回旋转乃"天地循环、无限和融"理念的动态流淌;"从反面做起"的运动规律即二元相生、相克,而又"离合始反"的《易》学内涵。中轴对称、双向平衡的运动规律既是儒家思想"中正之道"的观照,又是道家"阴阳平衡"生命本质的表达。通过对运动形态的分析,表层上勾勒仫佬族傩舞的运动形态图景,探求其运动规律,把握运动的外部形态特征;深层上挖掘其背后的文化因子,深化其思想内涵,更是在其文化因子背后,洞悉仫佬族傩舞背后的多种思想、多重宗教、多类观念集合所构成的庞大的文化体系,这也再次印证了仫佬族开放包容的民族气度以及理性融合的民族智慧。仫佬族傩舞中的运动形态,一方面是汉族文化对仫佬族文化影响的力证,另一方面是道教文化对仫佬族傩舞文化影响的产物。

第三节 表现形态:自律与自由

上文结合舞蹈生态学的研究方法,对广西仫佬族傩舞动作形态、运动形态做了纯粹的分析,并将其概括为原生型和再生型动作形态,对舞蹈的节奏、呼吸型、显要部位和动作流程进行了具体的研究;同时从图式视角对其运动形态给予了多维度的分析。这是对仫佬族傩舞可视的、直观的、显性的特征的分析和总结,为仫佬族傩舞形态整体特征的研究创设了前提。本小节将以贡布里希的"视觉显著点"(visual accent)理论为理论原点,从时空、风格、表达三方面切入,对仫佬族傩舞直观的表现形式和潜在的表现风格,宏观的表现和微观的表达方式做由表及里、由点到面的阐释，以期完成对仫佬族傩舞表现形态的全面探析。

一、稳定与变化：时空

时、空、力是舞蹈的三要素，舞蹈实质是人体、时间、空间三者在动态的过程中产生的关系，这三者既独立存在，又相互关联，同时，因为其中某个要素的变化和不同，而形成不同状态的舞蹈呈现方式。"舞蹈的视觉节奏，最终落实为以空间营造来结构时间流程。"[1]这里所谓的视觉节奏，便是舞蹈的时空结合的呈现方式。由此可见，时间和空间是形成舞蹈外部视觉效果的关键要素，时间空间并非独立存在的，而是相互依存的。"时间是空间的内在形态，空间是时间的外在表现。"[2]

仫佬族傩舞中的时空表现是一种稳定中有变化，变化中又具稳定性的状态。在空间形式上，仫佬族傩舞既有同一空间内部的大小相形，也有不同空间的变幻转场以及空间的交互。其空间具有一定的层次与开拓性变化，却没有明显的错落感，整体表现出一种稳定性；而在时间的表现中，其既具有并举性、稳定性的特点，又通过某个视觉转换来实现时间上的"视觉显著点"效果。总而言之，仫佬族傩舞呈现出幻与实的交互、稳定与变化交融的时空特点。

（一）幻与实：空间的层次与交互

空间是一个可以无限扩展和压缩的三维立方体。"从身体层面讲，可分为内空间、外空间、主空间、副空间等。通过对动作元素或原始动作的空间变化，感受身体动作在不同空间的存在意识，认知同一动

---

[1] 于平：《舞蹈文化与审美》，中国人民大学出版社，2005，第350页。
[2] 李元洛：《诗美学》，人民文学出版社，2016，第276页。

作在不同空间的视觉效果。"[①] 仫佬族傩舞中的空间既包括人体与表演区、人与人舞蹈配合时所构成的物理性空间，又有精神层面的神圣和世俗空间构成的虚拟性空间。空间的表现是仫佬族傩舞表现形态之一，具有一定的象征意义，赋予舞蹈本身更深层的解读。

1. 创设性空间

空间的创设主要指舞蹈者的肢体运动或具体的某种物象与表演区所产生的物理性空间的开拓。仫佬族傩舞的娱神根性使其运动空间具有一定的稳定性特征，且主要以平面空间为主，鲜有复杂的多重空间交织，而是同一空间内的多种结构。这种结构主要表现在两个向度。其一，表演环境的空间建构。其二，身体与物理空间的创设。其中最突出的是同一空间中大事物和小事物的组合衬托。当然，在一些舞段的表现中，同样出现了多维空间的层次。如《双人行坛舞》中的"8"字构图，便是充分利用表演空间的例证。

表演环境的空间建构主要是以具体的物象摆设构成某种空间布局，从而形成某种整体性的环境和氛围。仫佬族傩舞仪式中，面具以对称的方式悬挂于傩堂两侧的上方，处于整个仪式表演区的三维空间，与处于二维的祭坛构成错落空间。这种两侧高、中间低的空间布局，形成一种"盆地"式的空间结构，具有一定的局促感，给人以紧张、严肃的内心感受，与傩舞的庄重感相契合。同时这种"盆地"式的包裹环境，提升了"祭坛"的聚焦感，突出了其核心地位。又如悬挂于祠堂门口的十二面彩旗，其以祭坛为中心，对称排列，居于表演区三维空间，与祭坛构成直线切面的空间布局，产生一种透视效果，进一步彰显了祭坛的神圣感。

[①] 赵蓉：《基于运动趋势"圆"的舞蹈编导教学研究》，《黄河之声》，2020年第16期，第71页。

身体与物理性空间的创设主要是以身体通过纵横向的位移，与表演区形成的空间布局，其实质是通过身体占有空间的方式。这种空间创设形式在仫佬族傩舞中主要通过平面空间的横向位移来实现。如果从平面空间的位移与力量传达的关系来看，"我认为由后向前最能体现出强劲的力量来。"①以仫佬族傩舞中的《双人行坛舞》为例，师公由祭坛前向祭坛后来回穿梭，虽都处于二维空间，整体运动亦是一个平面空间，但因其从外向内、自前向后的位置变化，形成了一种直线感，而且由一个开放的空间（祠堂门口）走向神龛这样一个相对封闭的空间，形成一种纵深的效果，给人以深邃感；而从神龛处走向祠堂门口，又给人带来心灵空间的开阔和转换。总而言之，该舞段是以横向至交叉纵向的位移，采用从祠堂入口到底部的平面空间转换，形成了对神灵敬畏的心理空间。

2. 交互空间的应用

仫佬族傩舞的整体运动形态都是经过身体占领空间的方式实现的，其空间的交互主要是通过人与人之间运动的空间交互来形成，主要表现为一种人与人在舞蹈中相互穿梭往来、协调配合时所形成的不同空间的相互影响。以《三人行坛舞》为例。师公们沿着表演区最外沿进行表演，三人采用逆时针具有循环感的平面圆路线，没有空间的鳞次栉比，却将空间占领到极致，同时因为外部空间的开阔，衬托出中间的祭坛更为宏阔，有效地彰显了祭坛的神圣感和权威性。库尔特·萨克斯曾指出："环舞是群舞的最古老的形式。……环舞的形式可以确信绝非起源于某一种精神概念，不管这种概念是如何清楚。"②换言之，某

---

① 〔美〕多丽丝·韩芙莉：《舞蹈创作艺术》，郭明达、江东译，中国舞蹈出版社，1990，第67页。
② 〔德〕库尔特·萨克斯：《世界舞蹈史》，郭明达译，上海音乐出版社，1992，第132—133页。

一实体的中心物或许是环舞的生成动机。在古时候或是一团火、一个猎物。而在仫佬族傩舞中，师公从外围形成外圆，这种圆是向心的，中心物则是祭坛。同时特别值得注意的是，仫佬族傩舞中的"圆"都是与其中心物——祭坛保持一定距离的，并没有紧贴或向祭坛聚拢的动作。正是这种空间的"留白"方式，使祭坛类似于禁地，从而强化出了一种空间的神圣感。此外，三位师公在形成外圆的同时，自身的自转形成内圆空间，每一位师公的路线都是一个独立的空间，而过程中三位师公的穿梭配合，实质是三个物理空间的内在交互。这种交互以师公的身体为媒介，因其路线稳定，富有规律，也使得空间的交互具有稳定的特点。

（二）稳定与变化：时间的切换与配置

博尔赫斯（Jorge Luis Borges，1899—1986）将时间概括为停滞的时间、循环的时间、分岔的时间和交叉的时间。这是对时间的具象化概括，以物理性的处理方式，从形态的视角来解构时间。这种物理性的处理方式，相类于贡布里希的"视觉显著点"理论。贡布里奇认为"视觉显著点"的产生需要依靠间断原理。"视觉显著点的效果和力量都源于延续的间断"[1]。视觉显著点虽以强化视觉为目的，但却是以时间的处理方式达到视觉效果，因此，我们也可以从时间的角度去加以理解和阐释。舞蹈构图的视觉显著点，其实现的途径主要有两类：首先是运动连续性的中断，其次是造型完整性的中断。[2] 运动连续性的中断，便是一种时间的处理方式，这种处理方式也存在于仫佬族傩舞之中。

---

[1] 〔英〕贡布里希：《秩序感——装饰艺术的心理学研究》，杨思梁、徐一维、范景中译，广西美术出版社，2015，第125页。
[2] 于平：《论舞蹈构图的视觉效应》，《舞蹈》，1994年第1期，第18页。

仫佬族傩舞具有稳定与变化的时间特点，这种时间的切换与配置亦通过"视觉显著点"来完成。仫佬族傩舞时间的稳定性主要表现在其动态的重复性、连续性和均匀的整体节奏中，而其切换则主要通过重复性或连续性动作间的衔接处理或转换停滞实现，从而构成稳定又具有变化的整体时间感。以《筋斗画符》为例，师公遵循对角线的运动路线，每做完一次连续性后退步后便完成一次腾空、滚地。腾空、滚地动作便是舞蹈中的"视觉显著点"。腾空动作在舞段中起着停滞的作用，而滚地则是一种转换处理，让人有出其不意之感，给予稳定规律的时间状态以停滞处理的同时，强化动作层次，进一步突出了舞段的技术性和观赏性。这种"视觉显著点"同样出现在《五步罡》舞段中。师公行双人《五步罡》时，以重复连续性的步伐互相交换位置并形成各自的圆形路线，当回到原点时，师公便后踢动力腿，继而以主力腿为轴，动力腿驱动完成原地转圈动作。后踢腿、旋转动作便是连续性步伐动作的衔接，打破一种稳定的重复格局，提升了舞蹈的视觉效果，又促成了时间上的动态切分，使舞蹈的表现更加立体饱满。

二、自律与自由：风格

仫佬族傩舞具有娱神原生属性。"《乐论》云：'天地之象，故不可妄造'。舞蹈是表现天地自然的直接手段，是宇宙生命的象征，所以'天地之象'要符合宇宙万物的法则和规律。"[1] 仫佬族傩舞在对神灵的模拟过程中亦遵守着宇宙万物的法则。师公在表演和表现雷神、土地等直接以自然万物形象化的神灵时，必须遵守自然和社会法则，不可妄意为之。然而作为精神形态的产品，仫佬族傩舞的表演又具有诸多

---

[1] 陈迪：《随圆就势 风流水转——圈舞中"圆"的艺术形态与文化流变》，硕士学位论文，山东艺术学院，2020，第19页。

主观性因素，表现出一种超然和洒脱感。娱神与娱人一体、神圣的严肃和世俗的娱乐兼容并蓄，使得仫佬族傩舞在表现形态上呈现出自律与自由的风格。

首先，仫佬族傩舞具有自由的个体和有序的集体的双重表现形式。仫佬族傩舞表现形式自由多元，有独舞展示，有双人、三人、五人的相互编织交响，亦有变化多端、路线复杂却又富有强烈秩序化的集体呈现。从个体表现来看，主要有《三步罡》《朝圣礼》《鲁班伐木架桥》等舞段；从集体表现来看，则有《双人行坛舞》《三人行坛舞》《牛哥赶牛》等舞段。其次，仫佬族傩舞具有娱神和娱人双重功能。敬神娱神功能，因仫佬族傩舞的功能约束，具有严谨固定的程式，营造出一种庄重的氛围，从而使得表演具有一定严肃性，这种严肃性迫使师公在舞蹈表演中形成一种舞蹈的自律意识。在跳神祭祀中，舞蹈形式和舞动轨迹相对固定，如"安坛""请神""合兵"中的舞步均需要遵照严格的仪式规定。舞蹈动作形态以罡步为主，而罡步是古代祭祀的步伐，后成为师公表演傩舞时使用的基本动作与步伐。据师公说："跳罡步时，不能跳错，这是在带领神兵神将前进，如果跳错了，神灵就很难下凡了。"[①] 师公所表演的舞蹈均由其师傅传授，师公们不得擅自修改或者增删，否则在进行双人、三人舞蹈表演时配合会出现问题，从而影响整体的祭祀效果。娱神娱人相兼功能，在形式上更显灵活，没有固定的程序，尤其在师公与参与者的问答互动时，具有鲜明的世俗色彩，现场气氛十分活跃；同时师公在一些舞蹈表现中加入自身的主观个性，使得舞蹈更显自由。在仫佬族傩舞表演中，虽然脚下步伐具有严格的程式化，但上肢体部分则相对随意。师公会根据现场情况进行

---

① 银联相师傅2019年12月3日于广西罗城仫佬族自治县黄金镇白标屯银星堂家表演时所言。

一些即兴表演，如《鲁班伐木架桥》《猜花宗》等舞蹈，其中除《三步罡》《五步罡》等固定舞步外，会有些许师公即兴发挥的内容。如在表演《梁九官打猎宗》时，师公手拿猎刀，弓背用猎刀向猎物挥舞。在这个过程中，师公表演的并非规定性程式化动作，而是富有个性化的动作。主持傩舞仪式的师公银联相告诉笔者，他的师傅在舞蹈动作方面都只教脚下的步伐，至于上肢与身体的动律，师傅会引导其按照神灵缘起和故事的理解来演出。由于举行祭祀仪式的地方是开放的，师公会按照现场的具体状况来调整和设计每一次演出的舞蹈动作，亦会与周围的村民进行即兴互动，这正如罗雄岩所说的"有相对稳定的形式和固定的动作，又能即兴发挥，随情之所至而创造，使表演具有新意"[①]。

仫佬族傩舞既有仪式所赋予的程式化约束感，又有师公主观开放性的即兴发挥。较高的程式化加上古朴的道家舞风使得仫佬族傩舞具有高度自律的品格，而世俗的娱人内容又使其具有某些相对自由的形式，从而构成了仫佬族傩舞自律与自由并行的整体表现风格。

三、具象与抽象：表达

作为一种特殊的表述形式，民间舞蹈借助手舞足蹈的形式，将想象的、观念的、整合着多种文化因素的东西转化成形象的或富有象征意味的舞蹈形态来表达人类对生命及自然规律的认识。[②]事实上，"每一项具有象征意义的事物都与现实经历中的某种经验性事物相联系"[③]，

---

① 罗雄岩：《中国民间舞蹈文化教程》，上海音乐出版社，2001，第18页。
② 汪以平：《中国非物质文化遗产中民间舞蹈的特点与表现形态》，《艺术百家》，2009年第A2期，第258页。
③ 维克多·特纳：《仪式过程：结构与反结构》，黄剑波、柳博赟译，中国人民大学出版社，2006，第41页。

这也使得具有象征意义的抽象概念往往能在现实生活中获得某种具象性的呈现。

仫佬族傩舞则是通过直观的形象模拟和象征的心理描绘两者结合来完成这种具象与抽象的双重表达。一方面，仫佬族傩舞以形象性的舞蹈动作讲述本民族的历史文化，反映出仫佬族对神灵福祉的期许与尊敬的社会心理。仫佬族傩舞的具象表达主要表现在对其舞蹈形象的塑造上，即仫佬族所敬奉的三十六位神灵。在表演"婆王"时，师公用两个苹果放置胸前，以凸显婆王女性的身份，又将象征着男娃、女娃的红白花放置胸前，用两手捧着，低头看着红花和白花，上下抖动，模拟婆王喂养小孩的场面。在表演《鲁班伐木架桥》时，师公用法棍立于神坛前，着手测量法棍的长度来模拟鲁班在伐树前量木的准备工作。这些舞段都直观具体地塑造出各具特色、富有鲜明个性的神灵形象。此外，傩舞中还有再现农耕、制豆腐、打猎等生产生活场景，宣扬族群生产生活技术的内容。在这严肃又诙谐有趣的氛围中，以具体写实的语言和动作，将这些知识传承给仫佬族后人。另一方面，在傩舞表演过程中，师公以肢体动作代替语言，而这种肢体语言常常反映出某种思想情感，具有丰富的能指内涵，从而构成一种抽象化的表达。仫佬族傩舞表演过程中，师公需在罡单上完成走罡步的动作。在思南傩戏中有"不踩九州兵不动，要踩九州兵才行"[1]的记载，这里的"踩九州"实质是西南少数民族宗教中禹步的一种，又称走罡、步罡。可见，走罡步在这里其实是一种集结兵马的象征。此外，师公还需要完成三十六个筋斗。银联相师傅的徒弟银正爱告诉笔者："翻筋斗请神，是请大神，是技术最高超的。"换言之，师公所使用的技巧难度越高，就越能请到级别高、法术高的大神。翻筋斗在这里不再是纯粹的身体

---

[1] 思南县民族事务委员会：《思南傩堂戏》，贵州民族出版社，1993，第38页。

表达或炫技，而是一种请神上身与退神的方式。人们通过突破身体极限来寄托心中对神的虔诚，以自身超自然的身体动作来寓意神的超凡地位和能力，这种以强我求大神的方式，实质是一种"交感巫术"的思维，是一种强大自我寓意更大福祉的精神象征。

综上，仫佬族傩舞的表现形态不是单一恒定的。从时空上而言，其表现为一种稳定与变化交替的形态，而其天然的祭祀属性和娱人的社会功能又构成了其内容上、动态上自律与自由的风格以及具象与抽象相统一的表达形态。仫佬族傩舞的表现形态反映出仫佬族傩舞中的感性和理性品质，这亦是仫佬族民族感性思维与理性思维融合作用的结果。

第四节 物质形态：有意味的实体

资华筠先生将诗、乐、服饰、舞具等物象概括为舞蹈的"伴同物"，认为它们或与舞蹈存在于同一自然、社会文化环境之中，或与舞蹈具有相类似的传达媒体。[1] 笔者认为，"伴同物"是舞蹈动作形态以外的一切物质形态。物质形态是仫佬族傩舞形态的重要构成，其既具有可舞性，又富有某种特定的含义，是富有意味和象征性的实体。仫佬族傩舞的物质形态，主要指参与舞蹈的各类实物，主要包括面具、法器、乐器和各类道具等。本节将采用舞蹈生态学形态分析方法，对仫佬族傩舞中所涉及的舞蹈"伴同物"进行外部形态分析，一方面从物质本身出发，对其本体进行分析，关注其形制、结构以及与舞体的关系；另一方面，对仫佬族傩舞的面具进行重点分析，关注其对舞蹈动作形

---

[1] 资华筠：《〈舞蹈生态学〉学科阐释》，《北京舞蹈学院学报》，2003年第3期，第31页。

态的影响以及与舞蹈的内在联系。

一、舞具：物态与舞态

在当下的舞蹈表演中，舞者所使用的与舞蹈相关的器物均被称为"道具"。"'道'是造物的哲学思想、伦理道德之一。"① "道具在舞蹈中的运用，根源可能在于劳动中工具的使用"②，而强调道具使用则是东方舞蹈尤其中国舞蹈的重要特点。

中国舞蹈中的道具与人体的动作形态有着密切的关系，其主要由三种表现：一是道具形态障蔽了运动人体而成为视象主体；二是道具形态规限了运动人体而促成了舞蹈动态风格；三是道具形态在运动人体的"掌"握之中。③ 资华筠先生将与舞蹈相关的用具称为"舞具"，并将"舞具"归纳为单人使用和多人使用两种类型，强调舞具对舞蹈形体运动具有强化、延展和制约等作用。由此可见，舞具对舞蹈形体运动有着直接的影响，对舞具的分析要紧密围绕其与人体动作的关系，换言之，舞具与人体运动的不同关系会生发出不同的动作形态，因此，舞具与动作形态的关系是本节研究的重点内容。笔者在此沿用资华筠先生的"舞具"概念展开论述。

如果从舞具与舞蹈的关系来分类，仫佬族傩舞中的舞具可概括为主体（直接性）舞具和辅助（间接性）舞具两大类。主体舞具主要指直接参与舞蹈的道具，其可有舞态，亦可无舞态；辅助舞具则是不直接参与舞蹈内部，而是通过外部辅助作用，完成舞蹈的呈现过程，是一种物态形式存在，但其具备一定的象征意义。直接性舞具中又包括可

---

① 王馨曼：《古滇青铜器中舞蹈造型的空间形态研究》，《民族艺术研究》，2020年第3期，第134页。
② 于平：《舞蹈形态学》，北京舞蹈学院内部教材，1999，第270页。
③ 于平：《舞蹈形态学》，北京舞蹈学院内部教材，1999，第270页。

舞性舞具、非可舞性舞具和可舞非可舞相兼性舞具。可舞性舞具是指通过外力作用使其具备一定的动态，且这种动态具备一定的规律、路线和艺术效果，可产生舞态效果，亦可称为舞态化舞具，如《白马娘娘》中的大刀、《三步罡》中的五雷摇动七星旗等。非可舞性舞具则是指直接参与舞蹈，但不构成动态感的舞具，而是一种纯物态的存在，亦可称为物态化舞具，如舞蹈中所运用的一些法器和手工制品等。可舞非可舞性舞具则既可在外力作用下形成舞态，又可在一些舞段中以物态化存在。如傩舞表演时的乐器，其既可直接参与舞蹈，又可作为伴奏乐器为舞蹈服务。

（一）舞态化舞具：多功能的实体

1. 舞动的大刀

大刀又称"神刀"，是仫佬族傩舞中形制较大的舞具，亦是舞态化舞具之一，其主要出现在仫佬族傩舞仪式"唱神"环节的《白马娘娘》舞段中。白马娘娘是仫佬族传说中的女英雄，作为舞具的大刀有效地突出了白马娘娘的形象。师公在表演时需佩戴白马娘娘的面具，演绎仫佬族民族神灵白马娘娘习武的场景。大刀作为舞具，从功能上来看，是白马娘娘日常练习必备，是赋予人物形象、彰显人物身份的符号；从表演上来看，大刀直接参与舞蹈之中，且通过外力形成舞态效果，有效提升舞蹈整体的视觉效果。在舞蹈中，舞具大刀不是作为静态的符号性道具呈现给观众，而是被变成了可舞动的舞具。通过师公外力的作用，大刀有稳定的路线，即先左后右，继而上下交替。两位师公面对面相向舞动，赋予舞具大刀以动态，使其具有强烈的艺术效果。

表 3.13 舞具"大刀"形态分析表

舞具	大刀
形制	长度：约 1.2 米　材质：刀头—金属制　刀身—木制
被运用舞段	《白马娘娘》
与动作形态的关系	塑造白马娘娘形象 再现白马娘娘习武场景，提升舞蹈的视觉效果 对动作形态有横向开拓、纵向延伸的作用
舞态形成动力	师公双臂上下的挥动、师公手腕的绕动
运动流程	经师公身体左后方向右前上方挥舞，师公放至其身体右侧，刀头朝下刀身朝上，划圆至刀头朝上刀身朝下，继而再次重复
流程走向	交叉线、圆
空间	二度空间，无明显层次

图 3-57 《白马娘娘》舞段所用大刀

2. 摇展的七星旗

七星旗全称为"五雷摇动七星旗",是仫佬族傩舞中师公表演《三步罡》和《朝圣礼》舞段时的必备舞具。其形状呈三角形,一般由红、黄、蓝三种颜色构成,是师公仪式前用彩纸自制的舞具。七星旗是仫佬族傩舞中的舞态化舞具,其舞态主要是通过舞蹈表演者(师公)小臂的左右横向摆动或前后绕动形成。作为手持舞具,七星旗对师公舞蹈的延展和开拓起到了一定的辅助作用,提升了舞蹈的空间创设效果。另外,七星旗轻巧便于舞动,对舞蹈表演不产生约束力。在舞蹈中,随着师公挥动的手臂形成左右摆动、前后绕动的变化路线,七星旗呈现出一种飘摇招展的感觉,配合师公的舞步和节奏,提升了舞蹈的整体观赏性。

图 3-58 七星旗和三尺剑

表 3.14　舞具"七星旗"形态分析表

舞具	七星旗
形制	形状：三角形　长度：约30厘米　材质：纸制
所运用舞段	《三步罡》《朝圣礼》
与动作形态的关系	提升动作的表现性 增强动作的拓展性、延伸感
舞态形成动力	师公小臂的左右横向摆动或前后绕动
运动流程	《三步罡》动作中：自右向左下方再经左上方向右下方，再经右上方向左回落，形成横向"8"字圆 《朝圣礼》动作中：从师公身体两侧从后向前，形成立圆
流程走向	横"8"字圆、立圆
空间	二度空间，无明显层次

3. 可静可动的镲

镲是仫佬族傩舞中使用频率最高的乐器之一，有大镲小镲两种。大镲直径约24厘米，小镲直径约16厘米，一般为铜制，形状为中央隆起的圆片。在仫佬族傩舞中，大镲既是直接性舞具，又是间接性舞具；既是可舞性舞具，又是不可舞性舞具。在一些程序中，镲是乐器，是一位师公表演时其他师公手握的乐器，主要用于伴奏附和，是一种辅助间接性舞具，故不产生舞态。仫佬族傩舞的一些舞段表演中会用到镲，如在《五步罡》中，师公持小镲进行表演，这时镲转变成直接性舞具，但仅以师公重复性的敲击为主，舞态相对单一。在《行坛舞》舞段中，师公手持大镲边击边舞。双手相对横向击、上下纵向击，随着时间的推进、情节的发展，大镲的声响渐强，师公动作幅度渐大。此外，还有不击仅舞的形态——师公双手各执一镲，各自盘腕绕镲，这时镲就变成直接性舞具，与舞蹈表演融为一体，通过师公手臂的上下开合和手腕的提压、盘绕，变幻出丰富的舞态。从与舞蹈形态的关系来看，镲实质上对舞蹈产生一定的约束性。笔者在调研中发现，师公在舞蹈表演中，常出现掉镲，或者击镲节奏与舞步配合失误的现象，这表明镲的参与对师公的业务能力提出了更高的要求，同时也意味着师公在舞蹈表演过程中须有强烈的意识约束，要在行为约束状态下完成舞蹈表演。

图 3-59　大镲　　　　　　　图 3-60　小镲

表 3.15　舞具"镲"形态分析表

舞具	镲
形制	大镲直径：约 24 厘米　小镲直径：约 16 厘米 材质：铜制
被运用舞段	《五步罡》《顺摆五步罡》《双人行坛舞》《三人行坛舞》
与动作形态的关系	作为可舞性舞具，一方面对舞蹈具有一定的约束性；另一方面提高舞蹈的观赏性 作为伴奏乐器，提升舞蹈的节律感
舞态形成动力	师公双臂上下开合，小臂的环动，手腕的提压、盘绕

续表

舞具	镲
运动流程	《五步罡》中，主要以师公双手左右横向自然敲击为主；《双人行坛舞》中，师公左右手各执一面镲，双手在身体前击打后双手向上分开，再回至身体前击打后双手向下分开，如此反复。在舞蹈最激烈时，随师公身体的上下起伏、转身动作以及手腕的提压盘绕，形成"8"字路线
流程走向	交叉线、圆
空间	二度—三度空间，有明显层次

4. 身兼多职的鼓

鼓的声音，通常被认为具有通神和辟邪的作用。仫佬族傩舞仪式中的鼓是皮鼓，大小共一对，大鼓的鼓面直径约30厘米，高14厘米，为双面，不直接参与舞蹈，仅作为舞蹈表演时的伴奏乐器，属于间接性舞具；小鼓的鼓面直径约20厘米，高11厘米，为单面鼓，主要运用于《五步罡》和《顺摆五步罡》舞段中。在《五步罡》舞段中，小鼓是师公手执的舞具，但仅以重复性的击打形式附和师公的舞蹈动作，不直接产生舞态。在《顺摆五步罡》舞段中，小鼓一方面作为击打乐器附和舞蹈，另一方面又在师公左右顺摆的动势中形成舞态。这种舞态丰富了舞蹈的上肢表现力，但对舞蹈动作本身又有一定的约束性，这主要是由于击鼓动作本身对肢体造成局限。在仫佬族傩舞中，鼓还承担着发号施令的义务。师公在表演前都是先击鼓，其他乐器便开始一起演奏，在伴奏声中，师公才开始起舞。

第三章　表现与表意：仫佬族傩舞形态分析　145

图 3-61　单面鼓

图 3-62　大鼓

表 3.16　舞具"鼓"形态分析表

舞具	鼓
形制	大鼓直径：约 30 厘米　小鼓直径：约 20 厘米 材质：皮制
被运用舞段	《五步罡》《顺摆五步罡》
与动作形态的关系	作为伴奏乐器，提升舞蹈的节律感 作为可舞性舞具，既丰富舞蹈的上肢表现力，但又对舞蹈动作有一定的约束性
舞态形成动力	师公双臂左右摆动上提
运动流程	经师公身体左侧向右侧上方提起，反向重复一次
流程走向	交叉线、圆
空间	二度空间，无明显层次

5. 抖动的七星剑

　　七星剑又称"宝剑""法剑"，长约 50 厘米，有铁制和桃木制两种，剑柄挂有七个圆形铜板，师公称之为"七星剑"，[①]是仫佬族傩舞仪式"点牲"环节中的《绕剑画符》舞段所运用的舞具，其直接参与舞蹈表

---

① 黎学锐，黎炼：《仫佬族依饭节》，北京科学技术出版社，2013，第 47 页。

演，属于舞态化舞具，先由师公右手手腕抖、绕、提、压形成弧线上下舞动形态，再经师公举起左手形成左右舞动的形态，对动作形态起到一定的辅助作用。

图 3-63　七星剑

表 3.17　舞具"七星剑"形态分析表

舞具	七星剑
形制	长度：约 50 厘米　材质：金属制
被运用舞段	《绕剑画符》
与动作形态的关系	丰富上肢表现力 对动作拓展、延伸感的辅助
舞态形成动力	师公手腕绕动、提压
运动流程	经师公右手抖动、绕动、提压，手腕形成环形或上下舞动
流程走向	交叉线、圆
空间	二度空间，无明显层次

6. 献祭的公鸡

公鸡是仫佬族傩舞表演中特殊且极为重要的舞具。剥离其文化寓意，仅从形式上来看，公鸡是直接参与舞蹈的舞具。在"点牲"环节中，师公用嘴咬破公鸡的鸡冠，将鸡血倒入五个酒杯中，接着师公左手持鸡，右手持七星剑，完成空中画符的动作。这时的公鸡扮演着祭品的角色，属于非舞态化的直接性舞具。接着师公双手持公鸡，在罡单上完成三十六个筋斗，这时公鸡变成了师公舞动的直接性舞具，经师公小臂的左右摆动以及手腕的环动提压变幻出舞态，成为舞态化的直接性舞具。从与舞蹈动作的关系来看，一方面，公鸡是师公的肢体延展，尤其是对上身肢体动作的表现有强烈的束缚感，使舞蹈形态偏向单一性；另一方面，公鸡的存在，使师公失去了在舞蹈动作中双手的辅助支撑功能，这也进一步增加了师公完成筋斗的难度。

表 3.18　舞具"公鸡"形态分析表

舞具	公鸡
被运用舞段	筋斗画符
与动作形态的关系	师公舞动时的道具，对动作形态有一定的约束性
舞态形成动力	师公小臂左右摆动，手腕摆动、提压
运动流程	随师公身体自东北方向至西南角，再左右横向摆动，经空中落回地面，在师公身体滚动过程中形成上弧线
流程走向	交叉线、圆
空间	一度—二度—三度空间，有明显层次

（二）物态化舞具：有意味的媒介

"仪式是由'象征符号''象征意义'和'象征方式'三个方面有机

地组织起来的一个结构体。"①这三者间有着交互的逻辑联系,符号是物质表征,意义是精神内涵,而方式则是物质与精神联结的手段。在仫佬族傩舞中,物态化的舞具便是这种"象征符号"的组成部分,其虽不具有可舞性,但在舞蹈中扮演着重要的角色,既具有营造舞蹈氛围的功能,又是人神沟通的富有意味的媒介。

1. 有力量的法器

仫佬族傩舞中有大量的法器,这是深受道教文化影响的随属品。"傩坛中诸神祇的创造力量和傩坛中的参与者(掌坛师、法师、端公,以及参祭的主家等等)的改变生活的力量,皆从仪式和其神圣空间的关联之中来。……经过仪式化的定向之后,不论是掌坛师穿戴的衣物,还是作法用的器具,皆具有了不同寻常的性质和力量。"②仫佬族傩舞中的法器和祭品,是仫佬族傩舞仪式的重要物质构成,参与仪式的全过程,属于傩舞的直接性舞具,但不具备舞态特质。这些法器是仫佬族傩舞师公的精神武装,也是师公神圣力量传导的重要媒介,对舞蹈动作产生了环境约束效应。

(1)镇坛木。其材质有木制和金属制两种,长约15厘米,类似长方体的形状,上面刻有"渐普庵祖师降魔令"字样。镇坛木在傩舞仪式中的"点牲""唱神"等不同阶段环节中均有使用,其主要有两种功用。一是传导信息。师公在行罡步、请神唱神时,手持镇坛木拍击祭坛三次,以示号令生效。二是辅助表演。师公在"点牲"环节中的《绕剑画符》舞段中将镇坛木作为道具之一,师公右手将其执握举于额前,这时它作为一种不产生舞态的舞具,被赋予了精神内涵。

---

① 薛艺兵:《神圣的娱乐——中国民间祭祀仪式及其音乐的人类学研究》,宗教文化出版社,2003,第35页。
② 张建建:《冲傩还愿——贵州傩仪的结构类型意义》,贵州人民出版社,1997,第182页。

（2）法棍法斧。法棍是在仫佬族傩舞仪式"唱神"环节中《鲁班伐木架桥》中所用。法棍与日常生活中的木棍无异，长约1.2米；法斧亦是师公在表演《鲁班伐木架桥》时所用，为鲁班的伐木工具，长约1.3米。两者皆为非舞态舞具，虽直接参与舞蹈，并不形成舞态，但作为神灵身份的象征，对神灵形象塑造、舞蹈的整体表演起到重要的作用。

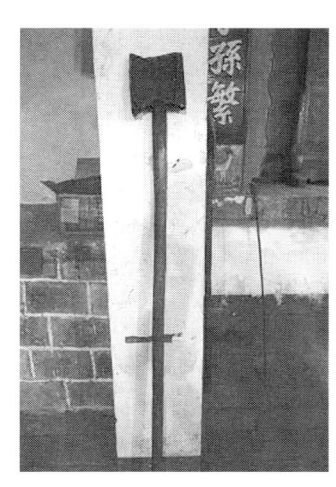

图3-64　镇坛木　　　　　图3-65　法斧

（3）其他法器。仫佬族傩舞中的法器还有法衣、法印、疏文、筶、法螺等。其中，筶是由两片器物比如竹片、蚌壳制成的卜具，平面为阳，凸面为阴。按道教的说法，祭祀仪式过程中，师公祈祷时会将筶掷地占卜，落地后两片均朝上为阳筶，均朝下则为阴筶，一上一下则为圣筶。法螺，又称"海螺号"，是由古代战争中的号角转变而来的，依饭节祭祀中师公借其音声以召集神灵。① 朝简，又称"简笏""圭简""朝板""手板"等，长30多厘米，宽3~4厘米，厚约0.5厘米。朝

---

① 黎学锐，黎炼：《仫佬族依饭节》，北京科学技术出版社，2013，第47页。

简原是古代君臣在朝廷相见时所执的手板,上面可以记事,以免遗忘。后被道教借用,每举行仪式时,双手持朝简,如对天庭神灵。[①]这些法器在傩舞表演中均被师公所用,虽不具备舞态,但直接参与师公的仪式表演,为舞蹈表演服务,并且与舞蹈动作形成了有效的衔接、呼应,是师公肢体表现和精神传达的重要媒介。

2. 象征性的手制品

仫佬族傩舞还有其独特的物质载体,它们都是仫佬族文化的独立表达,是傩舞表演时的直接性舞具。从形态上来看,这些物品均为手制品,且直接取材于生活,都具备一定的象征意义。

(1) 被淋滴的"水牛"和"猪"。仫佬族人用芋头和红薯分别制成"水牛"和"猪",在其身体上裹上红纸,并用香杆拟代其四肢,十分形象。"水牛"和"猪"是在仫佬族傩舞仪式最后的环节"合兵"中出现,直接融入师公的表演之中,扮演着被淋滴的角色。师公用竹叶或稻穗蘸公鸡血,并将鸡血洒在"水牛"和"猪"的身上,再由参与仪式的村民将"水牛"和"猪"带回家,放在自家神龛供奉,有保五谷丰登、人畜平安之意。

(2) 排兵布阵的"碗"。仫佬族傩舞仪式中的"合兵"环节,是仫佬族傩舞仪式的高潮部分。"合兵"又称"团兵",其寓意是天兵天将。在这个环节中,师公先在祭坛前的罡单周围均匀摆放36个碗,碗大小、形状及质地与日常生活中的碗无异,直径约10厘米。碗中盛满米,每个碗中插上一面三角形小旗和一炷香。碗内划两个圆,三角旗插入内圆中,即碗的最中间位置;外圆则插上一炷香,这便构成了"合兵"的象征空间。36碗米,象征着36位神灵,师公在罡单上起舞,以唤天兵天将下凡。虽不具备舞态,但一个个的"碗"宛如排

[①] 黎学锐,黎炼:《仫佬族依饭节》,北京科学技术出版社,2013,第47页。

兵布阵，为师公的表演营造出恰如其分的氛围，构建出具有象征性的表演空间。

图3-66 芋头"水牛"和红薯"猪"

图3-67 象征36位神灵的碗

二、面具：融合与抽离

面具是傩文化的标志性符号，自傩产生之初，便有"方相氏蒙熊皮、黄金四目"的记载，可以说"无面具不成傩"。依前文所述，面具属于仫佬族傩舞舞具之一，鉴于面具在傩舞中有着无以复加的地位，笔者在此将面具形态进行重点介绍和阐释。傩舞面具在仫佬族傩舞仪式中整体呈现出一种既抽离又融合的形态，这主要有两个理解向度。其一，面具与动作形态的关系。仫佬族傩舞面具是仫佬族傩舞重要的物质媒介。傩舞面具作为舞蹈的媒介，是一种物质性的存在，其本身具备一定的意义指向性，是一种独立存在的物质形态。仫佬族傩舞面具又具备一种角色感，虽不直接产生舞态，但其确是在特定的阶段直接参与到傩舞的仪式之中，与舞蹈相融合，对塑造舞蹈形象、营造舞蹈氛围、构建舞蹈环境发挥着重要的作用。此外，傩舞面具又对仫佬族傩舞动作形态形成一定的约束力。其二，面具在人神表现中的转换。这种转换表现在面具与环境、面具与舞体的双重关系之中，既是抽离的可独立存在的神灵象征，又是与舞蹈融合于一体的舞具，既有人神合一的交织，又有"神我"和"自我"的抽离。

（一）富有约束力的"角色"

岑家梧先生曾根据使用功能，将面具分为狩猎假面、妖魔假面、图腾假面、祈雨假面和祭祀假面等。[1]顾朴光先生则将我国面具划分为假面、假头、面饰、面罩与面像五种类型。[2]仫佬族傩舞面具共有三十六副，分别代表三十六位神灵。从外部形态来看，其形制上可做假面认定，功能上实用性和装饰性相兼，形大如人面，置于额前，双

---

[1] 岑家梧：《图腾艺术史》，学林出版社，1986，第65页。
[2] 顾朴光：《中国面具史》，贵州民族出版社，1996，第6—10页。

目无孔，里平外凸，均为木制。"据史料记载，木质面具当始于我国隋唐时期。隋唐时期是我国面具发展历史上的第二个高峰，过去青铜、兽皮等面具制作材料在这一时期开始被竹木、布料和丝绸等材料所替代。宋元时期是我国面具发展的第三个高峰，宫廷傩戏和民间傩戏流行。"[①]宋代是民间傩发展的繁盛时期。笔者由此推测，仫佬族傩舞面具的历史或不早于宋代。

仫佬族傩舞面具直接参与仫佬族傩舞仪式的全过程，一方面是以摆设的方式构成傩舞的创设环境，属于间接性舞具；另一方面，以师公将其戴于额前的方式参与到舞蹈的表演过程中，属于直接性舞具，但这两种形式皆不构成面具的舞态。从面具与动作形态的关系来看，仫佬族傩舞面具对舞蹈具有明显的约束效力。这主要表现在三个方面。

1. 对舞蹈环境的约束

仫佬族傩舞面具是仫佬族傩舞仪式环境创设的一部分。在仫佬族傩舞仪式开始前的环境创设中，师公将面具作为陈设——一部分面具被悬挂于傩堂的两侧上方，另一部分则被放置于祭坛上。面具是神灵的代表，也是人神转换的媒介。三十六副面具的陈设，在形式上，是通过两侧陈列和祭坛摆设的方式，形成一种空间上的包裹，产生一种空间上的局促感；在内容上，犹如"上方有神明"之意，从而在环境上形成一种对舞蹈的监督，营造出一种约束感的氛围。

2. 对舞蹈动作的约束

弗里茨·伯默（Fritz Bohme）认为，装饰比任何其他的造型艺术更富有自发性，因为它产生于受到特定的运动的刺激，会确切地显示与

[①] 牛建军，赵斌：《中华传统民俗工艺常识》，中州古籍出版社，2014，第41页。

动作相关联的各种形式。①面具作为仫佬族傩舞表演中的必备舞具，是一种特殊性装饰物，直接参与仫佬族傩舞的表演，虽不构成舞态，但对仫佬族傩舞舞蹈动作有一定的约束性。这主要是因其独特的佩戴方式所致。与其他民族傩舞面具的佩戴方式有异，仫佬族傩舞面具双目无孔，向外凸出，里面却没有凹槽，不能直接地罩住面部。因此，在仫佬族傩舞的表演过程中，师公并非将面具全覆于面部之上，而是将面具悬于自己面部的上端，即眼眉上方大概额前的位置，这种将面具戴于额头的方式在一定程度上限制了舞蹈动作的拓展和发挥。比如在做"筋斗画符"动作时，公鸡限制了师公的双手，而面具又限定了师公头部的活动范围。师公既要双手握公鸡，又要在保证面具稳定性的情况下完成高难度的翻筋斗动作，这极具挑战性。傩舞仪式主导者银联相曾说："因为木制面具有时候影响到翻筋斗，所以我经常都采用纸质面具。"②由此可见面具对舞蹈动作的约束效力。或许也正是因为这种上身动作的限制，师公只能通过步伐、跳跃等方式来提升舞蹈的动态性，从而形成了仫佬族傩舞上简下繁的动作特点。

3. 对舞蹈形象的约束

仫佬族傩舞中三十六副面具分别代表三十六位神灵，因此，面具具有特定的、强烈的形象指向。尤其在傩舞仪式的"唱神"环节中，师公唱到哪位神灵时，便需佩戴上代表该神灵的面具进行扮演。每副面具指代一位神灵，这就要求师公在进行表演时准确把握神灵的形象，从而呈现出具有针对性的动作形态。如《牛哥赶牛》舞段，要戴上牛哥的面具，通过对牛的动作的模拟完成对牛哥形象的塑造；《白马娘

---

① 〔德〕库尔特·萨克斯：《世界舞蹈史》，郭明达译，上海音乐出版社，1992，第153页。
② 仫佬族傩舞师公银联相在接受笔者采访时所说。采访地点：罗城仫佬族自治县非遗中心，时间：2021年7月18日。

娘》舞段，要对习武动作、场景进行描绘，以提升白马娘娘的形象感。概言之，面具作为非舞态化舞具，对仫佬族傩舞有着集直接与间接、抽象与具象于一体的约束力。而在这种约束下，仫佬族傩舞形成了自己独立的品格气质。

表 3.19　舞具面具形态分析表

舞具	面具
形制	宽：约 18 厘米　长：约 30 厘米　材质：木制 正面浮雕，背面平直
数量	36 面
在傩舞仪式中的表现形式	环境摆设；"跳神"时佩戴
与动作形态的关系	对舞蹈动作有一定约束性
空间	二度—三度空间，有明显层次

（二）"神我"与"自我"的交流媒介

作为具有特殊表意功能的象征性符号，仫佬族傩舞面具具有独特的文化特质和功能价值，承载着仫佬族深厚的民族文化。从面具之外形可窥见仫佬族民族文化的内在属性，洞察民族文化本源，把握民族审美逻辑，从而形成对仫佬族文化的整体观照。仫佬族傩舞面具融多元宗教文化和多民族文化于一体，彰显出仫佬族"人神合一"的民族情怀，赋予傩舞以形象、以生动、以精神。

作为仫佬族崇尚的神灵指代，仫佬族傩舞面具本身具备神格化色彩，是仫佬族三十六位神灵的形象外化，同时它亦是仫佬族傩舞中形象塑造的媒介，师公通过佩戴面具起舞的方式，链接神圣与世俗空间，完成"神我"与"自我"的转换。

1. 为神灵代言

仫佬族傩舞中需要请三十六位神灵，而三十六副面具便是抽象神灵的物态转化。从表演功能上来看，面具本身是神灵的代言体，在舞蹈中指代着具体的形象。面具的参与，使得傩舞在塑造神灵形象时更为直观和逼真，提升了舞蹈的整体形象感，同时将抽象化的神灵做物态转化，给表演者以明确的动态指示，给观赏者以客观的呈现。每副面具都具有神格化和人格化的色彩，象征着某个神灵的人间形象，具有极高的地位。正是这种独立的存在和角色的参与，形成了对神圣和世俗空间的链接。"面具舞有着一种很明显的矛盾，那就是表演者在突出自己个性的同时，要竭力否定自我和屈从于人物的品德。"[1]这也要求师公在进行表演时，要把握好"神我"与"自我"的关系。

2. 佩戴方式的意义转换

仫佬族傩舞中，师公戴上面具，便具备了与神灵沟通的能力，成为"神我"；摘下面具，便又回归现实中的"自我"。面具俨然成为人与神之间的媒介。需要强调的是，"戴上面具是神，摘下面具是人"的绝对性的"神我"和"自我"之间的切换，并非神界与俗界非此即彼的独立存在，而是一种人神合融的独特表达。这主要与仫佬族傩舞面具在表演时的佩戴方式相关。如前文所述，仫佬族现存的三十六副木质傩面双目均无孔，里面亦没有凹槽，不能直接罩于面部。因此，在舞蹈表演过程中，师公并非将面具全罩于面部，而是只将其悬在面部的上端，且并未用他物遮挡面部下方，尽管不是直接曝光，但师公的容貌易被旁观者窥见。在戴面具之前，师公还需用白色的长布将额头包裹起来，称为"包胎"，有裹去凡胎之意。事实上，将面具戴于额

---

[1] 〔德〕库尔特·萨克斯：《世界舞蹈史》，郭明达译，上海音乐出版社，1992，第204页。

前的方式并非仫佬族的专属，贵州安顺地戏面具的佩戴方式亦与此相类。有关学者认为，安顺地戏将面具置于额前的方式与当地的自然地理环境息息相关。"安顺的田是平地，而田的周围就是山，所以演员在地里演戏的时候，村民都在山上观看。如果面具戴在脸上，观众就看不到了，只能看到演员的头。为了照顾观众的观看角度，逐渐形成了把面具戴在额头上，而脸用黑布遮住的装扮。"[1]无独有偶，据记载，在广西桂林地区，有一种古老的傩仪叫"十月香"。仪式过程中，人们在燃烧的香火中欢腾起舞。舞者身穿古装铠甲，头戴面具，其面具亦不罩于面部，而是戴于额前，象征着世人头顶着圣人之"面"及精神前行。仫佬族虽生活在山地，但其傩舞仪式大多在某一族姓祠堂或普通的老百姓家中举行，多属于局部性的社区性祭祀活动，因此，在观演方面不存在较大的空间差异。笔者认为，仫佬族将傩面佩戴于额前的方式，从形式上来看，是舞者囿于面具双目无孔、外凸内平的形制特点而做出的形式选择，或是面具为突出神秘舞蹈表演而给予的相应形式配合。但究其内在指向，众所周知，"额"在中国传统文化中被称为"天庭"，是人类重要且富有深意的面部结构。磕头时用额头触地的虔诚、"额手称庆"时的礼仪和真诚、"合十礼"中双手举于额前的最高敬意，凡此种种，无不表现出额头具有强烈的神圣感和抽象性的精神指向。由此笔者推测，仫佬族傩舞中将面部置于额前的方式，绝非仅仅缘于空间或观演关系的外在形式，而是神圣层面的某种精神表达，而师公所显露出的未被遮盖的面部下端，则是一种富有现实性的生活表达，意在强调人的客观存在。仫佬族傩舞将面具置于额前的佩戴方式，既寓意神灵引领，又彰显人的现实价值，是一种借神之名教化世

---

[1] 周娴:《戴在额上的历史——贵州安顺"地戏"》,《公共艺术》,2010年第1期，第21页。

俗的人神交互形式，它一方面赋予神灵至高的崇敬，予其以引领者的身份；另一方面又不否定世人的现实价值，突出世人在探索世界和改造自然中的主导地位。这种具有双重内涵的佩戴面具的方式，既侧面反映出神灵并不具有绝对的权威垄断，传递出仫佬族人在多民族文化和多元宗教文化融合下可能不构成绝对权威神灵的信息，又是一种实现"神我"和"自我"辩证统一的形态表现，彰显出仫佬族人的生存智慧。

仫佬族傩舞的物质形态，宏观上来看，是仫佬族傩舞仪式中的一切物态化形式，包括面具、服装、伴奏乐器等；微观上来看，则是直接参与仫佬族傩舞的用具（本小节中称为舞具）。通过上述分析，我们可以得出这样的结论：仫佬族傩舞的物质形态包括舞态化舞具和物态化舞具两类，这是从舞具与舞蹈动态之间的关系所形成的概念。舞态化舞具一方面对傩舞动作形态有一定的辅助作用，有提升舞蹈表现力和观赏性的功效，但同时又对舞蹈起到一定的制约作用，在一定程度上限制着舞蹈动作的开拓和空间的创设。物态化舞具对舞蹈的影响主要表现在对舞蹈环境的构建、氛围的营造、精神的传递方面。总而言之，仫佬族傩舞的物质形态多元丰富，与仫佬族傩舞的动作形态紧密关联，其既对舞蹈具有辅助性，又反过来约束舞蹈动作，对仫佬族傩舞整体形态产生重要的影响。

形态是无声的语言，是情感表现和精神表意的最便捷、最直接的方式。从动作形态来看，仫佬族傩舞有原生和再生两种，整体呈现出自然、和顺的特点；从运动形态来看，其主要表现为聚集型和扩散型两种图式，具有圆润平顺、平衡对称的特点；从表现形态来看，仫佬族傩舞具有稳定与变化的时空、自由与自律的风格、具象与抽象的表达的特点；从物质形态来看，仫佬族傩舞有舞态化舞具和物态化舞具两种形态，同时面具作为其重要的物象，在舞蹈中有重要的作用和意义。仫佬族傩舞各形态间互为影响,相互关联。动作形态与运动形态相互契合,两者皆有自然、和顺、稳定的特征,而仫佬族傩舞整体亦是一种平衡的表现形态,从各种形态下的相互联系可以洞察其背后多元丰富的仫佬族文化系统。

总而言之,对仫佬族傩舞本体进行形态分析,有助于从宏观上把握其整体面貌与轮廓,微观上探寻其内在逻辑与规律,摆脱长期以来仫佬族傩舞的模糊性和混合性研究,廓清仫佬族傩舞的具体形态和内在逻辑,同时有助于从形态的表层挖掘其深层文化内涵,研究生态对其形态的影响层次,为把握仫佬族的宏观文化体系奠定良好的基础。

第四章 多元文化与价值理念：仫佬族傩舞文化阐释

仪式中的动作总是被赋予各种精神内涵，这些动作的象征性是仪式的天然特征之一。格兰姆斯认为，"仪式化"动作是将自然条件反射的动作赋予新的内涵所形成的具有特定含义或指向性的动作。"具有仪式意味的这种'仪式化'动作，不同于具有实效功能的劳动、攻击或防御动作，也不同于具有实用价值的日常生活动作，而是超越实效和实用目的的非常态行为，动作的目的在于表达某种情感或表现某种意义。"[①] 仫佬族傩舞仪式中存在着具有仪式意味的人体动作，即特定的"仪式化动作"，这些动作是仫佬族傩舞仪式中的象征符号，均有一定的意指和内涵。

罗斌曾从"空间文化层"的视角分析民间舞蹈的结构，他认为从空间文化层来分析民间舞蹈的结构，可分解为"表层结构"和"深层结构"。"表层结构指的是民间舞蹈表演中可见的物质性、动态性等的符号，符号象征物具有指称、意味和记忆等功能。深层结构指的是民间舞蹈主体即特定民族群体的宗教观念、民俗信仰、民族心理和审美情趣等无形的意识形态，体现了该群体独特的宗教观、价值观和生命观。"[②] 换言之，表层结构是具体的客观呈现，而深层结构是抽象的主观意识，表层结构为据，深层结构为理，这为民间舞蹈的全面研究廓清了思路。在上一章中，我们对仫佬族傩舞的动作形态、运动形态、表

---

① 薛艺兵：《神圣的娱乐——中国民间祭祀仪式及其音乐的人类学研究》，宗教文化出版社，2003，第11页。
② 罗斌：《假面阴阳——安徽贵池傩舞的田野考察与研究》，博士学位论文，中国艺术研究院，2007，第40页。

现形态和物质形态做了全面的分析。如果从空间文化层来看，这些分析主要着眼于民间舞蹈的表层结构。而透过仫佬族傩舞的表层结构，深入挖掘其空间文化层的深层结构内涵，探寻其形态背后深层的文化因子，全面把握仫佬族傩舞文化整体，形成对仫佬族傩舞宏观、全面、深入、理性的解读，是本章的目的所在。

第一节 动态与生态：自然孕育的价值观

在舞蹈生态学的理论中，舞蹈是存在于一定自然和社会环境中的一种有目的的人类行为。对舞蹈深层结构的剖析，离不开自然环境和社会环境这两个关键因素，而这两者同属生态范畴，即自然生态和社会生态。本节将采用舞蹈生态学的研究方法，以动态为基础，深掘舞蹈动态背后的自然和社会生态因子，对仫佬族傩舞的舞蹈动态的深层结构给予立体式的阐述。

"'运动人体'的运动方式及其'动力定型'是'文化'的产物，是人的物质生活、社会构造和心灵反应的产物。"[1]仫佬族傩舞的动作形态、运动路线、场景构建、神灵形象塑造及成效体现的是仫佬山乡自然与社会生态共塑的产物。一方面它们充满着仫佬山乡的自然生态元素，这些自然生态元素在仫佬族中的体现，有的是直接的，是自然环境、生存空间对其舞蹈动态的影响；有的则是间接的，主要是因自然环境所衍生的自然观念，继而建立在这种自然观念上的动态反映。另一方面，傩舞又是仫佬山乡社会生态面貌的映照，这种社会生态实质上并不是一种割裂式的独立存在，而是与自然生态有着密切的联系的，只是相比自然生态因子，社会生态因子对仫佬族傩舞的影响是偏

---

[1] 于平：《舞蹈文化与审美》，中国人民大学出版社，2005，第35页。

隐和抽象的。

傩舞实质包含两个维度的涵义：从表部形态来看，傩舞是一种在祭祀活动中，通过佩戴面具表演以达驱病逐疫、祈祥纳福的舞蹈形式；就内在性质而言，傩舞的实质是一种社会仪式，它代表着某种社会秩序和规约，具有某种特定的指向性。

依前文所述，仫佬族傩舞有其独特的动作形态、运动形态、表现形态和物质形态，其形态的背后是仫佬族傩舞生发的生态。生态主要包括自然生态和社会生态两个方面，前者是关于自然的问题，后者则是关乎"人"的问题。笔者认为，自然生态是社会生态的基础，且是单一的关系，即人与自然的关系。而社会生态则是多级的关系，既有自然与社会的关系，又有人与社会的关系。自然生态会对人产生影响，从而间接地影响到社会生态。仫佬族人生活在深壑山林之中，长期的农耕生产使其产生了强烈的自然意识，这种自然意识一方面表现在其身体语言形态之中，另一方面又深入其社会思想观念，构成了仫佬族整体的价值观和思想理念，形成了仫佬族人自身独特的民族精神、气质和审美，从而选择出适合自身的舞蹈形式。

一、自然为大的生态观

（一）舞蹈动态中的自然动律

作为人类的主观行为，舞蹈与环境关系紧密，它在一定的环境中产生、发展和传衍，并在此过程中不断受到环境的影响和制约。[1]于平教授认为形成不同的"动力定型"的四大文化因素为人的生理机能的差异、人的生存环境的差异、人的生产方式的差异和人的生活习俗的

---

[1] 资华筠，王宁：《舞蹈生态学》，文化艺术出版社，2012，第8—9页。

差异。①这足以说明自然和社会环境对舞蹈生发及其发展方向的决定性地位。

1. 形态的自然属性

仫佬族傩舞虽是祭祀性舞蹈，但随着其功能由娱神向娱人的功能转变，在历史发展过程中，除去一些具有神圣性的固定程式，其舞蹈动态实质是处于一种不断进行自我更新的状态，而更新的形式和内容都体现出一种自然规律和自然属性，这一方面是道教文化的"道法自然"理念对其的影响，另一方面又是仫佬族人民所处的自然生态环境所致。本段主要分析其自然生态因子，关于"道法自然"的观念将在下文中展开。如前文所述，仫佬族傩舞形态中显要部位多以步伐和双臂为主，步伐多为自然的进退步，而双臂更多地表现为一种随动的状态，鲜有大幅度起伏的双臂挥展动作，这与仫佬族生存的自然环境息息相关。从地理环境对舞蹈的影响来看，生活在山地的民族，舞蹈中的步伐较多，且膝部多以松弛自然为主，双臂则是用以保持身体的平衡。在山地民族的日常行走和劳作中，由于道路崎岖不平，脚下步伐不宜过快，手部动作相对束缚，不宜有大幅度的摆动。笔者在田野访谈中了解到，20世纪90年代，罗城仫佬族自治县的一些仫佬族村落的生活环境十分恶劣。"当年我去糖峒收集面具的时候，那里根本没有路，只有一条羊肠小道，非常窄，两边都是大石头，我当时还挺瘦的，等我走出来的时候，我的胯部两侧居然都被石头磨破了，有同事穿带跟的鞋子，结果出村后全部都掉完了……"②由此可见仫佬族所居环境空间之局促。受限制的生存空间环境，对其舞蹈形态必然产生影响。自

---

① 于平：《舞蹈文化与审美》，中国人民大学出版社，2005，第35—40页。
② 罗城仫佬族自治县党委宣传部原副部长玉庆福于2021年7月18日在罗城仫佬族自治县文化局非遗中心接受笔者访谈时所述。

然环境对人的肢体形态会形成一种特有的身体图式。这种局促的生存环境形成了仫佬族人特有的中正式的身体图式，即身体保持一种自然中正的形态，双臂鲜有大的招展挥舞，整体呈现出一种自然的状态。此外，舞体在表现过程中并没有夸张的面部表情，这在一定程度上反映出仫佬族傩舞自然稳定的气质，这一方面与其祭祀的本质相关，另一方面也源于仫佬族的自然审美追求。

2. 动态的自然规律

一个舞种的传衍和发展，不论有多少主体和偶然因素，都无法超越环境为之提供的综合条件。只有与环境相适应，它才能得以保存和传承，反之则需改变自身以求对环境的适应，否则，便会逐渐消失。[1]此外，舞体作为舞蹈传播的重要载体，某一舞蹈具有的各种特征，正是舞体经过传衍积淀的结果。[2]仫佬族傩舞的舞体均为当地居民，几代人居住于此，深受当地自然环境浸润。

仫佬族傩舞中鲜有腰部和胯部的动作，在身体的运动中几乎没有扭、绕、盘、旋等动作，动态上亦没有身体划圆、倾拧、拧转等动律，而多以上下动律为主。仫佬族傩舞中的舞蹈动律节奏均匀，具有极强的规律性和重复性，且表演时舞者常处于一种自然呼吸状态。舞蹈中高频次出现的上下动律主要源自于师公表演时膝关节的屈伸，配合以小的颤动。"在低纬度的热带和亚热带，由于地表植被茂密，物种繁杂，自然景观属于多维高密型，人类在用舞蹈表现对景观的意象时就必然反映出景观的自然特色，那些普遍出现的快速的节奏，小幅度的动作，秀丽的姿态，频繁的变化等可以视为是一种人类对其所处环境的自然

---

[1] 资华筠:《〈舞蹈生态学〉学科阐释》,《北京舞蹈学院学报》,2003年第3期,第31页。
[2] 资华筠,王宁:《舞蹈生态学》,文化艺术出版社,2012,第87页。

反射性思维行为。"[①]从空间层面来看，身体的上下律动属于纵向空间创设型动态，与划圆、拧转、横移等动律相比，其横向空间占有力相对局限，这与山地民族较为局促的生存环境相契合，因此是山地民族舞蹈中较为常见的舞蹈律动。就身体的天然属性而言，笔者认为，身体的上下律动是人类最基本、最原始的律动，激动时的跳跃、兴奋时的振臂摇摆，都是一种纵向的上下交替行为，这或许与人类的采集、耕种等劳作相关。上下律动最符合人体的自然运动规律，是身体最直接的条件反射律动，因此，以上下律动为主的特点是仫佬族人所依生的自然环境的映照。此外，仫佬族傩舞中还有顺摆律动。这种律动虽不是日常的行为习惯动作，但与自然环境有一定的联系。在我国很多高原山地民族中，这种顺摆律动表现得较为普遍，如傣族舞蹈的顺摆动作、藏族舞蹈的顺边动作，广西瑶族舞蹈同样存在这种顺摆顺边的律动。总而言之，这些民族所居住的环境都以高原、高山地区为主，主要是因为人在翻越崇山间所形成的动态，源于人的身体对自然环境的适应机制。

（二）舞蹈动态中的自然情怀

自然环境对舞蹈的影响还表现在人在特定的自然环境中所形成的自然观念。这种影响是间接的，但又在舞蹈动态中有直接性的彰显。

1. 动态中的大地情怀

作为传统的农耕民族，仫佬族对大地的情感不言而喻。"仫佬族居住的村屯大都以地形地貌来命名，如倒定峒（指屯舍四面环山，山道陡峭，从下望上，条条山道像倒置一样）、高坳（以屯前有高坳而得名）、

---

① 李雪梅：《地域舞蹈与生态环境——试论中国民族民间舞蹈的地理特征》，《北京舞蹈学院学报》，2002年第2期，第14—15页。

红峒（峒场多红颜色石崖），石围（寨子周围石山环绕）……"[1]可见仫佬族人对家园的认知其实是从土地开始的。"地载万物"，大地是万物生发的圣地，主宰着生命的沉浮，其既可赋予万物生命，又是万物归于尘土的归宿。这也使得仫佬族傩舞的动作反映出强烈的地形地貌意志，体现出深厚的大地情怀，其主要表现在两个方面。一是步伐动作的核心地位。脚踏实地、踏地为节。步伐动作是人与大地最直接的物理性接触和情感性连通。仫佬族傩舞中有大量的步伐动作，可以说步伐动作是仫佬族傩舞动态的核心。从具体表现来看，仫佬族傩舞中的大多步伐动作具有重心向下、气息下沉的特点，且多以全脚踩地的方式呈现，少有虚点地、半脚掌着地的动作，步步稳健，有一种脚踏实地之感。二是跪地伏地动作。仫佬族傩舞中的地面接触动作主要有两类，即跪地伏地动作和滚地动作。跪地伏地动作主要在"唱神"环节中唱牛哥时所表演的《牛哥赶牛》舞段的"三进三出"中出现。两位师公相对跪地，双手撑地，似牛模样。两人头碰头，一人顶着另一人的头前进三步，另一人则后退三步，交替进行。表演的师公需四肢全部与地面接触，模拟斗牛的形态。两位师公在舞段中，全程保持跪地伏地的姿态，一方面是因模拟生活中牛的形态所需，另一方面有仫佬族作为农耕民族的朴实、接地气的精神表达。滚地动作则出现在仫佬族傩舞仪式"点牲"环节师公表演的《筋斗画符》舞段中。师公双手拿公鸡，按照规定的路线，通过空中跳跃经身体迅速触地，继而顺势由身体左侧完成滚地动作。滚地动作为该舞段中的核心动作之一，且向不同方向、不同路线连续反复。从舞蹈功能上来看，翻筋斗滚地动作有镇压妖魔、祛除邪恶的效果；就舞蹈形态和风格而言，滚地动作强调身体与地面的接触，是人与自然亲密接触的外化形式，而这种形

---

[1] 李大西：《仫佬族文化的生态智慧》，民族出版社，2018，第218—219页。

式在日常生活中并不少见，如人在祈福时的伏地跪拜、藏族虔诚信徒的全身贴地祷告等，人通过身体与地面的接触，表达出内心的虔诚或某种精神的寄寓。

2. 动态中的山水色彩

仫佬族傩舞富有浓郁的山水色彩。"岭南古百越民族生活的地方多山富水，尤其广西地区号称'八山一水一分田'，所望皆山，出门见水。"① 广西仫佬族聚居区罗城仫佬族自治县有天然的自然风光，自然资源丰富，有"三尖"的文化美誉。所谓"三尖"，即山尖、笔尖和筷子尖。这是分别从自然环境、人文气象和饮食习惯三个方面对仫佬族做出的形象概括。"县内中、北部为九万大山的支脉，北部为黄峰山山脉，西北为雨平山山脉；中部为清明山山脉。"② 此外，其水文条件优越，主要河流有武阳江、东小江两条，③ 水源较充足，且有丰富的地下水资源，地下河流众多。秀丽的山水风光赋予了仫佬族人潜意识里的山水情怀。

（1）农耕色彩的晕染。仫佬族是一个农业文明与林业文明相融合的古老民族，农业生产是仫佬族最重要的生产生活方式。农耕色彩是仫佬族傩舞的主体色之一。仫佬族生活中每年四月初八为"牛诞节"，而傩舞中有唱牛哥时表演的《牛哥赶牛》舞段，亦有芋头制成的"水牛"道具，这都是最直观的农耕文化符号。此外，傩舞中的雷王、土地公等神灵，是诸多农耕民族供奉的神灵。在农耕民族的精神世界中，他

---

① 吕瑞荣：《神人和融的仪式——毛南族肥套研究》，博士学位论文，云南大学，2013，第122页。
② 罗城仫佬族自治县志编纂委员会：《罗城仫佬族自治县志》，广西人民出版社，1993，第31页。
③ 罗城仫佬族自治县志编纂委员会：《罗城仫佬族自治县志》，广西人民出版社，1993，第43页。

们分别管控着自然的气象节奏和耕作收成。仫佬族傩舞中动作没有拧、扭、倾等形态,概因其自给自足、朴素稳定的农耕生活方式。以《牛哥赶牛》舞段为例,师公表演过程中遵循向四面八方扩散的线路,这一方面与前文所述的五方观念有关,另一方面与农耕文化亦存在关联。"周易说卦传有云:'震为雷,为龙。巽为木,为风。万物出乎震,震,东方也;齐乎巽,巽,东南也;齐也者,言万物之絜齐也。'"[1]把八卦与方位联系起来,即震,东方;巽,东南方;离,南方;坤,西南方;兑,西方;乾,西北方;坎,北方;艮,东北方。还把八卦与季节联系起来,即震,正春(春分);离,正夏(夏至);兑,正秋(秋分);坎,正冬(冬至)。巽,正春正夏之间(立夏);坤,正夏正秋之间(立秋);乾,正秋正冬之间(立冬)。[2]众多天然生长的物种产生在震的季节,因为震的位置在东方,匹配的是仲春时期;整齐地生长在巽的季节,因为巽的位置在东南方,匹配的是春夏相交时期。因此,舞蹈中的这种方位意识与农耕文明思维有一定的联系。

(2)"青山红花"的点缀。仫佬族傩舞中有大量的唱词,这些唱词中有很多涉及自然物如山水、鲜花等,旨在以自然景物诠释自然现象和规律。如《朝上熟科》中的《土主唱》里:"当初出圣有原因,只叹国公他计较,挖坏龙脉我尾山……连时泡杏水如江……去到王前我就说,从头一二说原章。"[3]又如《献花唱》中有颂词云:"明花初采叶青青,梅花落了李花成。"这些唱词既是对山水、鲜花等自然物的直接描绘,又是向人们阐释自然规律,强调自然保护意识的有效引导。

---

[1] 丁山:《中国古代宗教与神话考》,上海书店出版社,2011,第114—115页。
[2] 兰喜并:《周易解读》,三晋出版社,2021,第430页。
[3] 广西壮族自治区少数民族古籍整理出版规划领导小组办公室:《仫佬族依饭经文辑录》,广西人民出版社,2014,第67页。

3. 动态中的宇宙意识

"仪式的直接目的，显然存在于参与者意识之中，但同时也掺入了一系列复杂的宇宙观念，正是这些观念使仪式具有某些意义。"[①] 仫佬族傩舞从动作形态到运动路线，无不彰显出强烈的宇宙意识，这种宇宙意识又具体表现为人对"天""地"之认知、人对"天""地"之敬畏、人与"天""地"之关系。

（1）"天圆地方"之认知。"天圆地方"的思想认知在傩舞最直观的呈现便是其舞蹈构图中的"圆"与傩舞表演场地的"方"的呼应。仫佬族傩舞有大量的圆形构图。如《五步罡》中双人配合形成的大圆、师公舞动时自转形成的小圆、《三人行坛舞》中三位师公逆时针绕场形成的外圆，以及师公之间穿插环绕表演所形成的内圆等，都是"天圆地方"宇宙意识的反映。"圆"有客观自然解读和主观精神寄寓的双重内涵。"圆"之形，首尾相接、周而复始。《吕氏春秋》上说："离则复合，合则复离，是谓天常；天地车轮，终则复始，极则复反，莫不咸当。"即分离了又重新合并，合并了又重新分离，这是自然规律。宇宙天地的绕圆运转、白昼黑夜的交替往复、春夏秋冬的更迭循环都与圆之形态充分吻合。"圆"是对这种自然规律的诠释，表达出一种无限循环的宇宙观念。"圆"又是人类精神寄寓的主要媒介，指向天地宇宙的圆整、自然造化的圆融、人情世态的圆满，[②] 以及内在精神的圆融，表现宇宙生命的周转回旋，体现出一种"万象相和"的境界。依前文所述，仫佬族傩舞中的圆是一种向心的集聚型图式，向心物便是祭坛，这是"圆在外，方在内，象天圆地方"的形式。

---

① 〔英〕A.R 拉德克利夫-布朗:《原始社会的结构与功能》，潘蛟、王海贤、刘文远、知寒译，中央民族大学出版社，1999，第160页。
② 龙庆凤，王一波:《中国舞蹈的"圆"文化》，《中国民族》，2006年第8期，第57页。

（2）"取法于天地"之敬畏。"礼记郊特牲曰：'社，所以神地之道也。地载万物，天垂象。取材于地，取法于天，是以尊天而亲地也。'"① 对天和地的敬仰一直贯穿于仫佬族傩舞中，其主要表现在动作的程序和运动形态之中。仫佬族傩舞仪式常在某族姓的祠堂中举行。表演前，全体师公站立于祭坛前、面朝祠堂门口鞠躬行礼，继而开始表演，这有"应天之允"之意；师公们在表演过程中，经常会以面向祠堂门口行礼作为动作的衔接或结束，凡此种种，即是对天地的敬意。此外，傩舞中的动作均有准确的天地方位和朝向，且有固定的程式，不可随意调整。如《筋斗画符》舞段中，师公采用折回路线，先从东北向西南方向，再由西南至东北方向、东南至西北方向、南与北、东与西进行往返，形成"米"字形的运动构图。这一方面是道教文化影响的产物，与八卦相关。"南北对称代表乾坤，东西对称象征八卦上的坎离。"② 另一方面与天地的方位以及对五方神灵的敬畏有一定关联。师公"画符"动作是以天地的方位来设定的，"东方曰析，南方曰粦，西方曰彝，北方曰饮"③，即四方之神。此外，在师公做《五步罡》表演时，两位师公每完成一组动作都须换一次方位做朝圣礼，这是对天上四方神灵的崇敬，亦是人们祈愿各方神灵庇护的心理诉求。

（3）"天地人合一"之关系。天、地、人三元合一，万物相合，是中华古代的哲学思想。仫佬族傩舞中的圆形和"8"字形，是以一种圆融的形态，寓意着万物相合。此外，仫佬族傩舞路线多以弧线迂回为主，表现出"和合之美"的理想。罡步是仫佬族傩舞中主要的代表性步伐动作。笔者认为，罡步是天人合一的理念外化。罡步是北斗七星

---

① 丁山：《中国古代宗教与神话考》，上海书店出版社，2011，第81页。
② 黄小明，胡晶莹：《舞祭——广西民间祭祀舞蹈文化田野考察与研究》，广西师范大学出版社，2012，第105页。
③ 丁山：《中国古代宗教与神话考》，上海书店出版社，2011，第466页。

之图，但其亦是农耕文化的符号。古人对天的崇敬无可厚非，天在古人心中的地位之重要自不待言，而将北斗七星用步伐的形式在地上进行描绘，传递出一种天地间的相映观照，这也是农耕民族对天之敬仰、对地之皈依的价值理念的直接表达。

二、开放包容的宗教观

自然生态是文化生态的基础和前提，自然生态影响生产方式、生活习俗、审美意识、价值观念，而这些正是构成文化生态的关键因子。"传统的仫佬族宗教信仰，最初以原始宗教中的自然崇拜为主，随着汉文化对仫佬族地区影响日炽，道、佛等人为宗教渐渐为仫佬族所接受，他们根据自己生产生活发展的需要，将人为宗教和原始宗教糅合起来，形成一种道教、佛教和自然崇拜残余共存的民间宗教信仰。"[1]这也使得仫佬族傩舞表现出开放多元的文化格局。

（一）朴素的原始宗教

仫佬族人对自然的崇敬不言而喻。"自然是宇宙的最高法则，也是人社会存在和社会实践的最高原则。"[2]作为壮侗语族的成员，仫佬族人有"万物有灵"的原始观念和泛神论的思想，他们认为自然界的一切事物都具有神性，因此，树木、山川、河流、鲜花、巨石等都可成为仫佬族人所敬奉和崇拜的对象。仫佬族傩舞中的自然崇拜包括天、地、自然气象等。仫佬族傩舞中的弧线回旋，多以逆时针转向为特点。这种"反向运动"一方面是道教"反者道之动"的观念表征，同时与自

---

[1] 章立明，俸代瑜：《仫佬族：广西罗城县石门村调查》，云南大学出版社，2004，第328页。

[2] 李大西：《仫佬族文化的生态智慧》，民族出版社，2018，第238页。

然观念存在一定的联系。库尔特·萨克斯曾指出:"两个圆圈各朝着与对方的相反的移动方向移动的形式的范例常可见到;在新爱尔兰,这种形式代表月亮。……回教徒的逆时针方向移动的舞蹈也具有天体的涵义。"[①] 这一定程度上反映出"反向"运动与自然界存在着一定的联系。从自然现象来看,地球和月球从北半球看都是逆时针旋转,因此,在北半球上存在很多逆时针转向的自然现象,如旋涡的转向、树叶逆时针旋转飘落、河道的转弯处水流形成的逆时针旋涡,等等。人类是从认识自然开始发觉自身,人对自己的身体构造的认知,亦是从认识自然开始,比如天有日月,人有双眼;天有五行,人有五脏;天有四季,人有四肢。而诸如眉峰、山根、天庭、地阁等对面部的描述,都是从自然中获取的经验性理论向自身认知的平移。因此,笔者认为,仫佬族傩舞中圆形的逆时针运动方式与人们对自然界的认识和崇拜存在一定的联系。

仫佬族傩舞中还有鸟崇拜的痕迹。本书在第一章曾对仫佬族的凤鸟崇拜的文化渊源做了阐述,其为楚越文化的遗存。楚人尚凤鸟,越人亦视鸟为图腾。"广西百越系民族对鸟以及鸟的变体——例如鸡、蛋之类——有着特殊的感情,在他们的原始宗教情感中对鸟存在着深深的依恋和祈求之情。……广西民间的一些重大仪式,例如丧葬、婚娶、建屋、祭祀、开工、乔迁等,至今仍尚杀公鸡取其血淋抹,以祈驱秽祛邪,求安纳福。"[②] 仫佬族傩舞的"合兵"环节中,师公亦有鸡血淋滴的动作,其有保六畜平安、五谷丰登之意,这实际上是鸟图腾崇拜的遗存或变体。

---

① 〔德〕库尔特·萨克斯:《世界舞蹈史》,郭明达译,上海音乐出版社,1992,第136—137页。
② 吕瑞荣:《神人和融的仪式——毛南族肥套研究》,博士学位论文,云南大学,2013,第163页。

此外，仫佬族傩舞中还隐喻着原始生殖崇拜观念。"早在1845年，有一种神话学资料已为我们提供了确切存在这类象征的信息：'在祭司的语言中，编织是生育的同义词。'"[①] 编织、交叉、穿插等动作多体现于农耕文化民族。仫佬族傩舞中亦有大量的编织类动作，如前文所述的《双人行坛舞》《三人行坛舞》等，这某种程度上与中国农耕民族强烈的人丁观念、生殖崇拜思想有一定联系。《隋书·地理志》载："自岭已南二十余郡，大率土地下湿，皆多瘴疠，人尤夭折。"恶劣的环境使人对生殖繁衍有更强烈的需求。这种生殖崇拜观念对仫佬族人来说，其形象化载体便是大自然中的"花"。对"花"的崇拜是仫佬族人在认识和观察大自然的过程中所形成的生殖崇拜。罗城仫佬族自治县属于亚热带气候，植被繁茂，花团锦簇。"开花"是自然界植物生长结果的重要环节和载体。对于植物而言，"花"具有重要的繁殖意义。"开花"是大多数植物结果的前提，是植物进行繁衍的决定性步骤。这一自然现象使得仫佬族人原始思维潜意识地将其与人类繁衍联系起来，形成了"花"崇拜的思想，并将这种思维具体形象化，从而出现了"花婆""花林太子"等神灵。傩舞仪式的唱神表演中，对"花婆""花林太子"等神灵的颂唱和扮演，是朴素的原始意识，是对民族延绵不绝、世代传承的精神寄寓。

（二）多元的人为宗教

仫佬族虽然居于深山老林之中，但其文化观念却开放且包容。仫佬族有着极强的文化吸附力，能集他族之所长与本族传统文化于一身。随着汉文化在仫佬山乡的传播，儒释道文化随之进入仫佬山乡。仫佬族在自身原始宗教的基础上，将其融入自己的文化体系，构建出新的

[①] 〔德〕库尔特·萨克斯：《世界舞蹈史》，郭明达译，上海音乐出版社，1992，第151页。

多元文化整体。本书第一章对仫佬族多元的文化生态已有述及，在此不再赘言。

1. 步态中的道家气派

仫佬族傩舞蕴含着丰富的道教文化元素。"道教对仫佬族具有广泛而深刻的影响。它与仫佬族民间宗教信仰相互吸收融合在一起，并适应仫佬族的社会习俗，主宰着仫佬人的一切宗教活动。"① 仫佬族傩舞中最主要的步伐为罡步。罡步是道教文化中典型的行步方式，是仫佬族傩舞仪式中的主体动作，具有丰富的宗教意义。道教崇拜日月星神，认为以罡步祷神可遣神召灵。"道教有'步罡踏斗'之说，依饭今有罡步一举。'步罡踏斗'中的'罡'指魁星，即北斗七星之柄，'斗'则是北斗星。这是道士将画有二十八星象的罡单铺于地面，以青云为履，随道曲在罡单上按星宿的曲折路线行走。"②

仫佬族傩舞中有《三步罡》《五步罡》。《三步罡》是由一位师公表演的独舞，是因师公双腿交替运动形成的步态，该动作由四拍完成，节奏均匀，且遵循三步一停的规律，故曰《三步罡》。从动作规律来看，《三步罡》"三步一停"的动作规律，蕴含着道家阴阳平衡的理念。"《云笈七签·卷六十一》载，其跳法是：'先举左，一跬一步，一前一后，一阴一阳，初与终同步，置脚横直，互相承如丁字形。'"③ "一跬一步，一前一后，一阴一阳，初与终同步，置足横直，步如丁字，以

---

① 黄小明，苏水莲，廖梦华：《仫佬族依饭节舞蹈与道教文化的关系——广西罗城仫佬族民间舞蹈现状考察》，《广西师范大学学报（哲学社会科学版）》，2010年第2期，第65页。
② 黄小明，苏水莲，廖梦华：《仫佬族依饭节舞蹈与道教文化的关系——广西罗城仫佬族民间舞蹈现状考察》，《广西师范大学学报（哲学社会科学版）》，2010年第2期，第66页。
③ 周冰：《巫·舞·八卦》，中央编译出版社，2008，第77页。

像阴阳之会。"① 就步伐的步数而言，在道教文化中，"三"被视为具有神秘意义的圣数。"三"有"三元"和"三才"之寓意，前者指人身之元精、元气、元神和上元天罡、中元人罡、下元地罡之三极。后者则意指上天、中人、下地，并被道教认为是构成世界的三个最基本元素。"《周易·系辞下》：易之为书也，广大悉备，有天道焉，有人道焉，有地道焉。兼三才而两之，故六。六者非它也，三才之道也。"②

《五步罡》由两位师公配合完成，其规律与《三步罡》相类，遵循一左一右、一前一后的规律，置足横直、步如丁字。从文化属性来看，《五步罡》与《三步罡》相类，属道教文化"步罡踏斗"的范畴。就其动作特征而言，其"一左一右、一前一后的规律，置足横直、步如丁字"的动作特征，是道家一阴一阳、阴阳平衡的理念外化。从其步数来看。"五"具有多向性指意，人有五脏、五官；地有五方、五岳。"五"的含义阐释本书在前文中已有涉及。《五步罡》中的"五"则有两个层面的理解。一是基于道家"道生一，一生二，二生三，三生万物"的哲学思想。在远古造字过程中，"五"曾意指极限。二是道家的"五行"内涵。"宋路时中《无上玄元三天玉堂大法》卷十九说：一步像太极，二步像两仪，三步像三才，四步像四时，五步像五行，六步像六律，七步像七星，八步像八卦，九步像九灵。"③ 此外，仫佬族傩舞中出现的进退步、三进三退的步伐，均有道家"阴阳平衡"思想的烙印。

---

① 张泽洪：《文化传播视野下的西南少数民族宗教——以道教文化的影响为中心》，《广西民族大学学报（哲学社会科学版）》，2009年第2期，第76页。
② 〔汉〕郑玄著，林忠军导读：《周易郑注导读》，华龄出版社，2019，第128页。
③ 张泽洪：《论道教的步罡踏斗》，《中国道教》，2000年第4期，第10页。

2. 形态中的儒学品质

仫佬族傩舞是汉族文化与仫佬族原生文化融合的产物，有鲜明的儒教思想的烙印，这主要表现在两个方面。一方面，中庸和谐的审美。从动作形态来看，仫佬族傩舞没有婀娜之态，其舞蹈动作多以脚下步伐为主，上身主要是随动或自然规律性的舞动。即便是大幅度的上肢动作，也遵循着上—下、前—后、左—右的对应规律，没有重心明显偏离的动作，整体形态不偏不倚、中正和谐。从运动形态来看，仫佬族傩舞线路讲究对称平衡，没有失衡的构图。其集聚型图式包容和谐，扩散型图式对称平衡，这与儒家"中庸思想"有内在本质的联系。另一方面，"无外乎礼"的范式。仫佬族傩舞的动作中吸收了一些汉族交往中的某些礼仪形态。仫佬族傩舞中有大量的行礼动作，如向祭坛行礼、向四方行礼等，且大部分舞段在开始或结束时均会行礼。这种看似约定俗成的动作背后应是仫佬族人对汉族儒家思想中的"礼"文化的吸纳，是儒家思想对仫佬族族群的身体形成的文化记忆。

三、随遇而安的人生观

仫佬族人虽深居于大山，但并未因生存环境的局限而不满，反而是对自然界充满深情厚谊。历史上，仫佬族并没有大的迁徙记录，他们生活地域稳定，因交通环境的客观限制，其文化的向外性较弱，而对外来文化的吸附力较强，且能汲取外来文化之精华，将其与自身原生文化相融合。仫佬族正是在这样的历史进程中不断完成民族的自我更新和成长，从而形成了一种偏安一隅、知足自得、随遇而安的人生观。这种人生观也在傩舞的动态中得以表达，使得仫佬族傩舞的整体动态相对温和。从动作发力点来看，仫佬族傩舞没有爆发性、攻击性强的动作和形态；从动作发展来看，其鲜有忽强忽弱、忽大忽小的动作跌宕。在整个傩舞仪式的呈现过程中，虽有空中跳跃、地面翻滚等幅度较大的动态，但这些动态并不具有进攻性或扩张性，而且都在变化中呈现出一种对自然的顺从感。

（一）温和的舞蹈动作

仫佬族傩舞中的舞蹈动态主要为渐次推进的变化模式，整体呈现出一种平缓平顺的特点。这种温和的舞蹈动态，是仫佬族人内心气质的表征。以傩舞仪式中的"合兵"为例。"合兵"是仫佬族傩舞仪式的高潮部分，相较于前几项程序中的傩舞表演，其舞蹈动态更丰富且情绪更为强烈。两位师公须在罡单上相向完成进退、绕圆、跳跃等动作，在有限的空间强化了舞蹈的难度，突出了舞蹈的层次感，提升了其观赏性和技艺性，但从整体而言，其仍是一种温和的舞蹈动态。这主要因为该舞段中的动作不是瞬间的爆发，而是一种由慢渐快、由徐渐急的过程。从心理学上来看，这给予表演主体或受众一种心理适应空间，是一种在有充足的心理适应空间下进行的舞蹈动态的强度渐变，不易引起参与者情绪的起伏跌宕。

（二）包容的舞蹈动态

仫佬族傩舞中的运动形态以曲线和直线为构成线路，主要有"圆"和"8"字集聚型构图、"米"字扩散型构图，两类构图虽形态不一，但均属于平衡图式，不具备攻击性，给人以和谐感。"圆"形和"8"字形，是经由师公舞动中的配合或其身体的自转形成，这种迂回周旋的方式给人以柔和、包容感。"米"字构图是扩散型运动形态，但其亦不具备冲击力，因为在动作线路切换的过程不是迅速、瞬间变换的，而是采用弧线迂回的方式变向其他方向。以《牛哥赶牛》舞段为例。该舞段中，两位师公相向跪地模拟牛的形态，其舞蹈路线变化丰富，涉及东西、南北、西北和东南方向，但在变换方向时，两位师公都采用的是逆时针弧线移动的转换方式,这使得直线型的进退动作有一定的缓冲迂回过程,极大地弱化了直线型线路和扩散型构图的冲击力。

(三)自然的舞蹈节奏

节奏是心理的反映。从古至今,人们通过节奏来表达内心的情感状态,因此,舞蹈节奏实质是一个民族心态的折射。仫佬族傩舞的节奏多以2/4拍为主。从强弱变化来看,其没有特别明显的强弱变化,是一种均匀平稳的感觉,不存在一惊一乍的动态效果。此外,其音乐型没有切分和附点,这也使得动态不具备跳跃感,有一种怡然自得的内心表达,这种节奏特点是对仫佬族民族从容淡定的民族性格的写照,勾勒出仫佬族人对生活、世态有强烈适应力和满足感的内心世界。

四、简单朴素的审美观

相较于其他傩舞形态,仫佬族傩舞比较理性,没有过于癫狂的肢体表现,充满着朴素的色彩,具有浓郁的生活气息,与周围环境吻合贴切。这是仫佬族在民族发展过程中所形成的审美范式,而这种审美范式与仫佬族的生态高度吻合。

(一)依生之美

仫佬族是历史悠久的农耕民族,从古至今,农耕民族对自然的依赖自不待言。"仫佬人对自身有客观的认定,并不过分夸大人的自然改造力,而是有着强烈的'人与自然互惠'的观念。生态系统中各因子之间的关系是相辅相成,彼此掣肘,又互惠互利的关系。"[1]因特定的地理生存环境,仫佬族对大自然有着天然的依赖和亲密感。智慧的仫

---

[1] 李大西:《仫佬族文化的生态智慧》,民族出版社,2018,第192页。

佬族很久之前便意识到自然对于人类的重要意义，他们有强烈的自然保护观念，同时对自然又有强烈的依赖感。依照仫佬族的风俗，每逢仫佬族有新生儿降临，其父母都需要为孩子找一个"契娘"；而仫佬族人往往以自然界的事物来承担这个角色，如树木、动物等，这足见仫佬族人与自然的亲密关系。将大自然奉为自己的"衣食父母"，这样的自然观念使得仫佬族傩舞表现出强烈的人与自然的依生之美。在傩舞"唱神"环节中，师公要对神灵进行扮演颂唱，唱颂雷王、土地公等自然界神灵，通过对他们的颂唱为族人祈求风调雨顺的生活。傩舞仪式"合兵"环节中，师公用稻穗或竹叶蘸鸡血对仪式参与者所携带来的"水牛""猪"和稻穗进行淋滴，寓意着六畜平安、五谷丰登。此外，两位师公面向祠堂外站立于被三十六碗米围住的凉席中央，一人左手执单面鼓和小锣、右手执双槌，一人双手拿小钹。两人相向反复做《三步罡》步伐动作，每完成一次便面向祠堂外鞠躬。这种面朝外的方式，实质是一种空间象征符号。面向外、面朝天，面对的是一种开放的空间，表达出对天地自然更为虔诚的心态，是仫佬族人对自然界的依赖心理所转化出的更为强烈的行动。

（二）竞生之美

人类的发展史实质是一部人类适应自然、改造自然、探索自然的成长史。人类正是在与自然的依存和博弈中获得经验、增强智慧，从而实现生生不息的传承。仫佬族民间的阿利捉风、依达搬山、罗义射狮、罗英驯牛等神话故事，都诠释了仫佬族在依赖自然的同时，努力改造自然的强烈愿望。

以仫佬族傩舞中的《筋斗画符》舞段为例，师公需要在罡单上完成腾空跃起、着地迅速滚地的动作，寓意压住邪气，这是一种人的主观能动性的彰显，是人们希望通过自己的能力驱走不祥，以求平安和顺内心诉求的外部呈现。在该舞段中，师公需要通过翻筋斗的方式祈求神灵降临，需要请三十六位神灵，因此需要完成三十六个筋斗。据银联相师傅的儿子银正爱所言，"筋斗翻得越高，请到神灵的神力就越大"。"跳舞和向空中纵跳都被证明为一种'顺势'模式，以使庄稼长得更高些。……根据'顺势巫术'的理论：人能够影响植物生长，并根据他的行为或状态的好坏来决定其影响的好坏。例如，多受孕的妇女能使植物多产，而不孕的女人则会使植物不结果实。"[①] 仫佬族傩舞中师公通过跳跃、翻腾等动作亦可理解为一种"顺势巫术"的表达，以强大的自身能力暗示强效的神力，旨在通过突破自身来祈求更强大的神灵降临，祈愿获取更大的福祉。动作中表现出仫佬族人在自然面前强大的主观能动性，彰显仫佬族人凭己之力主观能动改造世界的精神。此外，仫佬族傩舞中有大量的罡步。从源流来看，其与人类改造自然的心理欲求有一定关联。禹步为我国历史上著名人物大禹创行。"所谓大禹创行禹步的说法，首见于战国诸子的记载。战国尸佼《尸子·广泽》说：'禹于是疏河决江，十年不窥其家，足无爪，胫无毛，偏枯之病，步不能过，名曰"禹步"。'《荀子》说：'今羽士作法，步魁罡，即谓禹步也。'《洞神八帝元变经·禹步致灵》记载禹步来源说：相传大禹治水时，至南海之滨，见有鸟禁咒，能令大石翻动，而鸟禁咒时必踩出奇异步伐，大禹遂模仿此步伐，运用于治水之方术。由于此术很灵验，又是大禹模仿创作，人们就称之为禹步。"[②] 综上文献可以看出，禹步实质是人类在与大自然做斗争、改造自然的过程中形成的，后被道教引入。禹步即"步魁罡"，因此从某种意义上来说，禹步与罡步应具有相同属性和动态。由此，仫佬族傩舞中的

---

① 〔英〕J.G. 弗雷泽：《金枝》，徐育新、汪培基、张泽石译，新世界出版社，2006，第31页。
② 张泽洪：《论道教的步罡踏斗》，《中国道教》，2000年第4期，第7页。

罡步从文化属性上是道教文化的元素符号，但从其源流来看，亦是人类改造自然的精神外化。因此，仫佬族傩舞表达出仫佬族改造自然的心理诉求，诠释了仫佬族人勇于挑战的精神，在突破的腾跃翻滚、从容的步履中传递出一种竞生之美。

（三）和融之美

"和融之美当是指本体理性地认识到自身与客体的关系存在对立属性的同时，能够通过理解、宽容、妥协、调和等方式，建构起相互依存、和平共处的融洽关系，进而主客体达成有条件和谐共生的状态。"[1] 换言之，是人们在认识自然、改造自然的过程中所产生的与自然和谐共进的欲求。仫佬族傩舞中的"和融之美"即人神融合、人与自然融合。这种和融之美主要有两种表现方式。其一，"赋予客体的某些要素以平民属性"[2]，实现人神融合。仫佬族傩舞中有三十六位神灵，其中不乏世俗神灵，如梁王、吴王、梁九等神灵，这是在仫佬族传说中出现的具有生活色彩和平民气质的神灵。在傩舞表演中，师公需要通过扮演、颂唱和舞蹈的方式将神灵进行生活式再现。这是一种将客体赋予主体、主体承载客体的融合表演。主体的主观演绎赋予神灵以烟火气息，强化了神灵的平民属性，从而实现主客体的融合，达到神人合一的目的。其二，主体通过调整内部关系，或以具体的形式对客体进行模拟，以形似达意通，达到人与自然融合。一方面是通过借用自然界的物象达成。仫佬族傩舞中有大量的自然物象，如师公蘸鸡血时所用的稻穗、芋头制成的"水牛"等，都是链接意念世界的客观物象。另

---

[1] 吕瑞荣：《神人和融的仪式——毛南族肥套研究》，博士学位论文，云南大学，2013，第170页。
[2] 吕瑞荣：《神人和融的仪式——毛南族肥套研究》，博士学位论文，云南大学，2013，第170页。

一方面则是通过师公构建的舞蹈面貌加以实现。如前文所述，仫佬族傩舞蕴含着强烈的天地观和自然意识，动作中的天地对应体系、构图中的全方位观照，都是在追求一种平衡。其自然的动作、规律的节奏、有序的调度，使整体呈现出一种和谐的面貌。这是主体借形式求意通，以主体像客体的方式。通过一幅和谐的舞蹈图景，表达出人与自然和谐相处的意象。

第二节 物质与生态：多重文化表征

生态即生命存在的状态。当宇宙中的一切存在物都被赋予"生命"的本质时，人们对世界的认识就有了质的飞跃。[1]"仫佬族民间信仰有两个显著的特征：一方面传承了仫佬族信奉万物有灵的自然宗教传统；另一方面仫佬族民间信仰传承了制度化宗教，如佛教、道教等教义精髓，形成了带有地域性特征的混合型信仰形态。"[2]这种多元的文化信仰在其傩舞的物质形态中得到了充分彰显。

物质是文化和观念的具象化和承载物，是精神的象征符号，受自然和社会生态的双重影响。一张一弛皆故事，一器一物皆文化。如前文所述，仫佬族傩舞中的物质形态主要是以舞具为主，舞具是体现舞蹈与外部环境间接联系的重要载体，是在表演空间的环境创设时所涉及的物质化符号，如面具、手持道具、伴奏乐器等。仫佬族傩舞中面具是重要载体，面具对舞蹈的构成产生重要影响，对舞蹈的形态有一定的约束力，更是仫佬族傩舞多元文化的汇聚点，因此，本节将对面

---

[1] 李大西：《仫佬族文化的生态智慧》，民族出版社，2018，第176页。
[2] 银浩：《帝国意志的民间隐喻——仫佬族民间信仰若干问题研究》，《中外文化与文论》，2015年第4期，第240页。

具背后的文化意蕴给予重点阐释。

一、三元和合：儒释道文化共塑

仫佬族对文化有强大的吸附力，随着外来人口的迁徙，仫佬族逐渐形成了多元融汇一体的文化体系。"南北两分"的流域文化造成不同文化与传统以及"东西两合"的壮汉文化交融都深深影响民间信仰宗教形态。[①]在20世纪20年代，罗城仫佬族地区大兴土木，建造了不少的佛寺，例如开元寺、双福寺、万光寺。这些寺庙常年香火不断，周围的村民每年定期举行祭祀活动，祈求赐福消灾。而道教在村民心中似乎更为重要，若遇到灾难或祈求恩典，又或者还愿，都会请法师作法，来满足村民的驱邪、敬神、祈求平安的要求。[②]仫佬族深受汉族文化的影响，儒家思想的道德、礼制、入世观念对仫佬族地区产生了深远影响。这些都是仫佬族傩舞的物质形态的重要文化因子。

（一）面具承载的佛道文化

仫佬族傩舞中的三十六副面具，分别代表仫佬族傩舞仪式中所供奉的三十六位神灵。三十六副面具外形结构各具特点，内在却和谐统一。从面具的面部特征来看，多数面具都五官端正，具有明显的人格化特征，面目和善，仅个别是咧嘴獠牙的表情。从面具所象征的具体神灵来看，仫佬族傩舞面具神灵由地方主神、地方俗神和宗教神灵构成。三十六副面具彰显出强烈的人性特点和现实主义风格，隐喻着多

---

① 韦玺:《唱出来的"阴间"——平果下五区"做帮"仪式音声考察与研究》，硕士学位论文，广西民族大学，2012，第20页。
② 度修明:《道教文化与中国傩文化资源之现代开发》，《贵州民族学院学报（哲学社会科学版）》，2007年第6期，第5—10页。

层次的文化结构。

据笔者考察调研，迄今保留最为完整、时间最久远的仫佬族傩舞面具是目前收藏于罗城仫佬族自治县民族宗教管理局的三十六副面具，其具体制作时间尚不可考。据相关研究者所言，"其中十六个傩面是大河镇集成村唐峒屯吴姓家族保存下来的，有两百多年历史"。[1] 又据当地文化工作者介绍："这36副面具是我于（20世纪）90年代从（罗城）唐峒屯收集来的，据当时已经60多岁的村民说，面具是从他祖父那里传下来的。"[2] 由此推理，这些面具至迟应是清朝时期的产物。因笔者迄今尚未找到较之更为古老的仫佬族傩舞面具，故笔者将以这三十六副面具作为展开论述的主要依据。

从面具的面部结构看，三十六副面具的面部比例均和谐匀称，左右上下对称合宜。面具大于人脸且凹凸有致，其面多为圆脸或方脸，两耳垂长，嘴唇饱满，双目狭长，两眼有神，眼尾微上扬。面具面部结构特征与佛教中神仙的面部结构特点同声相应。从面具所象征的神灵角色看，其本身具有鲜明的佛教文化色彩。最直观的表现莫过于"观音""三界"等佛教神灵在三十六位神灵中的列席。此外，"太保"弯眉眯笑，嘴唇饱满，嘴角微扬，下巴内兜，其神态与佛教中的弥勒佛祖有几分相似。从具体的细节来看，"点楼使者"的眼睛微微闭上，表现出一种"开悟"的状态。这与在"不用眼看，用心悟"的佛教理念下所形成的双目微闭的佛像形态相类。"三界"头饰上雕饰的莲花图案，亦是佛教文化烙印。值得注意的是，在仫佬族的建筑尤其是民宅中，其屋顶主要以铜钱和莲花为雕饰，"东门镇的仫佬族民居屋顶

---

[1] 黄晓明，胡晶莹：《舞祭——广西民间祭祀舞蹈文化田野考察与研究》，广西师范大学出版社，2006，第95页。

[2] 时任罗城仫佬族族自治县党委宣传部副部长玉庆福2019年8月26日接受笔者采访时所言。

多雕饰以铜钱，而四把镇的仫佬族民宅屋顶则多以莲花为雕饰。铜钱象征着财富，莲花则代表着平安吉祥"。① 凡此种种，既是佛教思想在仫佬族社会文化中的当代遗存，亦明昭历史上佛教文化对该地区的深远影响。佛教大约在西汉末年传入我国，其主要途径一是"西北丝绸之路"，二是"西南丝绸之路"，三是"海上丝绸之路"。② 广西的合浦、乌雷（在今钦州市）是古代"海上丝绸之路"最早的起锚地之一，而广西又与当时的交趾（今越南）接壤，极佳的地缘优势使得广西成为佛教东传过程中的桥头堡。"在西汉晚期，佛教已流传于桂东南和桂北一带。……两宋时桂北也是广西佛教的鼎盛时期。"③ 地处桂北地区的广西罗城仫佬族自治县，县内庙宇众多。"据嘉庆修《广西通志》载：'天河獠（僚）在县东，又名姆姥。……独喜浮屠，蔬食三年，谓之血盆斋，言为母报恩，群聚于佛寺，鸠钱具蔬，延浮屠超荐其父母，谓之忏斋'。"④ 这足见佛教文化对当地的沁入之深。由此，仫佬族傩舞面具的外部形态与佛教文化的内在契合便顺理成章。概言之，仫佬族傩舞面具是佛教文化与仫佬族社会相互融会的物态表征。

仫佬族傩舞面具象征仫佬族傩舞仪式中所敬奉的三十六位神灵，其中便有诸多的道教神灵，而最为典型的为"梅山法王"和"三元"神灵，两者皆为道教神灵。"梅山法王"是道教闾山派的分支、流行于中国南方少数民族地区梅山派的师主，而"三元"作为道教神仙，原指宇宙生成的本原，后来逐步衍化为道教神灵或节日名称。在汉族传

---

① 时任罗城仫佬族族自治县党委宣传部副部长玉庆福2019年8月27日接受笔者采访时所言。
② 陈波江：《佛教传入广西时间考》，《学术论坛》，1995年第5期，第94页。
③ 林志杰：《论佛教在桂北的兴盛及其原因——兼谈"桂北文化现象"》，《广西民族研究》，1999年第9期，第99—100页。
④ 《仫佬族简史》编写组：《仫佬族简史》，民族出版社，2008，第126页。

统文化的理解中，三元还有上元、中元、下元之意。此外，有着"元始天尊"美誉的"盘古"亦是道教真神中的最高尊神。这些道教神灵的列席为仫佬族傩舞面具增添了多元的宗教文化色彩，提升了傩舞面具的文化底蕴。（见表4.1）

表4.1　仫佬族部分神灵面具及对应文化

神灵名称	面具图片	文化意蕴
观音		佛教文化
盘古		道教文化
梅山法王		道教文化
扫坛		道、佛教文化

续表

神灵名称	面具图片	文化意蕴
家仙		道、佛教文化
威德大王		佛教文化
三界		佛教文化
三元		道教文化

（二）场景里的儒教符号

仫佬族深受汉族文化影响。从语言文字来看，仫佬族傩舞仪式中师公所用的"土拐话"便是例证；从宗教信仰来看，仫佬族除信奉自然宗教，还信奉道教、佛教等人为宗教，而这些人为宗教都来源于广大的汉族文化地区；从价值理念来看，仫佬族有完善的类似汉族传统文化中三纲五常的道德规范，且崇尚"学而优则仕"的儒家思想观念。"凤头山，县东三里，一名凤凰山，其形似凤昂首。榜山，县南三里，形似挂榜。道光五年，知县林光棣以邑士久停科甲，劝勉多方，镌榜山题名四字于山石，有题句，又镌历科乡会进士举人姓氏官职于左。"①《天河县志》的记载足见汉文化对仫佬族的影响。

仫佬族傩舞场景中儒教符号集中体现于两方面。一是场景布局的秩序感。史华兹（Benjamin I.Schwartz）指出："先秦思想家，无论是孟子还是荀子，皆有'秩序至上'的观念。"②仫佬族傩舞场景创设充满着强烈的秩序感，其遵循着"制—写—摆—展"的步骤和"从外到内、从大到小、由高到低"的布局秩序。本书在第二章中对仫佬族傩舞仪式的环境创设做了详细阐述，在此不加以赘述。二是场景布局中的儒家元素。这些元素实质是指仫佬族傩舞表演场景中具体的物象，表现有二。其一，场景中的"天地君亲师"牌位（图4-1）。天、地、君、亲、师将人与自然、人与社会、人与人之间的关系高度概括，是儒家思想中的重要理念。仫佬族傩舞仪式举行的场所中，常有"天地君亲师"的牌位，且立于神龛之上，足见其在仫佬族人心中的分量。其二，祠堂内两侧的雕像。在石围屯银氏祠堂中，左侧为孔子雕像（图4-2）、后侧则是真武雕像（图4-3），这既是儒家思想的典型性符号，也彰显出仫佬族人对文治武功的追崇。《天河县志》中有云："科费。中式举人建坊银每人给二十两。举人会试盘费银每人给二十两。武举会试盘费人给银十二两七钱八分六厘。"③这是对当时政府为参加文武科举人才提供盘缠的记录，足见仫佬族人对文武科举选拔的重视，也反映出仫

---

① 〔清〕林光棣：《天河县志》（卷上），清道光六年刊本。
② 〔美〕本杰明·史华兹：《古代中国的思想世界》，程钢译，江苏人民出版社，2013，第414页。
③ 〔清〕林光棣：《天河县志》（卷上），清道光六年刊本。

佬山乡对儒家"入世"思想的接受和吸纳。

图4-1　仫佬族百姓家中供奉的"天地君亲师"之位

图4-2　石围屯银印祠堂中的孔子像

图4-3　石围屯银印祠堂中的真武像

（三）法器蕴含的道教精神

仫佬族深受道教梅山、茅山两种教派影响，其傩舞中蕴含着深厚的道教文化。主持仫佬族傩舞仪式者被称为"道公"或"师公"，且为道教闾山派的分支梅山派，其身穿"寿"字道服，戴"寿"字帽冠，所跳的罡步舞皆为道教文化的泛化表现。从物态来看，最能表现道教精神的，舍去前文所述的傩舞面具中的道教神灵，便是舞蹈中使用大量的法器，如用于镇邪魔的镇坛木、七星剑，用于占卜、具有阴阳两面的筊，用于召集神灵的法螺，等等。这些法器均具有明确的功能，是道教文化在仫佬族傩舞中的物质性体现。

二、万物有灵：原始宗教观念

在仫佬族的传统认知中，生命受赐于大自然，这直接衍生了"自然为大""万物有灵"的价值观和生命观，拜树为"契娘"、给牛过生日等习俗是对此观念的印证。在仫佬族人过去的社会生活中，民间信仰占据着重要的地位。仫佬族人崇拜自然现象和万物生灵，日月星辰、风雨雷电、山水草木、飞禽走兽等一切自然事象和生物，都是他们崇拜的对象。

（一）朴素的自然崇拜

仫佬族对大自然有特殊的情感，这也形成了他们对自然天神的崇拜。仫佬族傩舞中的舞具，多数源于自然。如师公蘸血淋滴时所用的稻穗或竹叶、参与者所制的"芋头水牛"和"红薯猪"等，都是取自自然的物品。傩舞神灵面具中有诸多自然神灵面具，如"雷王""土地公"。仫佬族所居地区"由于高山多，空气对流频繁，所以当地比较容易产生冰雹天气，春夏之交出现的几率最大，有时会对农作物、人畜造成危害"[①]。这样的自然环境，催生了人们渴望借自然神灵求自身庇护的心理诉求。"开山使者"神灵帽冠上的对称图案，形似两侧云朵、中间太阳，其下层连续的三角形图案，亦类似于连绵群山；而"南曹"神灵帽冠上的正方形和圆形图案又有象征自然界"天圆地方"的寓意。这些都是仫佬族人自然观念的反映，是他们朴素的自然崇拜

---

① 李大西：《仫佬族文化的生态智慧》，民族出版社，2018，第12页。

图4-4　仫佬族傩舞仪式中的稻穗

的外在形式。

(二)生殖崇拜

作为百越人的后裔,广西壮、侗、水、毛南、布依、仫佬等民族,都把"子"的繁衍视为家族,乃至整个民族兴旺发达的根本。[①] 从物质层面来看,仫佬族傩舞的这种生殖崇拜表现有三:一是手工制成的红白花(图4-5);二是代表"婆王""花林太子"两位神灵的面具;三是包胎布。红白花是作为仪式结束时由参与者取回家的祝福品,是仫佬族民间"花婆"生殖崇拜的物质表达,其由红纸或白纸制成类似人形的模样,分别代表着男孩和女孩,是仫佬族原始生殖崇拜的当代遗存。同时,仫佬族傩舞中象征"婆王"和"花林太子"两位神灵的面具,亦有生殖崇拜的象征意义。"花婆在仫佬族人心目中已经成为评判道德好坏的神灵。因为过去久婚不孕者会被认为是前世缺少公德,会受到

---

① 李路阳,吴浩:《广西傩文化探幽》,广西人民出版社,1993,第62页。

花婆不予之子嗣的惩罚，因此他们只有通过虔诚叩拜花婆的方式，以求花婆开恩赐予其子嗣。"[1] 包胎布 (见图4-6、图4-7) 是师公在戴面具前所用。师公将其从自己的头顶包至下颌处，意谓可包去"凡胎"而出"神象"，故曰包胎布。其为一块长方形的白色长布，约0.3米宽，3米长，"实际的作用是一为遮羞壮胆，二是为了作为木壳面具衬垫，以防磨伤皮肉"[2]。仫佬族傩舞中，师公所用的包胎布两端画有人头鱼身像。新石器时代的人面鱼纹彩陶盆反映了原始时代人们祈求渔猎收获的愿望，是仰韶文化时期的典型纹饰。仫佬族傩舞中包胎布上的人头鱼身像或许与此类文化存在一定的关联，是原始文化的遗存。另外，鱼多子，笔者认为，这亦是一种原始生殖崇拜的观念表达。

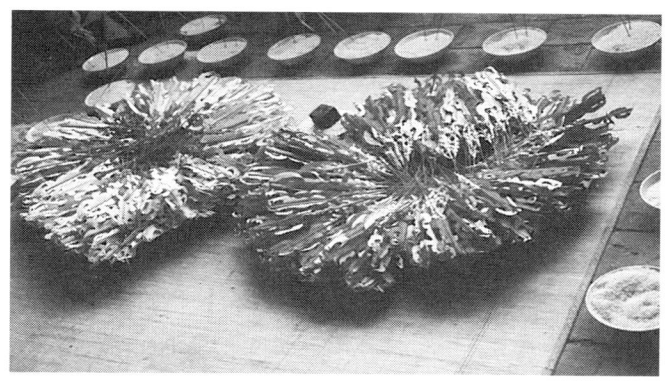

图4-5　仫佬族傩舞仪式中的红白花

---

[1] 黎炼，黎学锐:《生命之花的传承——论仫佬族花婆神话的生命意识与教化功能》，《河池学院学报》，2009年第1期，第91页。
[2] 顾乐真:《桂林戏面——广西傩面具的演变》，载庹修明主编《傩文化与艺术》，贵州人民出版社，1993，第335页。

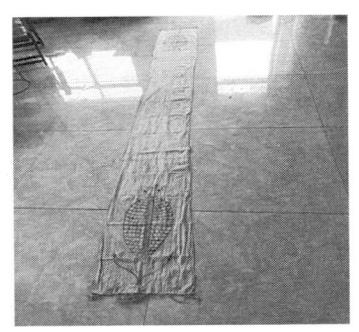 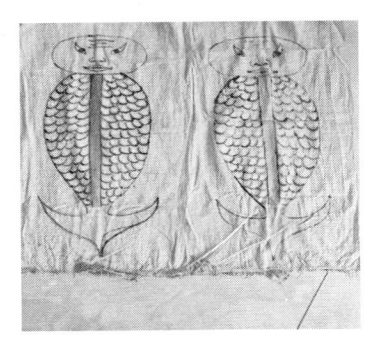

图 4-6　包胎布　　　　　图 4-7　包胎布两端的人头鱼身像

(三)"神人合一"的原始观念

作为"靠天吃饭"的传统农耕民族,仫佬族必然有其普世性情怀及夙愿,即既敬畏天神,又祈愿神的眷顾,甚至幻想与神构成平等对话。这种情怀直接表现在仫佬族傩舞面具之中,表达出仫佬族"神人合一"的秩序理念。仪式过程中,神灵面具陈列于傩堂两侧上方,从空间结构来看,是对神灵高高在上的地位的一种空间诠释;另一方面,营造出一种神灵一起参与、见证、监督傩舞仪式的氛围,是"神人和融"观念的外化。

仫佬族傩舞面具中,既有各类宗教神灵,又有"鲁班""梁九"等世俗神灵,还有"吴王""梁王"等仫佬族先祖神灵,诠释出仫佬族"人神"共建家园的民族愿景。仫佬族聚居于"地无三尺平"的罗城。据《殿粤要纂》载:"罗城在万山中,鸟道羊肠,伶僮居之。"特殊的自然生存环境迫使人们在自然崇拜的观念引领下力图与自然和合,表现出一种"'与天地合其德,与日月合其明,与四时合其序,与鬼神合其吉凶'(《易·乾文言》)的文化心理"[①]。在自身奋力开疆拓土的同时,仫

---

① 余达喜:《傩——一种泛文化现象》,载王国炎主编《"卧龙人生"文化讲演录(第一辑)》,江西人民出版社,2011,第167页。

仫佬族人对自然和神灵又怀有倚仗心理，从而使其傩舞面具神灵逐步泛化。碍于恶劣的生存环境，仫佬族人对生活中的世俗圣人和传说中的神圣仙人包容并收，对各层次神灵均保留敬畏之心，祈求以这种虔诚从神灵身上获得全方位的庇护。与此同时，仫佬族人崇尚自然，又希望借自然之力改造自然。他们以人格化的方式来同化自然力。正是这种人格化的欲望[1]，使大量的世俗神灵涌现在傩舞面具中，从而出现了神俗神灵"人神"共列的现象。

仫佬族傩舞面具在独特的仫佬族文化语境中的表达，是一种神俗交互、人神共建的模式。"当某个族群将某一种自然界的事物当作'神灵'崇拜时，他们便会从内心对这种事物怀有敬畏感和恐惧感。在日常生产生活中总会下意识地与这些'神圣'的事物保持相应的距离，在神灵与自我间划清界限。而仫佬族人不同，他们对所崇拜的对象非但不'敬而远之'，相反还将它们请进自己的日常生活中，把它们当成形影不离的'亲人'。"[2]可见，仫佬族的神灵或祖先崇拜更具有现实性和生活性。仫佬族傩舞面具本身不构成意义，经由师公佩戴扮演，赋予其本身以灵魂和神圣感。师公戴上面具，以诵念唱跳的方式，借神之名传授生产劳动、日常生活、为人处世的经验和社会道德规约，表演中注重神灵与人之间的互动。仫佬族的傩舞面具，并非纯粹的神圣层面的精神象征，而是直接参与和引导着仫佬族人的社会生活，具有强效的世俗教化功能。仫佬族傩舞仪式中的"唱神""跳神"环节，师公佩戴上面具载言载舞，所唱诵内容多元丰富，涉及面广泛多维。这是为突破文字缺失的窘境而为自身文化传承寻求的蹊径，更重要的是

---

[1] 马克思，恩格斯：《马克思恩格斯全集（第20卷）》，人民出版社，2006，第672页。

[2] 李大西：《仫佬族文化的生态智慧》，民族出版社，2018，第53页。

彰显仫佬族人"人神合一"的生命理念。傩舞面具是仫佬族神圣与世俗世界的衔接点，神灵既是神圣世界里的精神向导，又是世俗生活中的日常指南，直接参与和惠及仫佬族人的生活。

三、相依共生：多民族文化和融

广西仫佬族所聚居地罗城仫佬族自治县是一个多民族杂居的区域，据2021年《罗城仫佬族自治县第七次人口普查公报》显示，罗城仫佬族自治县总人口272672人。第六次人口普查公报显示，汉族人口76070人，壮族人口142259人，瑶族人口4184人，苗族人口2125人，侗族人口2610人，毛南族人口66人，其他民族42250人。[①]

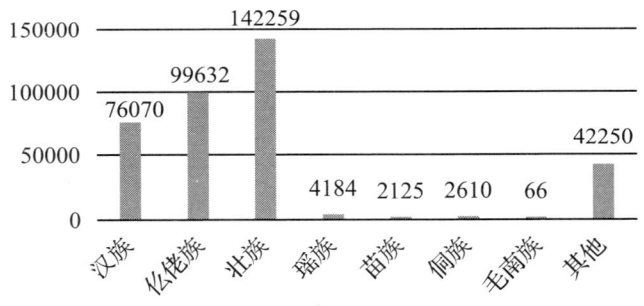

图4-8 罗城仫佬族自治县各民族人口占比（2010年）

从民族发展来看，仫佬族的发展史是多种文化兼容并蓄的过程。首先，仫佬族是从百越的大族群中分化出来的，这就使得仫佬族在根源上并非绝对隔离独立的民族。其次，其居住于壮族、瑶族等民族杂

---

① 参见广西河池市罗城仫佬族自治县人民政府网站：http://www.luocheng.gov.cn/sjfb/sjgb/t9627280.shtml［EB/OL］.罗城仫佬族自治县第七次全国人口普查主要数据公报解读。因罗城仫佬族自治县第七次人口普查关于各民族人口分布统计数据尚未更新，该数据为罗城仫佬族自治县第六次人口普查结果。

居的环境中，所生存的文化空间是多元的。此外，汉族文化对其亦存在强势渗透和影响。仫佬族人能客观地认知自我，深知自身的局限性，因此，在仫佬族人的观念中，有着吸收他人之优长的天然秉性，这也树立了仫佬族开放包容的民族发展观。

仫佬族的和融民族观与其"人神和融"的观念息息相关。仫佬族人口相对较少，他们所占的地方并不太多，所以他们的居住地附近常常是壮族、汉族等其他民族的村屯。"在长期的历史发展进程中，仫佬族人与壮、汉等族人民相互交往、相互联姻、相互帮助，你中有我，我中有你，互相都离不开，所以大部分仫佬族人除了会说本民族的语言外，还精通壮语、汉语。"[①]

（一）汉文化的涵化

1. 面具中的"汉元素"

仫佬族作为广西古老的土著民族，其既有稳定的本民族聚居模式，又因其所处的地理空间，出现了和其他民族杂居的现象，这构成其多元的文化生态，而仫佬族傩舞面具则是这种文化生态的物质载体。历史上，秦始皇曾出兵统一岭南地区，并设置了桂林、象和南海三郡，自此，中原人便开始大规模地进入岭南地区，中原文化也随之传入，仫佬族亦深受中原文化影响。从傩舞的源头看，"傩"是中原文化的产物，那么中原文化对仫佬族傩舞面具的涵化作用不言而喻。诸多中原文化里认同的神灵也存在于仫佬族傩舞中，如"鲁班""土地公""社王"等，其中既有俗界的"鲁班"，又有神界的"土地公"和"社王"。从审美特征来看，三十六副面具均有相对立体的面部结构。值得注意的是，面具中人物的面部结构、特点和比例与作为广西土著的百越人后裔的仫佬族之间

---

① 黎学锐，黎炼：《仫佬族依饭节》，北京科学技术出版社，2013，第8页。

存在着较大的差异。面具中的人物五官立体，轮廓较分明，大多为高鼻大眼且嘴唇饱满。从考古学角度看，仫佬族人最早可追溯到五万年前的"柳江人"。"1958年在广西柳江县新兴农场通天岩发现的'柳江人'化石具有南方蒙古人的特征，与现代的仫佬、壮、侗等各民族人种相同。"[①]"柳江人头骨没有现代人的高，牙齿中等大小；股骨干上部的扁平度介于北京猿人和现代人之间，股骨中段髓腔比山顶洞人还小。这些特点反映柳江人具有一定的原始性，但总的来说，更接近于现代人并且有蒙古人种的体质特征，是正在形成的蒙古人种的早期类型。"[②]而仫佬族作为壮侗语族成员，有着与"柳江人"相似的五官结构。"据考古研究，新石器时代的广西'柳江人'的形貌特征为：前额骨隆起，骨、鼻梁、嘴突出，鼻宽阔，有热带人特征。"[③]由此可见，仫佬族傩舞面具的面部结构特征与仫佬族人的面貌存在一定出入，这是汉族文化曾对仫佬族文化产生影响的有力证实，同时亦彰显出仫佬族对外来文化强效吸附、兼容并蓄的能力。此外，"梁王"帽冠上的云彩图案或与楚文化存在着一定的联系。周代中晚期以后，以云纹为主的装饰风格在楚地逐渐形成。在古人的精神世界里，云乃圣天的造物，是吉祥和高升的象征。由此推测，仫佬族傩舞面具上的这类装饰亦应是楚文化遗存，这也与前文所提出的"仫佬族傩舞受楚巫文化影响"的论证相契合。

2. 鼓的应用

许慎的《说文解字》有载："鼓，郭也。春分之音，万物郭皮甲而出，故谓之鼓。"鼓在汉族文化中有着极高的地位，鼓亦是农耕民族的典型器物。周代便有"六鼓四金"之礼，鼓在其中具有多样化功能。

---

① 黄敏珍：《广西罗城县仫佬族与壮族的族群关系研究》，《广西广播电视大学学报》，2006年第1期，第77页。

② 岑家梧：《中国原始社会史稿》，民族出版社，1984，第21页。

③ 李大西：《仫佬族文化的生态智慧》，民族出版社，2018，第6页。

鼓是古代祭天祭社之器、古代战争之声令、宫廷演奏之乐器。仫佬族傩舞中的鼓有两种。一种是双面鼓，即两头蒙皮，中间掏空，形状圆扁，与汉族的堂鼓并无差异；另一种是单面鼓，其一边蒙皮，中间空，圆形且小巧。从形制上来看，仫佬族傩舞中的鼓与汉族鼓的形制别无二致，演奏和敲击的方式类同。就功能而言，在仫佬族傩舞中，鼓承担着发号施令的任务。师公先击鼓，然后其他乐器便开始一起演奏，在伴奏声中，师公才开始起舞，这与周代鼓的功能有重合之处，是中原文化对西南少数民族地区影响的产物。

（二）周边少数民族文化的融合

仫佬族是极具文化包容性的民族，长期的民族杂居环境，使仫佬族与周边少数民族具有共通的文化特征，这也直接反映在其傩舞面具中。仫佬族傩舞面具指代的神灵中，有仫佬族与其他民族共祭的神灵。如"李社大王"是仫佬族和瑶族共祭的掌管村落和居民的民间社神，而"婆王"和"雷神"亦是壮侗语族民族的共祭神灵。"婆王"掌管生育，是民族生息繁衍的重要精神保障。"壮族、瑶族、侗族、仫佬族、毛南族等岭南少数民族大都将婆王（又称花婆、花神、花王圣母）供奉为掌管生育的女神，人们通过祭拜婆王以求子嗣。"①河池市环江毛南族自治县一带的毛南族民众也信奉"婆王"，"婆王"是毛南族肥套仪式中重要的神灵。与仫佬族类同，毛南族所信奉的"婆王"也有"花林"这位助手，只不过"花林"在两个民族中的性别有差异。"仫佬族婆王的助手为男神花林太子，毛南族婆王的助手为女神花林仙官。"②毛南族傩面中亦有称为"花林"的神灵，且具有与仫

---

① 黎学锐，黎炼：《仫佬族依饭节》，北京科学技术出版社，2013，第140页。
② 黎学锐，黎炼：《仫佬族依饭节》，北京科学技术出版社，2013，第141页。

仫佬族"花林太子"相同的功能。"'梁、吴二帝'（亦称'梁王''吴王'或'梁吴二侯王'）神灵信仰在桂北罗城、融水、柳城一带的汉、壮、瑶、仫佬、毛南等族民间都有流传，属于地方保护神，桂林一带汉族称之为'梁吴二牛倌'；环江毛南族称之为'梁吴二帅'，是掌管禽畜的神。"[①]壮族和侗族的还愿仪式所祭祀的神灵数量与仫佬族相类。前者有"三十六神七十二相"[②]，后者亦有三十六位之多。仫佬族与壮族、毛南族、瑶族均属壮侗文化圈，且都是传统的农耕民族，相类的生产生活方式和相毗邻的文化空间，使民族间形成了类同的文化形貌和趋同的价值理念，并直观体现在仫佬族傩舞面具中。此外，仫佬族傩舞面具所指代的神灵亦彰显出仫佬族自身的文化特质，这主要表现在两个方面。一方面是母系观念的遗存。"白马娘娘"是仫佬族人公认的民族女英雄。仫佬族历史上曾是传统的母系社会，而"白马娘娘"所代表的女性英雄形象实质是母系观念在新的仫佬族社会语境下的具象表达。此外，女性神灵在三十六位神灵中占有不小的比例，如"婆王""白马娘娘""观音""圣母""四山七娘"等。另一方面是强烈的感恩情怀。从生活习俗到思想观念，"感恩"已然成为仫佬族的集体潜意识。从传统婚俗来看，仫佬族社会有女子"不落夫家"的传统习俗，指的是仫佬族女子在结婚后至怀孕前这一段时间内，需住在娘家帮父母分担家务和农活，以此报答父母养育之恩。此外，仫佬族最盛大的传统节日依饭节的"依饭"二字即为"还愿"之意，而"吴不食狗"的民间习俗亦是仫佬族人的感恩情怀在生活中的质朴表达。从面具指代的神灵来看，"吴王"和"梁王"均是仫佬族传说中解救仫

---

① 吴国富：《仫佬族依饭节来源新探》，《广西民族大学学报（哲学社会科学版）》，2016年第5期，第73页。
② 中国各民族宗教与神话大词典编审委员会：《中国各民族宗教与神话大词典》，学苑出版社，1993，第751—758页。

佬族先祖于水火的恩人，其作为地方主神列席于仫佬族三十六位神灵中，每年受仫佬族人祭拜，足见其在仫佬族人心中的崇高地位，也进一步体现出感恩品质在仫佬族民族传统价值观念中的价值。

表 4.2　仫佬族部分神灵面具身份与文化意蕴

神灵名称	面具图片	身份	文化意蕴
吴王		地方主神（仫佬族民族恩人）	感恩情怀
梁王		地方主神（仫佬族民族恩人）	感恩情怀
婆王		宗教神灵（掌管生育）	原始生殖崇拜
雷神		自然神灵（掌管气象）	自然崇拜、农耕文化

续表

神灵名称	面具图片	身份	文化意蕴
社王		地方俗神（掌管社稷）	汉文化、农耕文化
花林太子		宗教神灵（掌管生育）	原始生殖崇拜
白马娘娘		地方主神（仫佬族民族英雄）	感恩情怀
李社大王		地方俗神（管村管民的民间社神）	多民族文化
南曹		地方俗神（古代官职）	汉文化

续表

神灵名称	面具图片	身份	文化意蕴
功曹		地方俗神（地方父母官）	汉文化
三光		宗教神灵	自然崇拜
七圣牛哥		地方俗神	农耕文化
梁九		地方俗神（本地父母官）	感恩情怀
土地公		宗教神灵	自然崇拜、农耕文化

第三节 思想整合与人文观照：仫佬族傩舞文化价值

本章前两节主要以仫佬族傩舞形态为切入点，分析形态与生态的关系，探寻其背后的文化因子，阐述舞蹈形态背后的文化意蕴，其既是自然垂成，又有社会锻造；既有原生意识，又有文化思维。通过分析，我们可以清晰窥见仫佬族傩舞形态背后深厚且多元的文化体系，这也更加彰显仫佬族傩舞独特的文化价值。

一、思想整合：族群赓续与品格淬炼

"族群这一术语在人类学文献中通常被理解成是对以下这样的群体的命名：1. 从生物学角度来看具有较强的自我持续性。2. 共享在各种文化形式下的外显统一性中所实现的基本的文化价值观。3. 建立一个交流和沟通的领域。4. 拥有自我认同和被他人认同的成员资格，以建立与其他同一层级下的类别相区分的范畴。"[1]族群往往是以血缘为纽带所集中起来的群体，因此维系这个群体的基础便是血缘，这也是族群往往有强烈的祖先崇拜思想的根本原因。如果说血缘是基础，由其决定族群的最初建构方式，那么文字便是决定族群发展可持续性的关键因素。然而对于缺乏文字的民族而言，民间仪式便是其活态化的文字，以动态化的方式记录、撰写、延续着民族的历史。仫佬族傩舞便是如此，它是仫佬族长期历史演变发展的动态承载者。

---

[1] 〔挪威〕费雷德里克·巴斯：《族群与边界》，李丽琴译，商务印书馆，2014，第2—3页。

（一）族群记忆的赓续

仫佬族傩舞是仫佬族的文化表征，是仫佬族认同感与归属感相结合的精神情感共鸣的传输带。文化记忆是文化的载体之一，文化记忆论由德国学者阿斯曼在20世纪90年代提出，认为以文字和记忆为主要媒体的文化记忆，对民族主体性的形成有着直接的影响。它以类似于集体灵魂的价值观念体系为核心，经过政治及文化精英的维护处置而外化为文本和仪式，二者在互动中共同塑造一个民族的整体意识和气质。[1] 仫佬族傩舞承载着仫佬族共享的文化记忆，表现有二。

其一，族史记忆。仫佬族傩舞仪式是仫佬族区别于其他族群的标志，是仫佬族文化的象征系统，促进了仫佬族人对于共同性的认识，并成为仫佬族文化认同的核心。仫佬族傩舞仪式是仫佬族共同的象征符号，是人们记录历史、理解世界的重要方式，它将仫佬族人过去和现在以及未来都关联在一起。仫佬族傩舞是仫佬族文化的核心，是仫佬族文化认同、族群认同和审美认同的重要载体，它赋予日常以非常，给予物品以品质，使原本生活中的平凡达到不凡的意义境界。作为仫佬族文化的象征符号，傩舞为仫佬族文化圈的人所认可，是仫佬族族群记忆的赓续，它以稳定的结构形式和动静态结合的方式记录着仫佬族的规约、审美、思想价值。傩舞中所涉及的神话人物、唱段等，既是仫佬族人超现实生活思维的表达，亦是其生产劳动、生活智慧的结晶，激发了仫佬族人的民族自豪感。

其二，规约记忆。"原始人的正面仪式和负面仪式之所以得以存在和持续，是因为它们是使有秩序社会的存在得以维持的机制中的一个组成部分，它们确定了某种基本社会价值。这些使仪式合法化并赋予仪式

---

[1] 王霄冰：《文化记忆视角下的文字与仪式》，载迪木拉提·奥迈尔主编《文字、仪式与文化记忆》，民族出版社，2007，第21页。

某种一贯性的信仰是对象征行为以及与之相关的情感的理性化。"[1]从某种程度上说,傩舞仪式即"民间法律",是族群的规约和制度。社会常被分成两种类型,"一种并没有具体目的,只是因为在一起生长而发生的社会;一种是为了要完成一件任务而结合的社会"。[2]滕尼斯(Tonnies)将两者称为礼俗社会(Gemeinschaft)和法理社会(Gesellschaft),涂尔干(Durkheim)则将其概括为"有机的团结"和"机械的团结"。在法治社会尚未形成前,中国社会基本都是传统的礼俗社会,这种礼俗社会的秩序往往是建立在人们约定俗成的观念之中。傩舞便是仫佬族人形成规约的共同媒介,是人们交流的一个记号,是一种彼此之间能构成某种共同意义的记号。从傩舞仪式的组织来看,仫佬族傩舞仪式以"冬"为组织单位,各"冬"有各自的时间和频次安排,这在仫佬族社会已是约定俗成的现象。仫佬族有强烈的家族观,从"冬"这一特殊组织即可看出仫佬族对血缘和家族的强烈认同,也正因为有这样的家族观,使得仫佬族社会存在很强烈的宗族自治的传统,即形成自身的宗族规章、教导训则用以约束族人行为和强化民族的自我治理,此外,傩舞还规训着仫佬族社会的方方面面。傩舞中有大量的描绘生产生活场景的动作。如《鲁班伐木架桥》《牛哥赶牛》的内容,便是对生产技能、生活经验的传导和推广,这既是一种仫佬族内部的共享生产性规约,又彰显仫佬族人将劳动生产视为第一要务的生活观。

(二)精神品格的淬炼

仫佬族傩舞深受儒释道文化影响,蕴含着强烈的道德观念和品格

---

[1] 〔英〕A.R 拉德克利夫-布朗:《原始社会的结构与功能》,潘蛟、王海贤、刘文远、知寒译,中央民族大学出版社,1999,第168页。

[2] 费孝通:《乡土中国》,北京大学出版社,2012,第13—14页。

意识，对仫佬族人思想、精神、品格的塑造和陶冶有极大的能动作用。这主要表现在两个方面。

第一，塑造民族思想自律的品格。傩舞对仫佬族人自律的思想精神的影响，一方面体现在傩舞内在的道德性。"道德观念是在社会里生活的人自觉应当遵守社会行为规范的信念。它包括着行为规范、行为者的信念和社会的制裁。它的内容是人和人关系的行为规范，是依着该社会的格局而决定的。从社会观点说，道德是社会对个人行为的制裁力，使他们合于规定下的形式行事，用以维持该社会的生存和绵续。"[1]在礼俗社会的中国，道德在一定程度上起着法律的作用，道德规范便是民间法律，其关系着社会的稳定和民族的发展。在少数民族族群中，道德规范具有一定的空间局限性，一般都是在单一族群内部存在，具有一定的独立性，是人们通过建立具有一定强制性的权威以达约定俗成的行为自觉的过程。仫佬族人将本民族传统文化中的与人为善、仁义忠孝、感恩知足等道德观念通过傩舞的形式宣扬出来，这些道德观念涉及仫佬族人的生产生活和精神世界。仫佬族傩舞对仫佬族人的道德教化，对仫佬族人价值观和人生观的建立，对仫佬族社会秩序的构建具有重要价值。另一方面体现在傩舞本质的约束性。傩舞本是精神世界的产物。正所谓"三尺头上有神明"，这种主观世界的客观化，对人的行为构成影响。仫佬族傩舞对仫佬族人的行为道德约束具有积极的作用。因傩舞将人们主观世界的神灵客观化，通过神灵的劝诫、善诱、教导，使得仫佬族人思想上更有自律意识，行为上也更懂分寸。

第二，培养民族团队意识。岭南古百越民族有强烈的群体观念。

---

[1] 费孝通：《乡土中国》，北京大学出版社，2012，第51—52页。

"粤（越）人之俗，好相攻击"①，"越人相攻击其常事"②；越人好攻击之俗，"除了指氏族、部落间的掠夺、兼并战争外，也是越人盛行血族复仇制的一种真实写照"。③而战争需要通过群体协作的方式才可得以实现。仫佬族傩舞仪式对团队意识的树立主要由其表现形式决定。从表现形式来看，仫佬族傩舞中双人、三人舞段较多，舞蹈画面穿插交织，需要人与人之间的高度默契方可达成，因此每位成员都需要有强烈的团队协作意识，若一方出差错，便整体俱损。从结构形式来看，傩舞中每个环节都需要各方的协作配合。这种配合不仅是仪式主持者——师公之间的配合，还包括所有仪式参与者的协作。师公在表演时，旁观者需给予相应的语言配合；在"合兵"环节中，参与者需将所携带的物品摆放整齐，以便师公蘸血淋滴；在"送梁九"环节中，师公会对参与者提问，参与者将对师公的问题给予回答。仫佬族傩舞具有群体性基因，各个层面上的协作配合，便是对其本质属性的印证。

二、制度建设：稳定和谐的社会交流

维克多·特纳认为，社会生活是由结构和反结构的二元对立构成的，社会结构的特征是异质、不平等、世俗、复杂、等级分明，反结构的特征是同质、平等、信仰、简单、一视同仁。④维克多·特纳将仪式过程概括为结构与反结构，指出仪式过程是一个"结构—反结构—结构"的过程。通俗来说，"结构"是正常（日常）的社会化结构，即

---

① 陈延嘉，王同策，左振坤校点主编《全上古三代秦汉三国六朝文·第一册 上古至前汉》，河北教育出版社，1997，第248页。
② 瞿兑之：《秦汉史纂》，中国联合出版公司，1944，第163页。
③ 吴永章：《中国南方民族文化源流史》，广西教育出版社，1991，第401页。
④ 薛艺兵：《神圣的娱乐——中国民间祭祀仪式及其音乐的人类学研究》，宗教文化出版社，2003，第22页。

人与人之间存在身份、地位、价值的差异和层次；而"反结构"则是指非日常化的社会结构，人与人之间的身份地位和观念差异模糊消弭。在"反结构"的状态下，社会阶层关系、男女界限模糊。仫佬族傩舞仪式让日常生活中有身份差异的人找寻到一种共同的价值追求，进入同一精神世界，呈现出一种"反结构"状态，这种"反结构"状态打破人们原有的隔阂，拉近了人与人之间的距离，使人性变得更为单纯纯粹，从而使人们形成共有的价值认定和精神诉求，并构建一种具有制度化性质的模式，创造出更为和谐的社会交流环境。这主要表现在两个维度。

其一，人与人之间的和谐。通过参与傩舞仪式，仫佬族族群达到最大程度的和谐、团结和融洽，从而有效地维护了社会的安定。仫佬族傩舞具有交流功能，这种交流实质是一种世俗观的表达。如"唱神"环节中"雷神"唱的内容："说你听：莫拿父母做闲人，有父有母好第一，就比木大可遮雨，无父无母辛苦多。"世间人："父母不亲哪个亲？""说你听：莫拿兄弟做闲人，有兄有弟好第一，进州进府乃降人，无兄无弟辛苦多，就样鸡见无有毛。"世间人："兄弟不亲哪个亲？""说你听：莫拿媳妇当闲人，有饭有粥养媳妇，有棉有多媳妇好，无饭无粥养媳妇，留他身坏成浪荡。"世间人："媳妇不亲哪个亲？""说你听：莫拿邻舍做闲人，有盐有油乃同借，借乃这回又后会，个人天下他修善，个人不吃借与你。"世间人："邻舍不亲哪个亲？""说你听：莫拿兄舅做闲人，哪个有心敬兄舅，代代见孙尽聪明，哪个无心敬兄舅，代代见孙尽末门。"世间人："兄舅不亲哪个亲？"……以上的唱词基本囊括了人们在生活中最主要的社会关系，并给予具体的导向，将人与人之间的相处之道诠释得客观具体。

其二，人内心的和谐。仫佬族傩舞通过狂欢宣泄来达到身心的放松，通过心理调适来达到内心的和谐。人们通过傩舞仪式获得精神上的满足；通过参与仪式收获神灵的庇护，获取心理上最大的宽慰和抚慰，从而达到自身内心的和谐。仫佬族傩舞的社会功能还在于其集体性的天然属性。通过参与其中，族群达到最大程度的和谐、团结和融洽，从而有效地维护了社会的安定，使人们心中有希望，促使其内心和谐。

三、人文价值：人本思维的当代观照

人本主义着眼于满足人的物质和精神需求，遵循生命体的逻辑与规律。其以人的需求为导向，充分发挥人的主体地位，更加尊重人、依靠人和发展人。[①]仫佬族傩舞中有强烈的人本主义精神，一方面强调和肯定人的主体地位和价值，另一方面关乎人的发展和成长。它通过肯定人的主体位置，从人的物质和精神需求出发，遵循生命体的逻辑与规律，从而将历时性的传统观念与当代社会价值观形成共识性关联。

首先，强化当代人的主体意识。仫佬族的祖先神灵大部分都有着相同的悲惨身世。仫佬族傩舞仪式的唱本中载："白马娘娘"与梁八（梁善利）、梁九（梁九官）是本系兄妹，双亲亡故。又如吴广惠父母早亡，替公隐牧牛山上。笔者认为，这种传说中的祖先的悲惨身世，反映出仫佬族人两个维度的人本思维。其一，强调先祖开创事业的筚路蓝缕，歌颂先祖不凡的开拓精神。其二，强调人后天奋斗的价值，提倡"三分天注定，七分靠打拼"的价值观。这是对人本质的深层表达。此外，仫佬族傩舞面具都具有人格化特征，不具备兽性特点，这在一定程度上反映出仫佬族文化的开放以及人的意识观念。

其次，树立当代人的生态思维。仫佬族傩舞立足于人，蕴含着当

---

① 房亚明，刘远晶：《人本主义视角下城市社区公共空间的优化配置》，《中共福建省委党校（福建行政学院）学报》，2021年第4期，第111页。

代人的情感需求、心理和思维的内涵。仫佬族有"自然为大"的自然生态观,这种自然观念在仫佬族傩舞中得到了淋漓尽致的彰显,自然的风格律动、节奏及其所蕴含的自然观念等,无一不是。傩舞中所蕴含的自然生态观念对当代仫佬族的整体生态观念及生态系统本身具有相应程度的再造作用。仫佬族人因敬畏自然而崇尚自然,并将这种观念融入自己的社会生活和艺术实践活动中,通过社会实践的总结,又得出对生态平衡重要性的独到认知。舞蹈中的"天圆地方""万象和合"的自然观和宇宙观,一方面是仫佬族人崇尚自然意识的外化形态,另一方面又反过来强化和树立仫佬族人的自然生态观念,使其原本的自然意识得到具体的落实,从而使这种观念得到进一步约束和强化,因此,傩舞既是仫佬族人自然生态观念的承载,又反过来对仫佬族人的生态观具有能动作用。

最后,服务当代人文美育。仫佬族傩舞"天人合一"的思想、自然朴素的动作的催生因子之一便是道教文化。"道教美学探讨的重要课题主要在于人如何生活才有意义和价值,人如何才能超越现实人生和世俗社会的束缚,从而获得精神上的适性逍遥和自由。"[1]仫佬族傩舞中的宇宙意识,追求时间上的无限循环、空间上的自由宽广,彰显一种开阔的生命态度、一种海纳百川的宽容情感。舞蹈中所体现出的"万象相合",是一种审美态度,亦是一种开阔的人生境界,体现了极富中国特色的"和"的人文精神。舞蹈中所蕴含的内在人文精神,对当代人有重要的启示意义,具有极高的人文美育价值。

---

[1] 李裴:《隋唐五代道教美学思想研究》,巴蜀书社,2005,第3页。

第五章 流变与转化：仫佬族傩舞的当代抉择

第五章　流变与转化：仫佬族傩舞的当代抉择 | 217

　　人类文化发展史一直围绕着解答"我是谁？我从哪里来？我到哪里去？"这三大命题而推进，这实质是"生"的根本文化立场的再确认，即对过去的溯源、对当下的分析以及对未来的探讨。正如恩格斯所指出的："当我们深思熟虑地考察自然界或人类历史或我们自己的精神活动的时候，首先呈现在我们眼前的，是一幅由种种联系和相互作用无穷无尽地交织起来的画面，其中没有任何东西是不动的和不变的，而是一切都在运动、变化、产生和消失。"[①]

　　非遗舞蹈在当下整体表现出三个特征，即传统文化与现代意识的价值共融、身体资源的可持续发展与运用和文化遗产向文化资源的转变。[②]笔者认为，仫佬族傩舞的当代转化，不是仅仅将其作为一种历时性形态存在于当下社会之中，而是将其与当代意识价值共融，使身体资源实现可持续发展，使其成为一种共时性的当代文化资源。本章重点阐述两方面内容，一是从功能、审美和受众三方面，对仫佬族傩舞的当代流变进行深入分析，客观审视流变现象，探寻变化之因由，把握变化之状态，总结变化之结果，并引出对仫佬族傩舞生存发展的思考。二是借鉴布迪厄的场域相关理论，以场域理论的"生存心态"为依据，探讨场域转换下仫佬族傩舞的形态开发，并结合人本主义思想，对仫佬族傩舞的当代传承与发展提出自己的看法。

---

① 中共中央马克思恩格斯列宁斯大林著作编译局编译《马克思恩格斯选集》第3卷，人民出版社，2012，第395页。
② 黄海：《动态时空下文化共享的身体——谈"非遗"传统舞蹈的"再创造"》，当代舞蹈艺术研究，2020年第2期，第43页。

第一节 功能与审美转向：仫佬族傩舞的当代流变

一、文化功能：娱神向娱人转换

祭祀仪式娱神娱人兼备的功能并不是现代社会产物，而是自古有之。巫术活动不仅是单纯的祭祀性质，在很早以前便开始有娱人的功能。"商书言，恒舞于宫，酣歌于室，时谓巫风。"[1] 恒舞、酣歌是对当时表演状态的描述，而宫和室便是空间概念，从中可见，至少在商朝时期，巫术已失去纯粹的神圣性，开始与世俗链接。"在《诗经》之时，'傩'之一部已世俗化，或者傩舞内化为人们观念上甚至行为上的一种习俗。……傩舞之舞姿已被借用为娱人之舞蹈。"[2] 由此可见，傩舞自周代开始便具备娱神娱人相兼的功能。但由于那个蒙昧时期，人类对自然有限的认识力和探索度，这种相兼的功能仍然存在娱神为主、娱人为辅的特点。现代社会冲破了蒙昧意识，开启了人类认识世界和自然的新层面，这也引起了傩舞文化功能结构的变化，经历驱鬼逐疫—娱神娱人—娱人娱神的转变。仫佬族傩舞亦有着这样的转变，其娱神功能逐渐弱化，而娱人功能则渐渐成为当下主流，但这并不意味娱神功能彻底消失，只是呈现出娱人为主、娱神为辅的特点。

库尔特·萨克斯认为："从我们未开化的祖先传下来的舞蹈是一种有层次表现精神极为兴奋时的活动情况，后来扩展到祈求神明，扩展

---

[1] 王国维：《宋元戏曲考》，朝华出版社，2018，第7页。
[2] 刘怀堂：《仪式抑或戏剧：傩戏形态论》，中山大学出版社，2019，第53—54页。

到自觉地力求成为控制人类命运的超人力量的一部分。……舞蹈成为能召唤和驱散自然界的力量……"① 仫佬族傩舞本质具有敬神的严肃性特点,这是由仪式舞蹈的功能直接决定的。敬神活动是人类对于神的一种尊崇和信仰的行为。在仫佬族傩舞中,师公通过舞蹈的"语言"达到与天神的沟通,这是一种娱神的宗教行为。在仫佬族傩舞表演中,"安坛""请神"部分都表现出庄严的气氛,师公在表演时不敢有丝毫的怠慢与松懈,以表对神的敬重,不然神灵不会带来福泽。仫佬族师公和村民们普遍认为,只要众神高兴了,便会对人们施以恩泽,人们才会五谷丰登,人畜兴旺。在娱神的过程中,师公生动而形象的表演以及与村民积极的互动行为,同样也是娱人的过程。人们在竭尽所能媚神的过程,实质构成了一种表演形式,无意识间取悦了仪式的参与者,从而达到一种娱人的效果。几年一次的隆重的傩舞仪式,几乎全村的人都会聚集观看。据当地村民银星堂师傅说:"每次做这个依饭时,全村人都要过来的,外地打工的人这个时候都会回来参与观看。"② 在傩舞表演的时候,尤其是在"唱神"部分,师公唱一句,村民用"嗬哟嗬哟"来回应;师公在模拟神的动作讲述故事时,周围的人都聚精会神地观看着;在表演《猜花宗》时,师公与村民进行一问一答,进行沟通、交流、互动,现场充满欢声笑语,在现场的笔者也能强烈感受到这种人神共欢愉的热烈气氛。

与众多民间祭祀活动仪式在当下的生存处境类同,仫佬族傩舞的文化功能在当代发展中逐步发生转换,即由过去的娱神向娱人的方向转换。神圣空间与世俗空间的界限日益模糊,神俗界限逐渐消弭。从

---

① 〔德〕库尔特·萨克斯:《世界舞蹈史·序言》,郭明达译,上海音乐出版社,1992,第2页。
② 笔者2019年12月2日于罗城仫佬族自治县黄金镇白标屯采风调研时当地村民银星堂所说。

具体的表现上来看,一是仪式的简化。过去需要三天三夜甚至七天的仫佬族傩舞仪式在当下逐步压缩至一天半或两天,甚至有官方性质的两小时呈现版本。简化的仪式淡化了过去的神圣性和肃穆感。仪式之所以有其神圣性,一方面是其神秘的精神沟通方式,另一方面则是其丰富且富有意味的程序。每个程序都有其表意和象征意味,是仪式本身的内在逻辑。仫佬族傩舞仪式的几个环节均有其自身的使命,搭建起仫佬族人的精神世界。程序的简化势必解构原有的精神世界,使其内在逻辑链条断裂,原有的逻辑循环被打破,原来完整的程序所形成的内在循环,开始逐渐转变为个体;而脱离整体逻辑循环的个体,其原来的意味不复存在,这也直接削弱了仫佬族傩舞的神圣感。

二是受众群体界限的打破。仫佬族傩舞仪式在过去不允许女人和小孩参与,仅限成年男子。在其最后的环节"送圣"(送梁九)中,过去是要求女人和小孩回避的。究其原因,一方面是由于过去的仫佬族傩舞仪式中有大量关于民族繁衍的知识,碍于世俗风化,妇女和小孩不允许进入仪式空间。另一方面则是由于当时的经济生活水平有限,仫佬族傩舞仪式是按人头算"份子钱",参与的人越多,所需承担的开支越大,因此在当时男尊女卑的社会,女性不被允许参与,而小孩因为年龄尚小,对仪式的理解有限,为省去不必要的开销,因此也不允许参与。现代社会经济高速发展,经济因素对参与人数的影响大大削弱。另外,随着知识信息渠道的不断扩展,仫佬族人对民族繁衍等知识无须再通过仪式来获得,这也使得仫佬族傩舞仪式的内容发生变化,因此,这样的特定人群禁忌在现代社会被打破,仫佬族傩舞当下已是男女老幼皆可参与其中,任何环节均不存在特定人群回避的情况。以上种种,足见仫佬族傩舞仪式功能的转变,而这样的文化功能转变,也使得在当下社会的传承过程中应对其进行理性的取舍。

二、艺术审美：再现向表现转向

随着时代语境的变迁，民间舞蹈仪式的文化结构不断发生变化。"从仪式文化的表层结构分析，民俗舞蹈仪式原生形态的仪式环境、仪式程序、仪式主体等被现代社区性节日集会所取代，原生形态的各种仪式符号的指称和象征意义基本不复存在，……民俗舞蹈仪式的变异形态强化突出了舞蹈的表演性、展示性和娱乐性，……从仪式文化的深层结构看，民俗舞蹈仪式的参与群体的信仰观念随着时代的发展也发生了很大变化，神灵观念和祖先观念更为隐蔽含蓄，希望幸福、祥和、平安、兴旺的心理更趋实际。"[①]可见，如果说仪式文化的深层结构变异是仫佬族傩舞仪式功能转变的根本原因，并引领其从神圣走向世俗、由神格表达转向人格体现，那么仪式文化的表层结构变化则使得仫佬族傩舞仪式的艺术审美从过去的再现模式逐步向表现模式趋近。

仫佬族傩舞当前已不是将历时性的事物直接做共识性的呈现。在过去，傩舞仪式更多的是一种再现式的客观呈现。随着时代的变迁，其表演功能日益凸显，这也使得师公在表演过程中增添了很多主观的因素。再现，更多的是以事实为依据，尊重主体，即师公；表现，更多的是以主观为动力，尊重客体，即受众。这种再现到表现的演变过程，是主客体双方共同作用的结果。

功能的转变必定带来表现形式的变化。仫佬族傩舞过去都是在某族姓的祠堂内举行，举行仪式的族人坐于祠堂两旁，成两竖排，或聚集于祠堂门口两侧。师公表演到一定环节时，或颂唱到相关内容时，参与仪式的族人便发出"嗬哟嗬哟"的呼应声，这种现象随着时代的改变逐渐消失，这主要是仫佬族傩舞在新的时代语境中功能的转变所致。正如仫佬族傩舞仪式传承人谢忠厚师傅所言："以前那种表演方式

---

① 纪兰慰:《论民俗舞蹈的仪式》,民族艺术研究,1999年第3期,第65页。

不适合现在了！以前看的人会听我唱什么说什么，现在的人都是来凑热闹。"① 这种现象的出现，实质是由仫佬族傩舞的社会功能转变所致。仫佬族傩舞仪式虽是一种民间的祭祀仪式，或是一种艺术形式，但在过去它是仫佬族的文化传播课堂。诸多生产劳动经验、生育繁衍知识都在这个仪式中进行传播和推广。仫佬族本身没有文字，所有的生产生活知识都靠口头传播或身体力行地传授，这就使得仫佬族傩舞肩负着这样的使命。然而随着信息化时代发展势如破竹，人们接收信息的渠道日益多元且快捷。人们无需通过傩舞仪式这样一个平台来获取日常生活经验，傩舞仪式在仫佬族人心中开始从一个学习的神圣空间变成日常生活中的一部分。心态上的变化使人们不再以一种聆听沉浸式的方式参与其中，而更多的是寻求视觉上的快感和内心纯粹的欢愉感，这弱化了受众群体内心的共情力和共鸣感。群众心态的转变随之引起师公表演方式转变的连锁反应。没有往日整齐热闹的呼应声，师公在表演中便开始有选择和偏倚，这也使得"舞"的成分日益增多，"舞"的元素日益丰富，从而使仫佬族傩舞在最近几十年的发展过程中，艺术性日益提升，师公的表现力日益增强。过去那种对生活生产的再现方式逐渐被当下艺术性、情感性的表现方式所代替。

三、受众群体：由固定走向开放

从受众方面来看，过去仫佬族傩舞仪式的受众群体是有限且固定的，表现为某一族姓、某一固定空间，有着一定禁忌的特点，整体呈现为一种内部循环的格局。这主要由其活动空间和当时的社会因素决定，主要有四种表现。

---

① 笔者于2019年8月在罗城仫佬族自治县四把镇双寨村仫佬族依饭节传承基地调研时谢忠厚师傅所言。

其一，祠堂的室内环境。过去的仫佬族傩舞仪式均在某族姓祠堂或老百姓家中举行，参与其中的主要为本族姓人员。因仫佬族按"冬"为单位而居，而"冬"是仫佬族融合了赋役、宗族、基层管理等功能的社会组织机构，这也使得仫佬族有很强的宗族观念。仫佬族依饭节便是以"冬"为单位举行的节日，而仫佬族傩舞仪式亦如此，这就使得过去的仫佬族傩舞仪式是同一族姓的内部集体性活动，所面向的受众群体具有稳定单一的特点。

其二，闭塞的自然环境。广西仫佬族聚居地罗城仫佬族自治县地处九万大山之中，群山环绕的生存空间使得当时的仫佬族受到了极大的自然空间环境的局限。即便相毗邻的村屯之间，交通也仍然存在阻碍，这极大地限制了仫佬族傩舞的交流和传播，也桎梏了其受众群体的辐射面。

其三，经济水平。因仫佬族傩舞仪式是以族姓为方式的集体性行为，以每户或按人头筹集活动经费，受当时低下的经济水平困扰，有些家庭便严格控制参加仪式的人数，这在一定程度上影响了受众群体的规模。

其四，内容的世俗化。因仫佬族傩舞仪式中涉及大量关系民族生存繁衍的知识，碍于过去风化道德观念，女性和小孩不能参与其中。

以上种种，使得过去的仫佬族傩舞仪式的受众群体在长时间内相对固定，这也在一定程度上限制了其传播。随着表演空间的变化、交通的发展和传统世俗观的转变，仫佬族傩舞仪式的受众日益广泛，整体呈现出一种开放的内外双循环模式。原始禁忌的消弭、经济生活水平的提高打破了参与者的身份局限，使受众群体由过去的单一性向多元化转变；而信息网络的高速发展，打破了空间环境限制，使仫佬族傩舞的参与者由固定化向规模化发展。

综上所述，仫佬族傩舞当下呈现出娱神向娱人的功能转变、再现向表现的审美转向、受众群体格局由固定走向开放的特点。功能、审美的转变必定引起形态的变化,而受众群体的文化背景、年龄结构、价值观念等方面的差别对舞蹈具有主观选择性。这些因素必定引起仫佬族傩舞的转化,但因其稳定的文化结构和内在逻辑,在转化中又需考量其原生形态,这种变与不变的理性取舍,催生了仫佬族傩舞在当下的多元性的发展模式。

第二节 场域与样态转化:仫佬族傩舞的当代开发

上一节探讨了仫佬族傩舞文化功能、艺术审美和受众群体三个方面的转变,作为当下社会的客观现象,其必定对仫佬族傩舞在当下的传承和发展产生影响。我们既要客观地看到这种转变,又需在这种变化中把握仫佬族傩舞的内质;既要顺应时代对它的大浪淘沙,又需能动地思考其未来发展的路径。笔者认为,仫佬族傩舞在当下的开发,必须应对这几个问题:一是场域的变化。这里的场域并不指某个具体的空间位置,而是具有共同属性特征的类型化环境(偏向于文化场域)。傩舞从过去的乡村礼俗社会到都市法理社会的调适能力、对场域中人的生存心态的把握、舞具的调适以及随之而产生的相应形态的理性判断,决定了它在未来发展的持续性。二是当代的属性。这种属性既包括当下的社会环境和时代语境,又涵括作为傩舞舞体——人的当代思维。仫佬族傩舞应当与社会的各元素相协调,完成从传统走向当代的跨越,明确"从唯我到有我、又留有本我"的定位。三是媒介的转变。看似多元纷繁的当下社会,实质是一个文化高度趋同的时代,而信息手段却是日新月异且包罗万象。如何将多样化的传播媒介与高度趋同的文化背景相统一,彰显仫佬族傩舞独特的文化品格和当代气质,以达最具广度的传播,是值得关切的问题。本节将针对这三个问题展开论述,对仫佬族傩舞在当下的传承与发展提出一些建设性的观点。

一、场域与形态:生存心态

仫佬族傩舞经历着社会功能、艺术审美和受众群体方面的变化,我们在思考其当代转化和发展时,要结合这样的变化特点。一方面,从主体出发,关切当下仫佬族人的生存场域、审美心理、思维方式,探寻傩舞与当代仫佬族人的共洽点;另一方面,从客体着手,结合仫佬族当下社会的结构特征,遵循环境对文化选择的规律和趋势,为仫佬族傩舞找到一条与时俱进的发展道路。

舞蹈的传承虽有其内在的逻辑因素,但其所处的场域都对其有选择性和决定性的作用。"场域不等于某个固定的社会结构,……场域的灵魂是贯穿于社会关系中的力量对比及其实际的紧张状态。……但是,场域始终都是具体的实际活动的场所,而且始终是作为实际活动的动力和基础的力的相互关系。"[①]场域本身既是物质性的空间概念,又是多种元素的交织,将仫佬族傩舞置于不同的场域中,其内在结构会随场域而变化,这种变化一方面是场域的特征和属性所致,另一方面又有在场域中的主体的主观精神因素,这种主观精神便是生存心态。"为了使一个场域运作起来,必须同时具有游戏规则和随时准备投入游戏的人们;而这些人必须具有特定的'生存心态',在他们的'生存心态'中隐含某种了解和认可该类型游戏和游戏赌注内在规则的态度。"[②]在不同场域中活动的主体有其各自的生存心态,因此,仫佬族傩舞形态在当下的发展,自是需要围绕场域的属性及其场域主体的"生存心态"来展开讨论。

---

① 高宣扬:《布迪厄的社会理论》,同济大学出版社,2004,第140页。
② 高宣扬:《布迪厄的社会理论》,同济大学出版社,2004,第139页。

如前文所述，仫佬族傩舞功能的转变是因时代发展拓宽了仫佬族人收获信息、获取知识的渠道所致，由此人们对仫佬族傩舞的心态发生转变。过去的重要且唯一的信息来源变成众多信息来源之一，这种生存上依赖的平衡感被打破，也使得仫佬族傩舞对于仫佬族人而言，情感上由崇敬感转向亲切感，方式上由参与转向旁观，形式上由重听偏向观看，体验上由沉浸式走向自由式。因此，在当下时代语境中，最重要的是要把握生存心态的变化，以仫佬族人的生存心态转变作为仫佬族傩舞形态传承的理论和现实依据。笔者认为，崇敬感、沉浸式是一种理性形态，集中体现在舞台和都市场域之中；而亲和感、自由式则是偏感性形态，与生活和乡村场域主体的生存心态相映衬。因此，仫佬族傩舞形态转化应结合场域的功能、属性及其所构成的人的生存心态，实现感性形态和理性形态的统一。

（一）生活与舞台链接

舞蹈在生活环境中的形态往往是偏向于非理性。舞蹈产生之初，便是人们劳动、游戏等集体性活动，是人们集体性的思维和身体的狂欢。生活场域中，舞蹈的功利性会显得微不足道，多以自娱为主，舞者与观者融为一体，舞蹈往往具有自发性、即兴性等特点。这是一种不具备任何规则约定、动作设定的随机展示过程，在这个展示过程中，空间是开放的，舞蹈形态亦不具备约束感，且更具主观性、感性，呈现出一种非理性的特征。而在舞台环境中，则以娱人为主，"舞者与观者相分离——观者成为舞蹈的环境与背景"[①]。这时舞蹈则被赋予更多的意味，一方面是空间的局限性，另一方面是其功能的规定性。这

---

① 资华筠：《〈舞蹈生态学〉学科阐释》，《北京舞蹈学院学报》，2003年第3期，第29页。

些客观因素的存在必然导致舞台环境中的舞蹈形态是偏理性的，这主要是由于场域的功能性所致，因此，仫佬族傩舞形态在当下的转化应将生活场域的感性形式和舞台场域的理性形式相统一。一方面，留存生活中的感性形态。笔者认为，仫佬族傩舞中的感性形态，指的是舞蹈中自然的动作形态。前文所述，仫佬族傩舞的动作形态有原生型和再生型两类，而其中又有诸多的自然性动作和模拟性动作，我们可以将这些动作形态概括为生活中的感性形态。场域在一定程度上限定着舞蹈的功能和属性，生活场域使得舞蹈多以"自娱"为主，以自身为舞蹈关切，其舞蹈形态多是本民族文化心理的再现，这种共同的文化心理是历经千年的沉淀和累积，均有极强的稳定性，是一种共同的感性认知。这种感性形态是一种内心共同感知和认知的外部呈现，不易受外环境因素影响，因此，在当下应进行留存。这种留存不是强制性的，而是一种自然性的保留，是被当下仫佬族人或者时代浪潮涤荡下的仫佬族人所认同接受的。另一方面，开发舞台场域的理性形态。当下的仫佬族傩舞已然成为罗城仫佬族自治县典型的旅游文化符号，是罗城仫佬族自治县一年一度的依饭节旅游文化节庆活动中的重要内容。因获得官方认可，仫佬族傩舞的表演空间发生了改变，从原来的祠堂、民居转至开放的舞台。对于仫佬族傩舞而言，"舞台"是一个广义的概念，是相对于室内环境（祠堂或百姓家中）而言，主要指室外的露天场所或剧场类舞台。在生活场域中，师公和观众是相融合的。在舞台场域中，两者有了空间距离，场域的变化势必带来心态的转变，舞台场域中观众的心理会更显松弛和自由；而表演者的心理则具有约束、紧张、严肃感，这也导致舞蹈形态会有一定的约束性。笔者在田野调查中发现，这种约束感的产生主要有主客观两个方面因素。主观原因是师公因空间变化所出现身份转变并引起心态的变化；客观因素则是在空间转变中进行的相应的物质性配备。在室内空间表演傩舞时，师公的动作相对自然，声音是自然声响，行坛路线相对较短，相互配合更为和谐；而在室外开放空间表演傩舞时，空间的开阔要求师公的动作幅度增大，原本的自然声响已无法满足观众的需求，师公须借助扩音器传播声响。此外，行坛表演的路线也因空间的扩大而延长，这也对师公间动作的配合提出了更高的要求。

场域变化对仫佬族傩舞形态的影响是显性且直观的。相对于生活场域，舞台场域的属性偏理性且严肃，因此在进行相应的舞蹈形态开发时，应把握这种理性属性，使动作形态与之相适应。首先，强调动作的秩序性。在仫佬族傩舞形态的开发建设中，应强调其秩序性。这种秩序性包含动作的规范性和艺术性，往往表现为一种非自然的舞蹈形态。必须强调的是，这种非自然的舞蹈形态不是改弦更张式的创新，而是建立在仫佬族傩舞原有形态基础之上的发展和重组。以《行坛舞》为例，从舞体来看，表演者可由现在的两人或三人变为多人，但保留整体路线和运动方式。就动作形态而言，一方面可保留当前的核心步伐，丰富上肢的表现力，提升舞蹈的艺术性；另一方面，在原有节奏型的基础上，提升节奏的表现力，在保留原有的由徐渐急的同时增添停顿感。其次，注重空间与舞体、傩舞动作形态的关系。空间变化直接影响舞蹈中动作的路线与动作的配合。仫佬族傩舞的舞体是主持仪式的师公，师公在室内做行坛动作时，因空间相对狭小，祭坛的空间偏小，行坛动作的路线偏短；而在室外开放式空间时，行坛路线则变长。因行坛动作是由两位或三位师公共同完成，表演时的相互配合尤为重要，且路线有严格的规范程式，师公不能添减，因此，路线的变长对舞体步伐的跨度、动作的幅度、方位的掌控、人与人之间的配合等都提出了更高的要求。舞台场域不仅是仪式神秘感或仪式性的弱化，还对舞体的表演提出了新的要求，更是对傩舞动作形态进行重新选择。在形态的开发中，应在原有形态的基础上增大动作的幅度和张力，以满足非传统室内环境的需求。再次,把握舞具形态对动作的影响。笔者调研发现,师公在由官方部门主办的广场空间表演傩舞时,道具形态对舞蹈形态的影响显著,其所使用的道具也成倍增大。如在"安坛"环节中,师公表演《朝圣礼》时,双手所握的香无论在长度还是粗细方面都是生活中所用之香的几倍。舞具的增大势必影响动作的表现。师公双手持大于原舞具几倍的新舞具,对完成转身动作时的平衡感把控和脚下步伐的自如性都会产生一定的影响,这就要求师公在表演过程中做出调整,在新的舞具和环境下找到身体的适应点。此外,舞台空间迫使舞体自身进行一些调整和变化。为保证声效传递,师公需戴上扩音器表演。这使得师公在完成动作表演时,身体受到了较大的限制,若师公放大动作幅度,就易出现设备掉落的现象,因此,考虑到设备的稳定性,师公往往采取更为收敛和妥帖的动作,表演显得相对拘谨,不能像在生活场域中表演时那般自如,动作亦不如那般美观。在换场时,师公私下的语言交流亦会传递到观众耳中,这使得表演的衔接性受损,直接削弱了舞蹈的观赏性。鉴于此,在舞台的理性形态建设中,应考虑到以上问题,根据舞具变化进行相应的身体形态调节,解放舞具对身体的束缚,强调动作的空间占有力,提升舞蹈形态的表现力和张力。

(二)乡村向都市演进

"在不同的社会有不同的社会主体。在农业社会,社会主体是农民;在工业社会,工人阶级是中坚力量;在后现代社会,整个社会正在知识化,社会的主体开始转移到知识分子身上,……在后工业社会,人的个体化和身体化的经验及思想才是最可利用的资源。"[①]都市场域是

---

① 方李莉:《论"非遗传承"与后现代文化模式的再生产》,《人文天下》,2015年第17期,第44页。

相对理性的，而乡村场域则更偏向于非理性，即感性。从"傩"的历史发展来看，傩曾是宫廷的专宠，随着宋代民间傩的出现，傩文化开始散播民间且呈盛行之势。"场域中的行动越是理性化，越采取非理性化的途径和形式，越隐含着非理性的，甚至反理性的形式"。① 从表面来看，仫佬族"傩"文化属于非理性的主观想象，但其实质充斥着理性的色彩和特质，那些稳定的结构程式、步骤的考究与严谨、舞蹈中的隐喻、唱词中的智慧和诉求……凡此种种，无一不是。因此，仫佬族傩舞是非理性与理性的统一，在当下场域的转换中应辩证、客观、全面地对其进行传承和转化。

在后现代社会，城市逐渐由生产型开始转向消费型和休闲型，由生产中心转向文化艺术中心。② 都市场域具有一定的文化约束力，都市场域中的人往往显得相对理性、克制，规则意识观念较强，因此，在对文化接受和认知方面，往往会更理性。费孝通先生曾将中国社会划分为礼俗和法理社会。都市场域偏向于后者，都市场域中的仪式往往具有官方色彩，对人有一定的约束性和启发性。因此，仫佬族傩舞在都市场域中的传播和开发，应充分挖掘仫佬族傩舞的理性因素，既要注重形态的抽象性、间接性，又要建立参与者的共情和配合。首先，突出傩舞动作的抽象性、间接性和隐喻色彩，具体言之，就是丰富舞蹈动作的层次，强化动作间的逻辑关系。以《三人行坛舞》为例，可以增加表演者数量，提高充实度，丰富舞蹈的编织和层次的创建。其次，强调舞蹈给予人思想层面的启发。这种启发可以从叙事形态角度着手，选择不直接叙事的舞段。仫佬族傩舞中有较多非叙事性舞目，

---

① 高宣扬：《布迪厄的社会理论》，同济大学出版社，2004，第157页。
② 方李莉：《论"非遗传承"与后现代文化模式的再生产》，《人文天下》，2015年17期，第45页。

这些舞目既没有具体的故事情节，又不存在固定指向性，且舞体之间没有具体的关系，可以给观众留有更多自主的想象空间，从而增强参与者的沉浸式体验和共情力。

乡村社会是礼俗社会，约定俗成的规约便有着类似于法律的作用，这实质是由乡村社会的感性基因所致。乡村场域中应充分发挥仫佬族傩舞的感性特点，以实现两者的高度契合，保留具象的、直接的、富有形象感的动作形态，注重傩舞原有风貌的维护。仫佬族傩舞是礼俗社会的产物，同时是礼俗社会的规约，涉及仫佬族生产生活、礼俗道德、价值观念等诸多方面。在乡村场域的特定属性下，应突出仫佬族傩舞中的礼教内容、幽默元素、观演互动等形式。从具体的动作形态来看，一是强调动作的自然完整，保留表演的平面化。在动作的规范性上不做过多苛求，规避不必要的修饰，强调动作的原生性、自然性和质朴感；二是丰富舞蹈动作的形象感。乡村场域具有感性文化属性，其表达更直接和具象，因此在仫佬族傩舞的形态中，应突出强化舞蹈的形象感。比如在"唱神"环节中，可以完善和丰富神灵的形象塑造，将神灵的抽象存在转化为更具象的形象，并且提炼出每位神灵典型性的动作形态，使表演更为直观具体。

农耕文明渐行渐远，民间信仰的土壤日渐流失。仫佬族傩舞流传的文化土壤和传承主体在自我更新，这是当下社会发展的特点。时代思潮具有不可逆性，仫佬族傩舞必定经历从乡村场域走向都市场域，并从生活形态中衍生出舞台形态。乡村场域与都市场域的融合、生活与舞台的链接，实质是感性与理性的二元统一。只有实现感性与理性的二元统一，契合不同场域的属性，形成多元且更具适应性的舞蹈形态，既保留傩舞中原生的感性元素、生活性动作，又丰富和提炼新型的舞蹈形态，提升舞蹈的思想性、秩序性和逻辑性，构建更为立体化的仫佬族傩舞形态模式，才能使仫佬族傩舞在当下和未来有更大的生存发展空间。

二、人本思维与内涵泛化：以人为本

"现代性"当代社会文化基本结构，其本质是现代人的一种"生活世界"。"现代性"的特征在于：人作为主体，既是他所建构和所控制的世界的基础，又是这些世界的中心。[1]具有"现代性"特征的当代社会，使人的因素越来越多地渗透到生活和社会系统中。这也使得仫佬族傩舞在当下传承中需充分考量"人"的主体性，深度探寻符合当下人本思维的发展形式。

（一）人本思维的形态表达

仫佬族傩舞在当下的传承，必须坚守"以人为本"的立场，从而适应人为文化因素和人的精神形态因素越来越多的当下社会。首先，加强傩舞的表演者即舞体层面的保护。"'舞体'是生活在共同的社会文化环境下的一群实现共同能动的舞蹈主体，某一舞蹈具有的各种特征，正是舞体经过传衍积淀的结果；换句话说，舞蹈是舞体在它所处的社会文化环境影响和制约下形成的。"[2]动物行为主要受自然环境的影响，而舞体则主要受社会文化环境的制约。舞体是仫佬族傩舞传承的最重要的主体，而民间舞蹈的舞体在当下多被称为传承人。要使仫佬族傩舞在当下或未来有延续，对传承人的保护和培养至关重要。一方面，明确传承人身份，客观审视其当代属性。当前仫佬族傩舞国家级传承人是谢忠厚师傅，是罗城仫佬族自治县四把镇双寨村人，其过去在双寨村生活，是传统的农民；但现在已在镇上盖了四层小楼，一层为商铺，对外出租，二至四层为自己家人居住。其生活空间已由乡

---

[1] 周雷：《人类之城 中国的生态认知反思》，北京理工大学出版社，2012，第127页。
[2] 资华筠，王宁：《舞蹈生态学》，文化艺术出版社，2012，第87页。

间转向城镇，生活方式亦发生改变。其身份亦由传统农民转变为准职业化传承人，这种身份的转换必定对他的心理认知造成影响，使其具备了更鲜明的当代气质。"我在表演时会将有些地方进行动作的编排完善。"①这种编排完善就是其本身"现代性"特征的彰显。传承人不是历史人物，亦非某个历史时期的代言人，而是当代的活生生的生命个体。师公的表情和身体更具现代感，没有过去那般的拘谨和严肃。因此，在传承中，要把握传承主体的当代特性，与他们产生共情点。另一方面，形成输入输出双循环模式，提升传承人整体素养。与其他非遗项目一样，仫佬族傩舞传承人每年都享受国家津贴，在这种"雇佣"关系下，传承人主要承担着传承的任务。笔者在对仫佬族依饭节国家级传承人谢忠厚师傅的采访中了解到，谢忠厚现带有八位徒弟（具体信息见表5.1），年龄最长者55岁，最年轻者23岁，平均年龄39.25岁，其中目前掌握能力最强的徒弟与其是同龄人，且民族为汉族。在八位学徒中，汉族和仫佬族平分秋色。大部分学徒学龄均在五年以下，且年龄结构不合理，这足见传承人之匮乏。此外，当前仫佬族傩舞传承人没有对外的学习机会和交流的平台，传承人已然成为政府聘用的"民间教师"，且是单向的，是一种单纯的输出模式，而在对传承人的知识培训和业务提升等方面却付之阙如。这就造成作为当代人的传承人与当代社会的脱节。即便告别了乡间生活，传承人内在认知结构却仍保持旧的固化状态，不足以与日新月异的当下形成完美链接。长期的单向输出会折损传承人的主观能动性，消解其对所传承对象的自豪感和使命感，将自身定位成"聘用者"而非"传承者"，这也会在一定程度上限制仫佬族傩舞的传播和推广。此外，随着表演场地由室内向

---

① 笔者于2021年7月18日在罗城仫佬族自治县非遗中心采访时谢忠厚师傅所言。

室外的空间转换,又应舞台表演需要,师公必须背上"小蜜蜂"以使其声达四野。师公被带入了一个从传承人变成"表演家"、从农民变成"艺术家"的尴尬空间,表演中旁骛太多,无力顾全,难以专注仪式活动,这无疑增加了师公的压力,降低了表演的代入感。这也是传承人文化艺术整体素养存在局限性而出现的尴尬。因此,在传承人的保护和建设中,应将单向输出模式向输出输入双循环模式转变,既要使其肩负传承的使命,又要给予他们走出去的机会,通过参会、培训、学习等方式,使其开阔视野、提升素养、树立自豪感和使命感,从而培养出能把握时代脉搏,与传统为伍、与时代同步的传承者。

表 5.1 谢忠厚师傅所带徒弟信息(截至 2021 年)

序号	姓名	性别	民族	年龄(周岁)	学龄(年)
1	刘庆国	男	汉族	55	16
2	陈玉朝	男	汉族	50	12
3	梁成广	男	仫佬族	48	1
4	罗金伦	男	汉族	43	1
5	梁成阔	男	仫佬族	42	1
6	梁山	男	汉族	28	4
7	罗猛能	男	仫佬族	25	2
8	谢灵猛	男	仫佬族	23	3

其次,顺应受众即客体的当代思维意识。舞蹈的传承应强调环境对受众的选择作用,"自娱性舞蹈只能在被众多的舞者'选择'时,才能流传开来,他娱性舞蹈也只有被广大观众'选择'时,才能在舞台上常演不衰"[①]。仫佬族傩舞的舞台化,使台上台下出现空间落差,使受众群体出现分化,一部分在舞台两侧参与仪式,直接参与到仪式中,

---

① 资华筠,王宁,资民筠,高春林:《舞蹈生态学导论·绪论》,文化艺术出版社,1991,第9页。

构成表演的一部分；另一部分则位于台下，无法直接参与到仪式中，逐渐成为旁观者。这种空间和身份的变化，势必引起受众群体思维的转变。因此，在仫佬族傩舞的传承中，应直面受众的思维意识。在笔者的调研中，仫佬族傩舞仪式现场参与者众多，主要包括直接在表演场地两侧端坐的备有手工制品的民众和在表演区域周围观看的人员。前者穿着得体的传统民族服装，既是怀揣五谷丰登心理欲求的祈愿者，又承担着表演的角色。从笔者的调研看，端坐于两侧的民众，因在特定的表演空间范畴内，其行为较为约束，不可随意移动，亦不能大声交流，具有表演者和旁观者的双重身份。后者则是便服着身，多是旁观和娱乐的目的。他们行为自由，一些人集中于表演过程和内容，一些人则是以"凑热闹"为目的，更有甚者则是完成证明自己在此的一种打卡行为。不论哪种情况，这些参与者的心态和思维已经转变，真正能聚焦傩舞仪式全过程的人实属寥寥，大家更多的是一种集体性行为，通过参与来证实自己的民族身份，或是以个体的身份找寻集体性的社会行为。如何在自身特质和迎合观众期待两者间取舍和权衡，是仫佬族傩舞当下传承中的关注重点。这就需要在保留傩舞根性文化的同时，结合当下受众的心理期待、思维意识，形成新型的表演形式。形象上，对仫佬族傩舞中的形象进行当代转换，重塑出适应当下的形象；动态上，进行视觉强化，满足受众的感官体验；文化上，保留仫佬族民族最根性的元素，强化其具有最强认同感的元素。仫佬族傩舞在当代的生存必须从人的当代思维出发，立足于人的当下思维，给予人文关怀，淡化舞蹈的功能性，紧密结合人类的社会生命力。

（二）审美心理与内涵泛化

1. 审美认同的趋向性

舞蹈者的主要任务在于继续挖掘他对古老故事不衰退的记忆，这种记忆必须以审美力和判断力为后盾。[1]审美是人类本真的需要，是社会的产物，因此具有社会性和文化性。认同是作为社会主体的人对自我身份、地位和关系的一种定位和认识，这种定位和认识既是主观的，又是客观的，一方面它是人类的一种自我主观意识；另一方面，它又与客观社会存在息息相关，而"审美认同是审美过程中发生的一种心理行为，这里包括审美心理的交融和最后达到的审美共鸣"[2]。审美认同是历史性与传承性的交织，是稳定性与变化性的统一。现代社会既加速了某些文化的消失或融合，但又使得人们对自我文化的认同有更强烈的意识，因此，在面对传统艺术形式的当代转化问题时，我们需要辩证地分析。民族的审美认同在新时代的语境下，一方面有融合性特征，另一方面又具备个体独立性，因此，当下的仫佬族傩舞应突出其审美独立性，同时又应兼容时代审美气质。

首先，彰显仫佬族傩舞的审美独立性。仫佬族傩舞的独特性审美要通过挖掘仫佬族傩舞的舞蹈风貌、核心形态、律动和文化象征物来探索。一是要保持其独特的自然气质，二是维护独特的舞蹈形态。在仫佬族傩舞文化的衍变发展过程中，随着人为宗教的参与，仫佬族傩舞开始具有一些文化约束性，这也使其形成了一些核心的形态，如《三步罡》《五步罡》的舞蹈形态。此外，人为宗教又与仫佬族本民族信仰融合，形成了其独特的核心形态，如《白马娘娘》舞段便是仫佬族精神领袖之一的"白马娘娘"形象与道教文化的罡步融合所形成的仫佬族傩舞的独特性形态，这种独特性的形态和身体语言在当代的传承中应保留传承。其次，把握当代审美认同的趋向性。这需要从人的情感

---

[1] 〔德〕库尔特·萨克斯：《世界舞蹈史》，郭明达译，上海音乐出版社，2014，第204页。
[2] 张良丛：《从行为到意义：仪式的审美人类学阐释》，社会科学文献出版社，2015，第145页。

结构出发，了解当下人们审美目标的转变。审美活动是一种文化表达形式，是人类本真的内在要求，与社会生活密切相关。审美必须以人类情感为基础，所表达的形式亦带有独特的文化色彩。人的情感结构是审美的基础，而情感结构是人的思想意识与情感经验的融合。"在以理性思维为主导的现代社会，工具理性对人类的统治已经建构起主导的生活方式。人类越来越失去了丰富的想象力、超越性、神秘性，情感生活越来越单调乏味，作为人类根基的生命力枯竭，逐渐成'单面人'。"[①] 随着当下社会信息网络的高速发展，人与人之间虚拟化交往日益普遍。仫佬族傩舞是仫佬族人情感的皈依，这既是一种民族认同感，也是当代仫佬族人的一种情感依附。在虚拟化的社会交往中，在高频高节奏的社会环境中，人们只要进入那样一个场域，所有的不快和压力便会消散，进入一种单纯的精神世界。这如同汉族人心中的春节，虽说现在的年味被高现代化程度的都市生活所淡化，但春节永远都是每一个汉族人心中的情感驿站，而仫佬族人对仫佬族傩舞仪式亦是如此。

仫佬族傩舞中充满了对仫佬族人生命意识的表现形态，是仫佬族身体经验的累积状态。其一方面为个人情感经验提供一种表达形式，另一方面又规范和塑造个人情感经验，从而形成社会性的共同情感。时代语境的变化无法取代或替换这种情感经验，因此，在传承中，应把握仫佬族傩舞的根性文化，让人们在文化认同前提下实现审美期待，甚至体会审美愉悦。

2. 仫佬族傩舞内涵泛化

"傩的历史文化积淀、傩的文化内容的丰富及其对人、人类的原

[①] 张良丛:《从行为到意义：仪式的审美人类学阐释》，社会科学文献出版社，2015，第79—80页。

始的终极关怀,使傩在古代社会中人的思想精神领域发挥了重要的作用,随着人对世界、宇宙及社会的认识逐步加深,傩祭走向消解是历史的必然。"[1]然而,消解不等于消失。笔者认为,对于仫佬族傩舞而言,这种消解并不意味着彻底消失,而是以新的形式在新的时代语境中存留。一方面,从主观精神到现实表达。仫佬族傩舞逐渐走下神坛,转变为一种娱人的方式、一种族群空间内部的集体性活动,这是任何古代祭祀仪式在时代的涤荡中主动或被动做出的选择。然而需要强调的是,这并不意味娱神的精神观念不复存在。仫佬族傩舞作为一种具有强烈精神色彩的活动,其主观精神价值不可磨灭,只是将过去那份对神灵的崇敬转变为一种具有当代性的现实情感表达或寄托。另一方面,从整体到局部。仫佬族傩舞将从一个整体性的宏观活动,开始转变为局部性象征形式。其整体开始解构,局部的内涵将逐渐被泛化,即人们对"仫佬族傩舞"的认定,不再从宏观或整体的仪式视角出发,而是认为局部的某些元素便可代表或象征"仫佬族傩舞"整体。如一个面具、一身道袍、一段唱词、一个舞畴,这将是仫佬族傩舞在当下或者在未来的社会生活中存在的一种新的样式。仫佬族傩舞仪式不会消失,而是在形式上进行更新,内涵上进一步泛化。仫佬族傩舞在未来或不再是以一种完整的状态呈现,或许被解构,出现由整体走向局部、由舞畴简化为舞句、由单一符号取代多元性身体语言的转变趋势。

基于此,仫佬族在未来的传承中将面临符号的选择。仫佬族傩舞中有大量的动态和静态符号,这是文化传播和民族交融的产物。动态符号主要是指舞蹈中的步伐、手势动作等,而静态符号则包括面具、

---

[1] 刘祯:《傩戏的艺术形态与形成新探》,《中国政法大学学报》,2010年第3期,第133页。

道具等。在传承和转化过程中，应对其进行理性选择，选择出最具代表性和典型性的符号元素，如动作中的典型步伐、最具形式感的双人或三人舞段等；又如舞蹈中的面具，以面具的独特性代言仫佬族傩舞。随着傩舞驱鬼逐疫功能的消解，面具传统的象征神灵的内涵被扩大化，面具即可代表全局性整体意义，面具的内涵得到泛化和扩充，其不再仅是依附于傩舞的一部分，而是具备更广泛的指向意义，变成仫佬族傩舞的代表符号。当傩舞随着仫佬族人社会生活变迁而日益简化时，面具便成为一种认同表征，它既是仫佬族人的精神认同，也是仫佬族傩舞的存在象征。

三、多元化样态的建构：因势利导

当下传播媒介丰富多样且日新月异，看似多元纷繁的当下社会，实质是一个高度文化趋同的时代。随着信息网络的发展，文化的传播日益强势，文化也逐渐呈现出趋同的特点。作为区域性的独特文化事象，当前仫佬族傩舞主要集中于仫佬族人聚居区范围，属于局部区域性播布，其传播形式虽有官方和民间双轨并举，但主要路径仍是民间行为。这一方面是民族特有和专享、民族聚居等因素所致，另一方面也反映出其传播和推广的局限性和单一性。据笔者调研，当地政府对仫佬族傩舞的保护方式主要有两条路径。其一，依托传承人"带徒弟"的方式保证传承主体；其二，通过举办一些活动，主要是一年一度的仫佬族依饭节节庆活动进行推广。如前文所述，传承人"带徒弟"现在面临很多的困境和挑战，而一年一度的依饭节活动，也存在周期长、时间短、受众和空间辐射局限等问题。仫佬族傩舞的传播与推广，应顺应时代发展趋势，充分利用现代媒介，并将多样化的传播媒介与高度趋同的文化背景协调统一，形成一种多态化的传播态势，从而彰显仫佬族傩舞独特的文化品格和当代气质。

（一）现代媒介："在场"与"不在场"

当下各类媒介平台的涌现，逐渐将现实世界与虚拟世界融为一体。仫佬族傩舞在当下的传播，应结合现代媒介，将现实世界与虚拟世界相融合，将传播媒介层次化、结构化地与仫佬族傩舞结合。一方面可以采用VR的沉浸式体验，使参与者从视听觉感受升级到全面感官体验；另一方面是扩大身体不在场的参与，从而拓宽仫佬族傩舞的受众面。

1. 身体的多重性

现代媒介的介入，泛化了仫佬族傩舞仪式的参与性，使不在仪式现场的人们可以成为虚拟参与者，传统的身体在场参与方式演变为"在场"与"不在场"两种形式，即虚拟在场和现实参与。这种参与方式的泛化打破了传统的聚居区传播的空间限制，使仫佬族傩舞的影响力远远超越现场效应，拓宽了仫佬族傩舞的传播面和受众面。同时，这种"在场"方式的转变，反过来对仫佬族傩舞的形态转化起到一定的能动作用。

"技术哲学家唐·伊德（Don Ihde）认为存在着'三个身体'：一是以胡塞尔、梅洛·庞蒂为代表的现象学派提出的作为肉身建构的身体，即物质身体；二是以批判现象学为主的福柯等提出的作为文化建构的身体，即文化身体；三是考虑到技术的因素而作为技术建构的身体，即技术身体。"[①] 虚拟在场突破了物质身体的束缚，促成了身体不在场的可能性，带来了仫佬族傩舞受众的多元化。现代媒介与仫佬族傩舞的融合过程，应考虑身体的多重性特征，廓清现实参与与虚拟在场的身

---

① 袁梦倩：《赛博人与虚拟偶像的交互：后人类时代的跨媒介艺术、技术与身体——以虚拟偶像"初音未来"的传播实践为例》，载《媒介批评》（第九辑），2019年第00期，第68页。

体的关系。首先,应明确物质身体的空间环境差异。从物质身体层面来看,现实参与与虚拟在场,前者是物质身体的客观在场,其处于傩舞仪式环境之中;后者则是物质身体的虚拟参与,身处傩舞环境之外。在信息获取上,前者是一种真切的、直观的信息获取,而后者的信息接收则是一种直接和间接的统一。因此,随着虚拟参与方式的风行,在将现代媒介与传统艺术相融合的同时,更应客观理性地在两者间找到平衡点。以当下热门的手机直播、短视频等虚拟手段为例。手机直播平台参与仫佬族傩舞仪式全过程,这势必引起傩舞形态的调适。虚拟参与者往往更倾向于了解和体验,对傩舞的整体性审美可能并没有强烈的愿望。现代媒介可以将动态的舞蹈产生"时空凝结",将即时性的舞蹈进行重复性播放,这进一步扩大了受众的主观性。因此,在现代媒介介入过程中,一方面需要提炼仫佬族傩舞的核心形态,强化舞蹈的精炼性,使虚拟在场的受众能第一时间捕捉仫佬族傩舞的典型形态。另一方面要强化舞蹈的个性符号。虚拟在场的受众难以掌握傩舞的整体原貌,在舞蹈的代入感上具有局限性,因此,可以通过突出典型的形象来彰显仫佬族傩舞的独特性,如对《白马娘娘》《牛哥赶牛》等舞段的呈现。此外,现代媒介对舞蹈的"时空凝结"功能,对仫佬族傩舞舞体(师公)的表演提出了更高的要求,因此,应进一步提升舞体(师公)的舞蹈技艺,使表演更极致化、精细化。

其次,把握文化身体的相类性。"身体之于社会和文化的意义并没有因为新的媒介技术手段介入而发生根本性的改变。仪式之'变'的是仪式的结构与呈现形式,'不变'的是仪式背后的意义系统和文化逻辑。"[1]在场方式的转变并不能根本性改变参与者的文化心理结构。从这

---

[1] 高丽莎.《身体:锚定仪式意义之锚》,载《广西民族大学学报(哲学社会科学版)》,2021年第3期,第22页。

一个层面来说，仫佬族傩舞应保护其文化根性的内容。客观而言，仫佬族傩舞有其不适应当代审美的一面，但却滋养了一代代仫佬族人，是人们获取社会知识、形成审美认知、收获审美愉悦的主要方式，是构成仫佬族人共有精神家园的重要内容。仫佬族傩舞在当下仍有广大的受众群体。因此，仫佬族傩舞应树立鲜明的民族符号，让在场与不在场的本族人产生强烈的共情力，为参与者建构意义、塑造身份认同、激发更多的情感共鸣与支持。具体言之，可以通过突出典型舞目来彰显仫佬族傩舞的独特性，增强本族受众的文化认同，如《筋斗画符》《牛哥赶牛》《白马娘娘》等舞段的呈现；同时突出表演者和参与者服装的民族独特性，在傩舞的环境创设中保留具有强烈文化符号的传统环境，强化舞蹈属性和民族辨识力。

2.VR仪式的沉浸式体验

根据马克·波斯对大众传播时代的划分标准，以精英阶层掌控绝对话语权受众被动接受信息的时代为第一媒介时代；而互联网出现后受众地位提高、反馈增强的传播时代，是第二媒介时代。第三媒介时代即沉浸传播时代。① 这种沉浸式体验在仫佬族傩舞中的运用，主要可以从两个方面着手。一方面，构建傩舞拟真环境。通过借助现代媒介，开发相关App等形式，创设仫佬族傩舞的拟真环境。具体言之，对特定时空下的生活物品、历史人物或事件场景等进行逼真复制的虚拟环境，全面激活参与者的感官系统，增强代入感。另一方面，虚拟技术与现实故事的融合。仫佬族傩舞对非本民族的大多数观众而言是陌生、抽象且难以理解的，因此，在体验过程中，应将虚拟技术与当下现实结合，可将面具的文化性转变为符号性，通过面具神灵角色扮演的沉

---

① 包甜甜，常亦晨：《沉浸传播时代虚拟在场的思考》，载《传播与版权》，2019年第7期，第1页。

浸式体验、面具描摹等方式，加深参与者和文化元素的接触。此外，还可以将面具背后的神灵故事做当代叙事阐释，增强其现实感，进而唤起观众情感层面的反应。

（二）后现代转向：现代语言与观演互动

当代社会以文化实践及其不断再生产作为整个社会的基本运作动力。布迪厄认为，当代社会不同于传统社会的地方，就是文化因素已经深深地渗透到整个社会生活的各个领域和各个部门。[①] 信息化时代加速文化间的交流互动，使文化高度融合趋同。随着自媒体平台如雨后春笋般地涌现，文化的传播速度之迅猛和辐射力之强前所未有。当下中国，一部手机便可让偏远山区的农民与大都市的白领享受着同样的信息资源。原有的文化空间被打破，民族界限逐渐消弭，文化的趋同性现象日益显著，这也使得独特性民族文化的坚守面临极大的挑战。因此，作为具有独特性文化内涵的仫佬族傩舞既要顺应时代发展的趋势，又要在日渐趋同的文化中找到独善其身的生存之道。

仫佬族傩舞应适应当前时代语境，把握民族独特性与文化趋同的辩证统一。

首先，现代语言的介入。语言不仅建构了社会存在所必需的意义网络，也建构和疏通了社会运作所必需的权力关系网络，从而使整个社会在语言的沟通、交换和竞争的过程中，真正变成活生生的动态性人际历史整体。[②] 相较于其他民族的傩仪活动，仫佬族傩舞中存在多元语汇现象，其颂唱语言有仫佬语、壮语、土拐话等，这是多民族杂居交融的产物。随着普通话在当地的广泛推广，年轻一代对本土仫佬

[①] 高宣扬：《布迪厄的社会理论》，同济大学出版社，2004，第14页。
[②] 高宣扬：《布迪厄的社会理论》，同济大学出版社，2004，第166页。

语逐渐生疏。在笔者的调研中，大部分年轻的观众已听不懂师公所唱之词，亦不知师公所唱为何意，这使得傩舞受众的接受通道存在阻碍，极大地削减了参与积极性和审美愉悦，将原先的精神参与变成了现在的"看热闹"。这既限制了师公的舞蹈呈现效果，又削弱了傩舞的整体存在感，导致这一现象的根本原因就在于当下文化的趋同性。故此，仫佬族傩舞在当下的传播，应理性处理民族独特性与当前文化趋同的关系，一方面将现代语言与仫佬族傩舞适度融合，换言之，就是提升仫佬族傩舞中语言的普适性，以拓展其传播空间。当然，这并不代表改弦更张式地转换，而是将普通话融入特定的段落或部分，如表演中与观众互动的环节，以此模糊仫佬族傩舞的参与界限，让更多的人参与其中。

其次，观演的互动。随着社会的发展，人与人之间的交流方式不断丰富变化，过去的书信变成当下的微信，过去的面聊变成当前的视频通话，人与人之间的交流日益紧凑，交流语言富有新意且日益更迭，但整体来说，交往模式具有稳定趋同的特点，即平等高效、虚拟真实。仫佬族傩舞中有颇多师公和参与者互动的内容，这种互动不仅是舞蹈表演中的表演者与观众的互动，还有"施法者"与祈愿者之间的互动。仫佬族百姓把"点牲"过程中经稻穗沾血的芋头、红薯带回家，这便是一种功利性的互动，更是一种精神层面的互动。仫佬族傩舞应走下神坛，进入民众的日常生活，直接融入当下文化生态系统，构建全新的互动模式。仫佬族傩舞的传统观演互动是在傩舞表演现场师公和参与者的直接对话和呼应。而随着现代技术、后现代主义观念的影响，这种观演互动应向多样化模式转变。一方面保留传统的现场互动模式。如"送梁九""唱神"环节中的互动，实质是一种后现代艺术的形式，是艺术平民化的表征，这种形式与当下人与人之间的平等交往特质相吻合，应予以保留。另一方面，增加虚拟的间接的观演互动。通过虚拟技术，让观众能以游戏的方式进入仪式，建立起一种虚拟的观演互动模式，如抖音具有模拟性的功能，能提供复制模拟体验，实现身体不在场的参与。参与者可以采取为师公配音、模拟舞蹈动作、彩绘面具等方式，进入虚拟环境所营造的神圣氛围中，构建全新的观演模式。

　　舞蹈的传承是在社会发展和群体选择中延续。舞蹈是环境的产物，其传承仍是环境的选择。仫佬族傩舞的传承并不是让其活在旧时光中，而是适应当下社会环境，转化其传统艺术形态，为其构建多重的当代身份。在当下的时代语境中，仫佬族傩舞应把握群体生存场域的特性与形态之关系，树立人本思维意识，将传播媒介层次化、结构化地与之结合，既要泛化其内涵，又需坚守其根性特质；既要彰显其独特性，又需兼顾当前文化的趋同性，从而实现其多态化的传承发展。

结 论

结　　论

　　本书以仫佬族傩舞为个案研究，从源流、形态、内涵、传承等方面构建多角度全方位的研究思路。笔者通过对文献和田野调查资料的研究分析，廓清了仫佬族傩舞的概念，回溯了仫佬族傩舞的历史文化背景，系统阐述仫佬族傩舞的文化背景、缘起和发展流变，全面分析仫佬族傩舞的形态，即程式性和表演性的仪式形态、原生与再生的动作形态、万象相合与平衡对称的运动形态、自由与自律的表现形态以及由舞具和面具构成的物质形态，深入解读仫佬族傩舞的文化内涵，并对其当代发展与转化展开探讨研究。

　　针对学界对仫佬族依饭节仪式中的舞蹈称谓不一的问题，本书一方面对这些多元称谓进行了分析总结，概括其相类性；另一个方面结合仫佬族傩舞的生存背景、表现形式以及整体结构，归纳出"仫佬族傩舞"这一称谓，并将其定义为：仫佬族依饭节仪式中由师公所表演的载言载舞性的舞蹈。这是对当下民间仪式中的舞蹈既保留其仪式属性，又凸显其自身独立价值的重要概括，也是民族舞蹈研究的前提。

　　仫佬族从古代百越族群中剥离衍生，深受中原文化的影响，而这种文化影响具有单向性，且是一种被动的、吸纳式的方式，这既是仫佬族所处的自然环境和稳定的生存格局所致，又表现出仫佬族对外来文化的包容精神。因此，从根性文化层面来看，仫佬族傩舞是古代百越原生文化因素的积累与沉淀；从文化交流层面来看，仫佬族傩舞是中原文化、楚文化与仫佬族原生文化交融的产物；从社会生产层面来看，仫佬族傩舞又是农耕民族生存意识、人神思维演变所致。仫佬族傩舞是中原文化的跨域融合、楚越文化的潜下观照和农耕民族的生存表达的综合产物。

仫佬族傩舞仪式形态由程式性和表演性两种形态构成，具有强烈的神圣感、浪漫色彩和现实精神。程式性的仪式形态主要表现在环境创设和情境构建两个方面。外在的环境创设中严谨的步骤、考究的细节、有秩序的行动构成了仫佬族傩舞仪式的神圣空间。恒定的程序、传统理念和稳定的动态突出了傩舞仪式本身的逻辑性和稳定性，从而营造出强烈的神圣感。表演性的仪式形态则具有浪漫主义色彩和现实主义精神双重气质风貌。表演者超然的精神想象和多态化的浪漫演绎描绘出舞蹈的浪漫主义色彩，而受众与仪式在虚拟和现实空间交流的精神所获和物质所得构成了其现实主义精神，营造出一种世俗的生活感。

从具体的舞蹈形态来看，仫佬族傩舞的动作形态有原生型和再生型两种，这是笔者从动作的源动力、表现规律出发提出的概念和分类。其运动形态有集聚型和扩散型两种，前者主要以辅心式、曲线运动方式，且出现原点的重合，整体表现为一种循环感，主要与其祭祀属性的固定祭坛的外部空间和仫佬族包容和融的精神理念密切相关；后者则以直线运动方式，呈现出一种平衡对称的扩散感，是道家"五方空间""天人和融、阴阳平衡"理念和儒家"人居于中正之道"思想的综合产物。其表现形态具体表现为稳定与变化的时空、自律与自由的风格和具象与抽象的表达。从时空上看，仫佬族傩舞既有同一空间内部的大小相形，也有不同空间的变幻转场以及空间的交互，其空间整体表现出一种稳定性；时间的表现具有并举性、稳定性的特点，又通过某个视觉转换来实现时间上的"视觉显著点"效果；仫佬族傩舞呈现出幻与实的交互、稳定与变化交融的时空特点。就风格和表达而言，仫佬族傩舞融娱神与娱人于一体，兼容神圣严肃和世俗娱乐，从而呈现出自律与自由的风格，其通过主观纪事、虚拟象征两者结合的方式形成一种具象与抽象的双重表达。较高的程式化加上古朴的道家舞风使得仫佬族傩舞具有高度自律的品格，而世俗的娱人内容，又使其具有某些相对自由的形式。仫佬族傩舞的物质形态主要包含舞具和面具两个方面。仫佬族傩舞面具历史概不早于宋代，三十六副面具分别代表三十六位神灵。仫佬族傩舞面具既以摆设的方式构成傩舞的空间环境，又以师公将其戴于额前的方式参与舞蹈的表演过程，并对舞蹈具有明显的约束效力，是"神我"与"自我"的交流媒介。仫佬族傩舞形态多元且相互联系，是探究多元丰富的仫佬族文化系统的重要通道。

仫佬族傩舞是仫佬族文化生态在不同维度作用的产物，承载着仫佬族多元文化和价值观。仫佬族傩舞是仫佬族的文化生态图，其动作是仫佬族自然为大的生态观、随遇而安的人生观、简单朴素的审美观、儒释道思想的勾勒；而舞蹈中所涉及的物质性环境、场景和道具，是仫佬族原始观念和多元的宗教思想的外化。

仫佬族傩舞具有赓续仫佬族文化记忆、淬炼精神品格、构建稳定和谐的社会交流制度的价值，在当下的保护发展中，应把握当代人生存心态的变化，将人的生存心态转变作为仫佬族傩舞传承的理论和现实依据。既要留存生活中的感性形态，又要开发舞台场域的理性形态，树立人文主义意识，客观审视人的当代属性，强化人本思维的形态表达。

本书为针对仫佬族傩舞系统研究的初次尝试，研究主要立足于仫佬族傩舞现时性状态的勾勒，不敢涉猎更为广阔和深邃的历史文化深描。这主要有两个因素，一是想聚焦于舞蹈的本体研究。二是笔者的能力与积累有限，恐难以承载过多的其他学科理论，因此，文章难免挂一漏万，一些问题的挖掘不够深入。此外，仫佬族傩舞研究的参考文献付诸阙如。从现有的研究成果来看，学界对仫佬族傩舞的步伐名称有较为统一的归纳和总结，但对其中的舞段名称略有含混不清，因此，本书中的舞目名称是笔者在田野调查工作中与仫佬族依饭节国家级传承人谢忠厚以及当地文化馆人员深度交谈后并经得准允后的大胆总结，也是首次以文字的方式呈现，虽有一定的客观参考，但难免存在一定的主观性。此外，2020年的新冠疫情对笔者的采风调研造成了一定的影响，民间仪式活动取消或精简规模和压缩时长，让田野调查工作受到了一定的影响。幸因笔者自2011年便开始对该仪式进行考察，因此，这种影响并不具体表现在仪式内容和资料的收集上，而是体现在仪式最新的空间环境和受众面貌等方面。

  于笔者而言，对仫佬族傩舞的研究目前还只是一个开始，未来笔者将继续关注仫佬族傩舞的发展和研究，一方面提高自我学养，夯实跨学科研究能力，提升对他学科理论的驾驭能力；另一方面，延展仫佬族傩舞研究的纵向性和横向性。纵向上，加大对仫佬族傩舞历史背景的深掘，进一步明确仫佬族傩舞的历史生发、阶段融合过程；横向上，拓宽仫佬族傩舞的研究辐射面，如仫佬族傩舞与其他少数民族傩舞的横向比较研究、舞蹈形态的历时性与共识性比较等。

附 录

仫佬族傩舞面具一览表

序号	面具图片	神灵名称
1		吴王
2		梁王
3		婆王
4		雷神

续表

序号	面具图片	神灵名称
5		社王
6		花林太子
7		白马娘娘
8		李社大王
9		南曹

续表

序号	面具图片	神灵名称
10		功曹
11		三光
12		七圣牛哥
13		梁九
14		土地公

续表

序号	面具图片	神灵名称
15		观音
16		盘古
17		梅山法王
18		扫坛
19		家仙

续表

序号	面具图片	神灵名称
20		威德大王
21		三界
22		三元
23		填叠使者
24		四马师公

续表

序号	面具图片	神灵名称
25		五岳司徒
26		四山七娘
27		引光
28		太保
29		马华光

续表

序号	面具图片	神灵名称
30		门官
31		开山使者
32		圣母
33		苍王
34		传书请客

续表

序号	面具图片	神灵名称
35		鲁班
36		点楼使者

参考文献

［1］安介生.历史民族地理［M］.济南：山东教育出版社，2007.

［2］白庚胜，俞向党，钟健华.追根问傩：国际傩文化学术研讨会论文集［M］.南昌：江西人民出版社，2007.

［3］常任侠.中国舞蹈史话［M］.北京：北京出版社，2016.

［4］常任侠.东方艺术丛谈［M］.上海：新文艺出版社，1956.

［5］岑家梧.图腾艺术史［M］.上海：学林出版社，1986.

［6］陈莺，陈逸民.神秘的面具［M］.天津：百花文艺出版社，2004.

［7］邓清远.上古艺术审美的释悟：通灵感物味象［M］.长春：吉林大学出版社，2018.

［8］丁山.中国古代宗教与神话考［M］.上海：上海书店出版社，2011.

［9］范宏贵.同根生的民族——壮泰各族渊源与文化［M］.北京：民族出版社，2007.

［10］范成大著，齐治平校补.桂海虞衡志校补［M］.南宁：广西民族出版社，1984.

［11］费秉勋.中国神秘文化［M］.西安：陕西人民教育出版社，1991.

［12］盖山林编著，盖志浩绘图.中国面具［M］.北京：北京图书馆出版社，1999.

［13］高国藩.中国民俗探微——敦煌巫术与巫术流变［M］.南京：河海大学出版社，1993.

［14］高文德.中国少数民族史大辞典［M］.长春：吉林教育出版社，1995.

[15] 顾朴光. 中国面具史 [M]. 贵阳: 贵州民族出版社, 1996.

[16] 顾朴光, 潘朝霖. 贵州古傩 [M]. 贵阳: 贵州民族出版社, 2004.

[17] 广西河池地区民族事务委员会. 河池地区民族概览 [M]. 南宁: 广西教育出版社, 1990.

[18] 广西壮族自治区编辑组. 广西仫佬族社会历史调查 [M]. 南宁: 广西民族出版社, 1985.

[19] 广西壮族自治区地方志编纂委员会. 广西通志·文化志 [M]. 南宁: 广西人民出版社, 1999.

[20] 广西罗城仫佬族自治县文化局. 仫佬族民间音乐 [Z]. 1988.

[21] 郭净. 中国面具文化 [M]. 上海: 上海人民出版社, 1992.

[22] 胡健国. 巫傩与巫术 [M]. 海口: 海南出版社, 1993.

[23] 何光岳. 南蛮源流史 [M]. 南昌: 江西教育出版社, 1988.

[24] 汪森编, 黄振中、吴中任、梁超然校注. 粤西丛载校注 [M]. 南宁: 广西民族出版社, 2007.

[25] 黄小明, 胡晶莹. 舞祭——广西民间祭祀舞蹈文化田野考察与研究 [M]. 桂林: 广西师范大学出版社, 2012.

[26] 黄体荣. 广西历史地理 [M]. 南宁: 广西民族出版社, 1985.

[27] 纪兰慰, 邱久荣. 中国少数民族舞蹈史 [M]. 北京: 中央民族大学出版社, 1998.

[28] 蒋炳钊, 吴绵吉, 辛土成. 中国东南民族关系史 [M]. 厦门: 厦门大学出版社, 2007.

[29] 姜凌. 白话历代笔记小说大观 (宋金元明) [M]. 北京: 文化艺术出版社, 1995.

[30] 江碧秋, 潘宝篆. 罗城县志 (卷3) [M]. 台北: 成文出版社, 1975.

［31］江应梁．中国民族史（上）［M］．北京：民族出版社，1990．

［32］江应梁．中国民族史（下）［M］．北京：民族出版社，1990．

［33］柯琳．傩文化刍论［M］．北京：中央民族大学出版社，1994．

［34］康保成．傩戏艺术源流［M］．广州：广东高等教育出版社，2011．

［35］罗日泽，过竹，过伟．仫佬族风俗志［M］．北京：中央民族学院出版社，1993．

［36］罗城仫佬族自治县志编辑委员会．罗城仫佬族自治县志［M］．南宁：广西人民出版社，1993．

［37］林光棣．天河县志［M］．道光六年．

［38］龙殿宝．中国少数民族大辞典·仫佬族卷［M］．北京：中国大百科全书出版社，2014．

［39］路义旭，罗树新．中国仫佬族［M］．银川：宁夏人民出版社，2012．

［40］李德洙主编，梁庭望分册主编．中国民族百科全书·10 壮族、黎族、仫佬族、毛南族、京族卷［M］．西安：世界图书出版西安有限公司，2015．

［41］李安辉主编，潘月编著．神秘舞蹈说傩俗（修订版）［M］．开封：河南大学出版社，2005．

［42］李干芬，胡希琼．仫佬族［M］．北京：民族出版社，1991．

［43］李子和．信仰·生命·艺术的交响——中国傩文化研究［M］．贵阳：贵州人民出版社，1991．

［44］黎炼．广西罗城仫佬族依饭节与社会和谐关系研究［D］．南宁：广西师范学院，2010．

［45］鲁枢元．生态文艺学［M］．西安：陕西人民教育出版社，2000．

[46] 林惠祥. 文化人类学 [M]. 上海：上海文艺出版社，1991.

[47] 吕光群. 中国·安徽贵池傩文化艺术 [M]. 合肥：安徽美术出版社，1998.

[48] 吕艺生. 舞蹈美学 [M]. 北京：中央民族大学出版社，2011.

[49] 刘锡蕃. 岭表纪蛮 [M]. 北京：商务印书馆，1934.

[50] 《仫佬族简史》编写组. 仫佬族简史 [M]. 北京：民族出版社，2008.

[51] 倪彩霞. 道教仪式与戏剧表演形态研究 [M]. 广州：广东高等教育出版社，2005.

[52] 彭兆荣. 人类学仪式的理论与实践 [M]. 北京：民族出版社，2007.

[53] 《品牌广西》编写组. 品牌广西：国家级非物质文化遗产卷 [M]. 桂林：漓江出版社，2015.

[54] 潘琦主编. 仫佬族通史 [M]. 北京：民族出版社，2011.

[55] 钱宗范，梁颖. 广西各民族宗法制度研究 [M]. 桂林：广西师范大学出版社，1997.

[56] 钱茀. 傩俗史 [M]. 南宁：广西民族出版社；上海：上海文艺出版社，2000.

[57] 曲六乙，钱茀. 中国傩文化通论 [M]. 台北：台湾学生书局出版社，2003.

[58] 曲六乙，钱茀. 东方傩文化概论 [M]. 太原：山西教育出版社，2006.

[59] 任宗权. 道教章表符印文化研究 [M]. 北京：宗教文化出版社，2012.

[60] 宋兆麟. 巫与巫术 [M]. 成都：四川民族出版社，1989.

[61] 宋蜀华，陈克进. 中国民族概论 [M]. 北京：中央民族大学

出版社，2001.

［62］庹修明.叩响古代巫风傩俗之门：人类学民族学视野中的中国傩戏傩文化［M］.贵阳：贵州民族出版社，2007.

［63］庹修明.傩戏·傩文化：原始文化的活化石［M］.北京：中国华侨出版社，1990.

［64］庹修明.傩文化与艺术［M］.贵阳：贵州人民出版社，1993.

［65］吴仕忠，胡廷夺.傩戏面具［M］.哈尔滨：黑龙江美术出版社，1999.

［66］吴保华，胡希琼.仫佬族的历史与文化［M］.南宁：广西民族出版社，1993.

［67］吴电雷，庹修明.中国西南地区傩戏文化研究［M］.北京：中国社会科学出版社，2021.

［68］吴电雷.贵州多民族傩文化研究［M］.北京：中国戏剧出版社，2021.

［69］吴晓邦.新舞蹈艺术概论［M］.北京：中国戏剧出版社，1982.

［70］吴永章.中国南方民族文化源流史［M］.南宁：广西教育出版社，1991.

［71］吴春明.中国东南土著民族历史与文化的考古学观察［M］.厦门：厦门大学出版社，1999.

［72］吴才珍.仫佬族风情志［M］.南宁：广西民族出版社，1993.

［73］王永强，等.中国少数民族文化史图典［M］.南宁：广西教育出版社，1999.

［74］王文光，李晓斌.百越民族发展演变史：从越、僚到壮侗语族各民族［M］.北京：民族出版社，2007.

［75］王文光.中国民族发展史（下册）［M］.北京：民族出版社，2005.

[76] 王文光. 中国南方民族史[M]. 北京：民族出版社，1999.

[77] 王恒富. 傩·傩戏·傩文化[M]. 北京：文化艺术出版社，1989.

[78] 王钟翰. 中国民族史[M]. 北京：中国社会科学出版社，1994.

[79] 王仲荦. 魏晋南北朝史[M]. 上海：上海人民出版社，2020.

[80] 王抗生. 民间面具[M]. 北京：中国轻工业出版社，2008.

[81] 王义彬. 喧闹的遗产——以池州傩戏为案例的研究[M]. 厦门：厦门大学出版社，2014.

[82] 巫允明. 中国原生态舞蹈文化2[M]. 上海：上海音乐出版社，2010.

[83] 韦东超，王瑞莲. 中国民族流变史[M]. 武汉：湖北人民出版社，2000.

[84] 万文芳、阮正惠修，李化人纂. 罗城县志[M]. 柳州：觉非印书社，道光二十四年（1844年）抄本.

[85] 萧兵. 傩蜡之风：长江流域宗教戏剧文化[M]. 南京：江苏人民出版社，1992.

[86] 徐杰舜. 中国民族史新编[M]. 南宁：广西教育出版社，1989.

[87] 薛艺兵. 神圣的娱乐：中国民间祭祀仪式及其音乐的人类学研究[M]. 北京：宗教文化出版社，2003.

[88] 谢启昆修；胡虔纂. 广西通志[M]. 南宁：广西人民出版社，1988.

[89] 杨圣敏，丁宏副. 中国民族志[M]. 北京：中央民族大学出版社，2003.

[90] 杨绍猷，莫俊卿. 中国历代民族史 明代民族史[M]. 北京：社会科学文献出版社，2007.

[91] 于平. 舞蹈形态学[Z]. 北京舞蹈学院内部教材，1998.

［92］于平．中外舞蹈思想概论［M］．北京：人民音乐出版社，2002．

［93］于平．舞蹈文化与审美［M］．北京：中国人民大学出版社，2005．

［94］于省吾．甲骨文字释林［M］．北京：商务印书馆，2010．

［95］银景琦．仫佬族文物［M］．南宁：广西人民出版社，2014．

［96］姚宝瑄．中国各民族神话：仫佬族　壮族　京族［M］．太原：书海出版社，2014．

［97］余达喜，刘之凡．最后的乡傩——江西南丰石邮跳傩［M］．南昌：江西人民出版社，2019．

［98］资华筠，王宁，资民筠，高春林．舞蹈生态学导论［M］．北京：文化艺术出版社，1991．

［99］张建建．冲傩还愿——贵州傩仪的结构、类型、意义［M］．贵阳：贵州人民出版社，1997．

［100］章立明，俸代瑜．仫佬族：广西罗城县石门村调查［M］．昆明：云南大学出版社，2004．

［101］《中国民族民间舞蹈集成·广西卷》编辑部，罗城仫佬族自治县人民政府．仫佬族舞蹈［G］．1988．

［102］中国民族民间舞蹈集成编辑部．中国民族民间舞蹈集成·广西卷［M］．北京：中国ISBN中心，1992．

［103］中国人民政治协商会议广西壮族自治区委员会．仫佬族百年实录［M］．南宁：广西民族出版社，2013．

［104］中华文化通志编委会．侗、水、毛南、仫佬、黎族文化志［M］．上海：上海人民出版社，1998．

［105］《中华舞蹈志》编辑委员会．中华舞蹈志：广西卷［M］．上海：学林出版社，2014．

［106］周大鸣，吕俊彪．珠江流域的族群与区域文化研究［M］．广州：中山大学出版社，2007．

［107］周贻白.中国戏剧史长编［M］.北京：人民文学出版社，1960.

［108］周玉蓉.仫佬山乡——广西罗城县大梧屯调查与研究［M］.北京：知识产权出版社，2008.

［109］朱狄.艺术的起源［M］.北京：中国社会科学出版社，1982.

［110］朱狄.原始文化研究［M］.北京：生活·读书·新知三联书店，1988.

［111］恩斯特·卡西尔.语言与神话［M］.于晓，等，译.北京：生活·读书·新知三联书店，2017.

［112］J.G.弗雷泽.金枝［M］.徐育新，汪培基，张泽石，译.北京：新世界出版社，2006.

［113］格罗塞.艺术的起源［M］.蔡慕晖，译.北京：商务印书馆，1984.

［114］普列汉诺夫.论艺术：没有地址的信［M］.曹葆华，译.北京：生活·读书·新知三联书店，1964.

［115］E.H.贡布里希.秩序感［M］.范景中，等，译.长沙：湖南科学技术出版社，1999.

［116］E.H.贡布里希.艺术与错觉：图画再现的心理学研究［M］.林夕，李本正，范景中，译.长沙：湖南科学技术出版社，2000.

［117］克利福德·格尔兹.文化的解释［M］.韩莉，译.南京：译林出版社，1999.

［118］库尔特·萨克斯.世界舞蹈史［M］.郭明达，译.上海：上海音乐出版社，1992.

［119］列维-布留尔.原始思维［M］.丁由，译.北京：商务印书馆，1981.

［120］A.R 拉德克利夫-布朗.社会人类学方法［M］.夏建中,译.济南:山东人民出版社,1988.

［121］A.R 拉德克利夫-布朗.原始社会的结构与功能［M］.潘蛟,等,译.北京:中央民族大学出版社,1999.

［122］露丝·本尼迪克特.文化模式［M］.王炜,等,译.北京:生活·读书·新知三联书店,1988.

［123］鲁道夫·阿恩海姆.艺术与视知觉:视觉艺术心理学［M］.腾守尧,朱疆源,译.北京:中国社会科学出版社,1984.

［124］罗宾·乔治·科林伍德.艺术原理［M］.王至元,陈华中,译.北京:中国社会科学出版社,1985.

［125］米·杜夫海纳.审美经验现象学［M］.韩树站,译.北京:文化艺术出版社,1996.

［126］皮亚杰.发生认识论原理［M］.王宪钿,等,译.北京:商务印书馆,1981.

［127］苏珊·朗格.情感与形式［M］.刘大基,傅志强,译.北京:中国社会科学出版社,1986.

［128］苏珊·朗格.艺术问题［M］.腾守尧,朱疆源,译.北京:中国社会科学出版社,1983.

［129］刘青弋.返回原点——舞蹈的身体语言研究文集［M］.北京:中国文联出版社,2014.

［130］吴国富.仫佬族研究文集［M］.北京:民族出版社,2018.

［131］贵州民族学院图书馆.傩戏傩文化资料集2［G］.1991.

［132］罗斌.假面阴阳——安徽贵池傩舞的田野考察与研究［D］.博士学位论文,中国艺术研究院,2007.

［133］吕瑞荣.神人和融的仪式——毛南族肥套研究［D］.博士学位论文,云南大学,2013.

[134] 曾华美. 广东湛江傩仪的身体语言及文化研究 [D]. 博士学位论文, 中国艺术研究院, 2015.

[135] 覃芳萍. 仫佬山乡的智慧与情致——仫佬族文化与审美初探 [D]. 硕士学位论文, 上海师范大学, 2009.

[136] 韦玺. 唱出来的"阴间"——平果下五区"做帮"仪式音声考察与研究 [D]. 硕士学位论文, 广西民族大学, 2012.

[137] 邓春芽. 说"傩"[J]. 民族论坛, 2001 (02): 47.

[138] 范宏贵. 谈谈伶人的存在与消失 [J]. 广西民族研究, 1988 (01): 44—48.

[139] 顾有识. 壮侗语诸族梅山教人物神祇考 [J]. 广西民族学院学报 (哲学社会科学版), 1995, 17 (03): 29—35.

[140] 黄小明, 苏水莲, 廖梦华. 仫佬族依饭节舞蹈与道教文化的关系——广西罗城仫佬族民间舞蹈现状考察 [J]. 广西师范大学学报 (哲学社会科学版), 2010 (02): 65—68.

[141] 黄敏珍. 广西罗城县仫佬族与壮族的族群关系研究 [J]. 广西广播电视大学学报, 2006 (01): 77—80.

[142] 黄兴球. 论仫佬族"冬"的宗法关系及其性质 [J]. 广西民族学院学报 (哲学社会科学版), 1995, 17 (03): 36—41.

[143] 黄才贵. 浅谈佶伶与侗水语支诸民族的关系 [J]. 贵州民族研究, 1990 (04): 8—17.

[144] 金弓. 说"傩"字 [J]. 民族艺术, 1996 (01): 48—59.

[145] 李子和. 傩舞简论 [J]. 贵州社会科学, 1989 (08): 24—29.

[146] 李燕宁. 仫佬族的宗教民俗 [J]. 经济与社会发展, 2003 (12): 141—143.

[147] 龙殿宝. 仫佬族饮食习俗 [J]. 河池学院学报, 2005 (01):

98—101.

［148］龙殿宝.刘三姐的传说特点及其在仫佬族地区的影响［J］.河池学院学报，2007，27（04）：85—88.

［149］雷晓臻.汉族石敢当在仫佬族中的演变［J］.广西民族学院学报（哲学社会科学版），2005（01）：102—105.

［150］刘锡诚.关于民间信仰和神秘思维问题［J］.中国非物质文化遗产，2021（01）：15—22.

［151］刘青弋.动态空间——现代舞蹈的空间理论研究［J］.北京舞蹈学院学报，2003（03）：5—12.

［152］刘琴，宋亦箫.说傩［J］.荆楚学刊，2017，18（05）：20—23.

［153］罗斌.关于傩舞研究的断想［C］//中国梵净山傩文化研讨会论文集，2003.

［154］罗斌."傩"字探源——兼说傩文化对中国古典舞礼法意识之源的影响［C］//2000年青海海峡两岸昆仑文化考察与学术研讨会论文集，2000.

［155］麻国庆.南岭民族走廊的人类学定位及意义［J］.广西民族大学学报（哲学社会科学版），2013，35（03）：84—90.

［156］潘世雄.仫佬族族称考略——兼论仡佬族、侗族族称含义［J］.广西民族研究，1991（03）：47—50.

［157］潘琦.仫佬族族群文化的崛起与发展［J］.广西社会科学，2003（08）：1—3.

［158］饶宗颐.殷上甲微作禓（傩）考［J］.传统文化与现代化，1993（06）：32—35.

［159］宋军.傩舞：中国古代舞蹈活化石［J］.文艺争鸣，2011（12）：133—134.

[160] 唐代俊. 仫佬族依饭仪式歌舞的文化特征 [J]. 河池学院学报, 2014, 34 (06): 9—13.

[161] 童恩正. 中国古代的巫 [J]. 中国社会科学, 1995 (05): 180—182.

[162] 王玫. "班门"说傩 [J]. 舞蹈, 2018 (03): 26—31.

[163] 王卫红. 侗、水、仫佬、毛南族异同考释 [J]. 学理论, 2010 (24): 153—154.

[164] 王铭铭. 民族地区人类学研究的方法与课题 [J]. 西北民族研究, 2010 (01): 125—139.

[165] 韦海燕. 近十年傩舞研究综述 [J]. 河池学院学报, 2012, 32 (01): 124—128.

[166] 温远涛. 仫佬族族源新探 [J]. 广西民族研究, 2010 (02): 131—135.

[167] 吴国富. "木佬"非"仫佬"——关于仫佬族族称和族源的再认识 [J]. 广西民族研究, 1995 (02): 82—88.

[168] 吴国富. 关于将"木佬人"归属仫佬族的问题——民族识别个案研究 [J]. 广西民族研究, 1996 (01): 56—63.

[169] 辛小林. 亦说傩文化 [J]. 贵州民族学院学报 (哲学社会科学版), 2004 (04): 18—22.

[170] 尤中. 中华民族发展史概说 [J]. 思想战线, 1988 (05): 74—83.

[171] 于平, 冯双白. 说"傩": 中华民族舞蹈原始发生蠡测 (三) [J]. 舞蹈, 2020 (03): 20—24.

[172] 詹慕陶. 说傩 [J]. 文艺研究, 1990 (06): 104—111.

[173] 张介文, 韩肇明. 仫佬族族源探讨 [J]. 学术论坛, 1981 (02): 62—67.

后 记

　　经过近十年的兜转回合，终于还是对仫佬族傩舞提笔。2011年，我第一次到罗城采风调研，那是计划做硕士毕业论文，岂料后来计划有变，原有的想法未能达成。或许是心中的那份执念，促使我一次次地奔赴罗城采风调研，沉浸体验。直至考上博士，让我在近十年后重拾仫佬族傩舞研究，促成了这篇博士论文。

　　师者仁心，香远益清。首先我要感谢我的导师罗斌教授。生活上，对被学习、工作和家庭的诸多事务缠身的我，他既不施以直接的压力，又给予我莫大的信任和鼓励，并给予我理性的指导，使我能时刻提醒自己学会高效时间管理、理性取舍，做到最佳权衡。学术上，他循循善诱，启发引领我建立学术思维，以平等的交流方式对待我平日的研究设想、论文成果，从不将自己的思想观念强行嫁接。可行时不吝鼓励和赞扬，不可行时引导我梳理调整。这让同为教师、导师的我颇为受教，既提升了我的理论学养、又改造了我的人才培育观。本篇论文更是凝聚了罗老师的心血，从论文的选题、结构的拟定、具体的修改到最后的定稿，他都给予我尽心点拨、深入探讨、高度启发。罗老师严谨的学术思维、广博的知识涉猎、前瞻开阔的研究视角总是不断激发"一叶障目、不见泰山"的那个我，让我拥有抬头仰望星空、低头潜心研究的心境。

　　身教最为美，知行不可分。感谢我的硕士研究生导师潘志涛教授和黄奕华教授，恩师们崇高的专业精神、积极的人生观、为人处事的哲学观都深深影响着我。感谢我硕士时期的母校北京舞蹈学院，让原本有点飘摇的我学会了潜沉从容，让原本井底之蛙的我看到了世界之辽阔。感谢我的恩师张义而和甄晓军，两位老师当年不收任何费用，接纳了那个渴望舞蹈又囊中羞涩的我，他们可谓我梦想行程中的首批摆渡者。感谢广西舞蹈研究先驱金涛和于欣先生，两位先生对我的谆谆教诲，至今仍铭记于心。

感谢于平教授、刘青弋教授给予我的专业引领和教导，两位老师勤勉的钻研精神、崇高的学术品格都深深感召了我。感谢许锐教授、江东教授、余达喜研究员、支运波教授、张麟教授、李伟教授、赵铁春教授、茅慧教授、张素琴教授、吴国富教授给予我的宝贵建议，感谢博士四年求学期间所有的任课教师，感谢舞蹈学院和研究生部全体老师，感谢上海戏剧学院这所有理想、有情怀、有温度的学校。

论文的完成离不开深入的田野调查采风工作。在此，我要特别感谢河池市人民政府、罗城县人民政府给予我的大力支持，特别是罗城县委宣传部玉庆福副部长。每次调研，玉部长都给予我最大程度的支持。感谢广西民族大学吴国富教授。吴教授作为仫佬族研究的专家，为我提供了新颖的学术视角和丰富的前沿信息。

家人的爱与支持是我逐梦路上的最强底气。感谢我的父母和公婆，替我照顾两个孩子和操持家务，为我排除求学路上的顾虑；感谢我的丈夫在物质和精神上给予我的支持，赋予我突破自我不断前行的动力。

行文至此，思绪翻涌，过去的种种在此刻交汇，凝结成眼前的一片晶莹。这其中既有老师们的谆谆教诲、家人们的殷殷关切，又有逐梦路上的种种困顿和阵阵欢喜。"路漫漫其修远兮，吾将上下而求索"，愿这篇博士论文的落笔是我未来学术生涯的开篇。